Was blüht auf der Fensterbank?

Hibiskus

Was blüht auf der Fensterbank?

Herausgegeben
von Angelika Throll

Kosmos

Das Expertenteam

Dipl.-Ing. Thomas Carow, fachliche Beratung beim Kapitel „Fleischfressende Pflanzen“, ist einer der bekanntesten Experten für diese ungewöhnliche Pflanzengruppe in Deutschland und besitzt eine eigene Gärtnerei mit dem breitesten Sortimentsangebot (von Karnivoren) in Europa. Er ist Autor mehrerer Bücher über Karnivoren und produzierte mit dem ZDF in der Reihe „Naturzeit“ die Dokumentation „Fleischfressende Pflanzen – Tödliche Fallen“.

Dr. Joachim Erfkamp, fachliche Beratung beim Kapitel „Orchideen“, ist Autor mehrerer Bücher über Orchideen beim KOSMOS-Verlag und Redakteur bei der Zeitschrift „Die Orchidee“, der Mitgliederzeitschrift der „Deutschen Orchideen-Gesellschaft e.V.“.

Pantoffelblume

Buntwurz

Kaktus

Priv.-Doz. Dr. Heiner Grüneberg, fachliche Beratung bei den Kapiteln „Blüten- und Fruchtschmuckpflanzen“, „Blattschmuckpflanzen“, „Palmen“, „Farne“ und „Bromelien“. Er ist Leiter des Fachgebiets Zierpflanzenbau am Institut für Gartenbauwissenschaften an der Landwirtschaftlich-Gärtnerischen Fakultät der Humboldt-Universität Berlin.

Ewald Kleiner, fachliche Beratung beim Kapitel „Kakteen und Sukkulenten“, ist Autor mehrerer Bücher über Kakteen und Sukkulenten und besitzt selbst eine große Sammlung dieser Pflanzen.

Angelika Throll-Keller, Herausgeberin und fachliche Beratung bei allen Kapiteln, arbeitet seit fast 20 Jahren als Gartenredakteurin und ist Redaktionsleiterin im KOSMOS-Verlag. Sie hat bereits mehrere erfolgreiche Bücher herausgegeben, unter anderen „Was blüht im Garten?“, „Die mein schöner Garten Enzyklopädie der Gartenpflanzen“ sowie die KOSMOS Handbücher „Mein schöner Garten“, „Rosen“ und „Gartengehölze“.

Phalaeonopsis-Orchidee

Inhalt

Hanfpalme

Zum Gebrauch dieses Buches

Diese Buch ist nach Pflanzengruppen geordnet (siehe Inhalt Seite 5). Innerhalb der Gruppen sind die Pflanzen nach botanischen Namen sortiert.

Deutscher Name

Botanischer Name
Der botanische Name setzt sich aus zwei Teilen zusammen. Der erste Name bezeichnet die Gattung, der zweite die Art.
Achtung: Manchmal befindet sich ein × zwischen dem Gattungs- und dem Artnamen. Dann handelt es sich um eine Hybride. Ein × vor dem Gattungsnamen bedeutet, dass man es mit einer Gattungshybride zu tun hat.

Name der Sorte, steht immer in einfachen Anführungszeichen. Leider kann in diesem Buch aus Platzgründen nur eine Auswahl genannt werden. Auch gibt es nicht in jedem Geschäft jede Sorte. Das ist wegen der Sortenvielfalt unmöglich. In Ihrem Gartenfachhandel können Sie sich über das aktuelle Angebot informieren.

Standort Symbole von links nach rechts: sonnig, hell (keine pralle Sonneneinstrahlung, besonders um die Mittagszeit), halbschattig, schattig

Pflanzenhöhe
Hier ist die durchschnittliche Höhe angegeben. Durch hohes oder niedriges Nährstoff- oder Lichtangebot kann es zu Abweichungen kommen. Hängende Pflanzen können oft mit Kletterhilfe auch aufrecht gezogen werden. Genauso können einige in diesem Buch beschriebenden kletternden Zimmerpflanzen auch hängend gepflegt werden. Bitte beachten Sie außerdem, dass die Sorten eine andere Höhe haben können als die Art.

Blütenfarbe, der in der Überschrift beschriebenen Art: Farbvariation in Weiß, Gelb, Orange, Rosa, Rot, Violett, Blau, Grün, Braun

Blütezeit: Im farblich hervorgehobenen Feld ist die durchschnittliche Blütezeit angegeben. Die Angebotszeit blühender Pflanzen kann von der hier angegebenen Blütezeit abweichen, weil diese in den Gärtnereien gesteuert werden kann.

46 Blüten- und Fruchtschmu
Madagaskargl
Glocken-Kalar
Bryophyllum manginii (s
Die Madagaskarglöckchen passen
hängenden „Glöckchen-Blüten“ u
hängenden Wuchs auch sehr sch
Die Kalanchoë-Hybriden 'Bells' ha
Blüten. Sehr kompakte Pflanzen i
sind meist mit Hemmstoffen beh
verlieren auf der Fensterbank die
Standort Hell bis sehr hell, kein
tagssonne. Ab Oktober kühler bei
pflegen und weniger gießen. Zeit
auch Temperaturen unter 10 °C v
eine gute Blütenanlage und -färb
ze vier bis sechs Wochen bei 12 °C
BLÜTENFARBE
BLÜTEZEIT
Jan Feb März April

Madagaskar-Glöckchen

Madagaskar-Glöckchen in Orange

Rosa Sorte

hen,

choë manginii)

pflege-
leicht

danach wieder etwas wärmer. Ganz neue Sorten sollen auch ohne Kühlungsphase zur Blüte kommen und sind ganzjährig im Angebot.

Gießen Mäßig wässern, Staunässe und Ballentrockenheit unbedingt vermeiden.

Nährstoffbedarf Gering bis mäßig; ab Oktober bis zur Blüte nicht düngen.

Probleme Fäulnis an Wurzeln und Trieben durch zu viel Nässe

Umtopfen, wenn nötig Frühjahr bis Sommer

Tipp Rückschnitt ist für eine gute Verzweigung wichtig, am besten nach der Blüte.

Vermehrung Kopfsteckl., mehrere pro Topf

i | *Juli* | *Aug* | *Sept* | *Okt* | *Nov* | *Dez*

Pflege
pflegeleicht: schon für Anfänger geeignet
mittel: normale Pflegekenntnisse erforderlich
anspruchsvoll: für Fortgeschrittene
Wenn nichts angegeben ist, braucht man für die erfolgreiche Kultur die Grundkenntnisse der Zimmerpflanzenpflege

Pflanze kann die Sommermonate auf Balkon, Terrasse oder im Garten verbringen, muss aber im Frühherbst rechtzeitig ins Haus geholt werden.

Zum Nährstoffbedarf: Lesen Sie bitte dazu auch die Seite 17 (besonders das Unterstrichene).

Fremdworte und Abkürzungen

Cultivar/Cultivars: Internationale Bezeichnung für den Begriff Hybride, kann auch Sorte bedeuten.

Hybride: Kreuzung zwischen Arten einer Gattung (Arthybride) oder Arten unterschiedlicher Gattungen (Gattungshybride).

syn.: Synonym. Name, unter dem die Pflanze auch bekannt ist und gehandelt wird.

var.: Varietät; eine abweichende Spielart der Pflanzenart.

Giftigkeit

Manche Zimmerpflanzen enthalten gesundheitsschädliche Stoffe. Das ist in diesem Buch teilweise, aber nicht immer erwähnt. Lesen Sie dazu bitte auch Seite 19.

Die deutschen Namen können regional sehr unterschiedlich sein. Es kann sogar vorkommen, dass zwei verschiedene Pflanzen denselben deutschen Namen in der Umgangssprache haben. Eindeutig ist nur der botanische Name, allerdings kommt es auch hier immer wieder zu Umbenennungen.

Arten: Bitte beachten, dass die anderen Arten oft etwas abweichend von der ausführlich beschriebenen Art gepflegt werden müssen.

Zimmer-pflanzen-pflege

Es ist leicht, Zimmerpflanzen auf der eigenen Fensterbank erfolgreich zu pflegen. Einige Grundkenntnisse sind nötig und natürlich sollte man mit Einsteiger-Pflanzen beginnen. Aber Vorsicht: Zimmerpflanzen machen „süchtig". Hat man einmal mit diesem Hobby begonnen, wird die Fensterbank schnell zu klein. Besonders, wenn man merkt, wie einfach sich viele der schönen Mitbewohner vermehren lassen.

Der richtige Standort ist die wichtigste Voraussetzung, dass uns die Topfbewohner mit ihrem Blüten- und Blattschmuck immer wieder erfreuen. Achten Sie darauf schon beim Einkauf. Ein Sonnenanbeter kommt an einem Platz mit nur wenig Licht einfach nicht zurecht. Genauso wenig, wie sich ein Schattenfreund an einem sonnigen Südfenster wohlfühlt.

Gießmenge, Nährstoffbedarf, Umtopfzeiten – alle grundlegenden Informationen finden Sie auf den nächsten 20 Seiten. Die individuellen Wünsche jeder Pflanze können Sie ab Seite 30 unter dem jeweiligen Pflanzenporträt nachlesen.

Einkauf von Pflanzen

Viele Zimmerpflanzen werden spontan gekauft. Das ist nicht empfehlenswert. Egal, ob man für sich selbst einkauft oder ein Geschenk sucht, beantworten Sie sich folgende Fragen, bevor Sie Ihre Wahl treffen:

- Für welchen Standort soll die Pflanze geeignet sein?
- Stimmt die Endgröße?
- Ist es eine Anfänger- oder Fortgeschrittenen-Pflanze?
- Blüten- oder Blattpflanze erwünscht?
- Welche Blütenfarbe ist die Richtige?
- Soll es eine aufrecht wachsende Pflanze sein oder eine hängende beziehungsweise kletternde?

Als Nächstes sollten Sie sich die Pflanze im Laden genau anschauen, bevor Sie sie zur Kasse tragen. Die nebenstehende Checkliste hilft Ihnen, das beste Exemplar auszuwählen.

Transport
Haben Sie sich für eine Pflanze entschieden, dann müssen Sie sie nach dem Kauf der Witterung entsprechend verpacken. Sollte es sehr kalt oder warm sein, dann packen Sie - wenn möglich - das gesamte Gewächs doppelt mit Papier ein. Seien Sie vorsichtig, damit keine Triebe oder Knospen abbrechen. Vermeiden Sie am besten, bei Extrem-Temperaturen einzukaufen.

Checkliste beim Kauf
- Kräftig und wüchsig
- Viele Blatt- und/oder Blütenansätze sowie Triebe
- Nicht zu viele Blüten sind schon voll erblüht
- Die meisten Knospen sind nicht zu klein
- Blätter ohne Verfärbungen, Beläge und Flecken (außer sortentypische)
- Blattspitzen sind nicht abgeschnitten
- Keine Schädlinge zu sehen (Blattunterseite und Triebspitzen anschauen)
- Topf und Erde ohne Beläge
- Erde feucht, aber nicht zu nass

Das Angebot in Gartencentern oder Gärtnereien ist oft überwältigend, hier *Phalaenopsis*-Orchideen.

Im Gartenfachhandel hat man die größere Auswahl und bekommt eine gute Beratung sowie gesunde Pflanzen, wie diese bunten, gepfropften Kakteen (Seite 288).

Es gibt einige Pflanzen, die häufig mit Hemmstoffen behandelt werden, damit sie kompakt bleiben. Sie verlieren später auf der Fensterbank diese Wuchsform.
Wir haben dies bei den Pflanzen im Porträtteil ab Seite 30 entsprechend vermerkt.

Erste Pflege

Nach dem Auspacken entfernen Sie Abgeknicktes oder Welkes. Dann wird die Erdfeuchtigkeit überprüft. Gegebenenfalls muss gegossen werden.
Neu gekaufte Zimmerpflanzen sollten nicht sofort an Plätzen aufgestellt werden, an denen sie extremen Umweltbedingungen, wie Mittagssonne, trockene Heizungsluft oder Zugluft, ausgesetzt sind. Sie sind durch die optimalen Kulturbedingungen beim Gärtner noch etwas „verwöhnt" und müssen sich langsam an die neue Umgebung im Lebensraum des Menschen anpassen.

Agaven, wie diese Faden-Agave, vertragen nach einer Eingewöhnungszeit viel Licht und sogar direkte Sonne.

Licht

Pflanzen bleiben nur dann gesund, wenn ihre Lichtbedürfnisse erfüllt werden. Direkt hinter der Glasscheibe erhalten die Zimmerpflanzen in Abhängigkeit der Verglasung, Himmelsrichtung und Jahreszeit nur etwa 40 bis 60 % der Lichtmenge, die im Freiland herrscht. Müssen die Pflanzen 2 bis 3 m oder mehr vom Fenster entfernt stehen, wird es kritisch. Für die allermeisten ist es hier zu dunkel.
Wenn Sie genaue Kenntnisse über die Lichtstärke haben wollen, dann schaffen Sie sich ein Luxmeter an, den Sie im Garten- oder Elektrofachhandel kaufen können. 500 bis 600 Lux ist der Minimalbedarf für Pflanzen mit geringem Lichtbedürfnis. Lichthungrige brauchen 1500 Lux und mehr.
Doch auch zu viel Licht tut den Gewächsen nicht gut. Selbst 70 % der sonnenverträglichen Vertreter vertragen keine pralle Sonne und müssen in der Mittagszeit schattiert werden.

Ab in die Sommerfrische

Wenn Sie die Pflanzen während der Sommermonate im Freien pflegen wollen oder müssen, dann ist eine Abhärtung ganz wichtig. Das heißt, die Gewächse müssen langsam an das intensive Licht gewöhnt werden. Dazu stellt man sie sieben oder zehn Tage in den lichten Schatten. Nicht in den Wind stellen, selbst wenn die Pflanze das normalerweise verträgt. Kommen die Pflanzen direkt ins Sonnenlicht, dann können sie einen Sonnenbrand auf den Blättern bekommen, was zu Blattschäden bis hin zum totalen Verlust führen kann.
Vorsicht: Nicht alle Zimmerpflanzen vertragen einen Freilandaufenthalt. Beachten Sie bitte die Anmerkungen beim jeweiligen Pflanzenporträt ab Seite 30.

Lichtmarke

Es gibt einige Arten, die mit Blatt-, Blüten- oder Knospenfall auf ein Umstellen oder Verrücken reagieren. Das bekannteste Beispiel ist die Birken-Feige *(Ficus benjamina)*, die sogar teilweise alle Blätter fallen lässt, wenn man den Standort verändert. Bringen Sie in diesem Fall am besten eine Lichtmarke (Markierung) am Topf an. So gelingt es, die Pflanze nach dem Fensterputzen genau so wieder hinzustellen, wie sie vorher stand. Allerdings sollten Zimmerpflanzen immer einmal wieder gedreht werden, weil sie ansonsten krumm wachsen können. Bei den vorher beschriebenen empfindlichen Pflanzen macht man das am besten im Frühjahr.

Lichtmangelsymptome

- Geilwuchs, das sind lange, helle, zum Licht wachsende Triebe mit weitem Blattabstand und aufgehelltem Laub
- Kein stabiler Wuchs
- Blassgrüne und dünne Blätter
- Bei starkem Lichtmangel kleine Blätter

Kurzfristig können lichthungrige Zimmerpflanzen auch mitten im Zimmer stehen. Normalerweise gehören sie aber an ein helles Fenster.

Luft- und Bodentemperatur

Neben dem Licht ist die Temperatur ein entscheidender Faktor für ein erfolgreiches Wachstum. Es gibt Zimmerpflanzen, die es warm lieben, andere wollen kühl stehen. Viele haben eine Wachstumszeit, die meist im Frühling, Sommer und Frühherbst liegt, und eine Ruhezeit bei niedrigeren Temperaturen in den kalten Monaten. Wird dieser Rhythmus nicht eingehalten, und steigt die Temperatur im Winter zu hoch, dann kann sogar die Blüte ausbleiben. Beispiel sind viele Kakteen. Bei den Porträts (ab Seite 30) finden Sie jeweils die entsprechenden Angaben.

Je dunkler es ist, desto niedriger sollte auch die Temperatur sein. Daher ist es sinnvoll, dass die Pflanzen im Winter kühler stehen, als im Sommer. Zwar gilt das nicht für alle, aber für die allermeisten Zimmerpflanzen.

Vermeiden Sie

- Plötzliche Temperaturschwankungen
- Kalte Zugluft
- Stehende warme Luft

Zugluft

Zugluft, insbesondere kalte, wird von den meisten Zimmerpflanzen nicht vertragen. Mit einem brennenden Streichholz können Sie Zugluft in Pflanzennähe (aber nicht zu nah) leicht feststellen. Beim Lüften im Winter müssen empfindliche Pflanzen ins Rauminnere oder an einen anderen, warmen Ort gebracht werden.

Heiße Füße

Stehen die Töpfe direkt über der Heizung, kann dies schnell zu Ballentrockenheit führen. Kontrollieren Sie jeden Tag, wie sich die Erde anfühlt. Einige Zimmerpflanzen wollen nicht direkt über einer Heizung platziert werden. Wenn die Blätter eintrocknen, vergilben oder abfallen, dann könnte das die Ursache sein.

Kalte Füße

Viele Zimmerpflanzen mögen keine kalten Füße. Auf Stein- oder Marmorbänken ohne

Azaleen fühlen sich bei etwas kühleren Temperaturen am wohlsten und gedeihen besonders gut in wenig geheizten Räumen, wie dem Schlafzimmer.

darunter liegende Heizung kann man bei empfindlichen Gewächsen eine Isolierschicht aus Styropor, Holz, Kork oder Pappe unter die Topfuntersetzer legen.

Überwinterungsraum

Wie bereits beschrieben, gibt es einige Pflanzen, die kühl überwintert werden müssen und die nicht im beheizten Zimmer bleiben können. Sie brauchen einen kühlen, meist hellen Überwinterungsraum und müssen etwas oder sogar viel trockener gehalten werden. Die genauen Angaben haben wir Ihnen bei den Porträts aufgeschrieben (ab Seite 30).

Hohe Bodentemperaturen

Für die Vermehrung werden in vielen Fällen Bodentemperaturen über 20 °C, oft sogar bis zu 25 °C, selten bis 30 °C, verlangt. Bei zu kühlem Erdreich bilden sich keine Wurzeln beziehungsweise die Samen keimen nicht.

Auf kalten Fensterbänken verhindert ein Holzbrett unter den Töpfen, dass die Pflanzen, wie diese Usambaraveilchen, kalte Füße bekommen.

Luftfeuchtigkeit oder Luftfeuchte

Die richtige Luftfeuchte ist der Wachstumsfaktor, der uns viel Kopfzerbrechen macht. Besonders im Winter bei trockener Heizungsluft kann man gar nicht oft genug sprühen, um die Luft anzufeuchten. Auch viele Wasserschalen auf den Heizungen erhöhen die Luftfeuchtigkeit nicht so stark, wie gewünscht.

Besprühen
Pflanzen, die eine hohe Luftfeuchte brauchen, können oft besprüht werden – wenn in den Porträts nichts anderes gesagt wird. Verwenden Sie kalkarmes (weiches) und zimmerwarmes Wasser (Regenwasser), ansonsten gibt es Kalkflecken auf den Blättern. Während der prallen Mittagssonne darf nicht besprüht werden. Allerdings führt diese Methode nur zur kurzzeitigen Erhöhung der Luftfeuchtigkeit. Dazu kommt die Tatsache, dass nicht alle Pflanzen besprüht werden dürfen. Auf den Blättern von Usambaraveilchen und Gloxinien zum Beispiel bilden sich hässliche Flecken. Blüten dürfen überhaupt nicht besprüht werden!

Auf ein Kiesbett stellen
Geben Sie ein großes, flaches Gefäß Kieselsteine und füllen Sie es mit Wasser bis knapp unter die Oberfläche auf. Die Töpfe kommen direkt darüber. Das Wasser zwischen den Kieseln verdunstet und erhöht, besonders in der direkten Umgebung der Pflanzen, die Luftfeuchtigkeit.

Flaschengärten, geschlossene Blumenfenster und Co.
Einigen Pflanzen, allen voran die fleischfressenden, reichen die genannten Methoden nicht aus. Sie können nur bei einer dauerhaft hohen Luftfeuchte gedeihen. Pflanzen Sie sie in Flaschengärten oder Glaskugeln, in Wintergärten, Gewächshäuser oder in geschlossene Blumenfenster beziehungsweise Vitrinen.
Bei einigen hilft auch, wenn man sie mit großblättrigen Zimmerpflanzen zusammenstellt. Diese verdunsten viel Wasser und erhöhen in der direkten Umgebung die Luftfeuchte.

Gießen und Wasserbedarf

In punkto „Gießen“ gibt es die meisten Unsicherheiten. Wie oft, wie viel und wann? Das sind die Fragen, die leider für keine Pflanze nach einem Grundrezept beantwortet werden können. Aber machen Sie es sich nicht so schwer. Es ist viel leichter, als man am Anfang denkt. Der erste Grundsatz heißt: Im Zweifelsfall lieber etwas zu wenig als zu viel. Denn es ist leider eine Tatsache, dass die meisten Zimmerpflanzen zu Tode gegossen werden. Vertrocknen tun dagegen die wenigsten.
Warum ist das so? Wenn eine Pflanze schlapp aussieht, dann gilt der erste Griff der Gießkanne. Aber halt. Bevor man definitiv weiß, ob Wasser fehlt, fühlt man mit dem Zeigefinger oder Daumen, wie feucht die Topferde ist. Bei Unsicherheit kann man ein wenig Erde zwischen Zeige- oder Mittelfinger und Daumen zerreiben. Eine weitere sichere Methode ist auch das Prüfen des Topfgewicht. Heben Sie den Topf kurz an, nachdem Sie ihn gegossen haben. Dann haben Sie den Vergleich, wie schwer die Pflanze mit Topf und Wasser insgesamt ist. Sie werden sehen, schon nach einigen Versuchen wissen Sie, ob gegossen werden muss oder nicht.

Ein mit Wasser und Kieseln gefüllter Untersetzer sorgt für erhöhte Luftfeuchte.

Was beeinflusst den Wasserbedarf

- Pflanzenart
- Beschaffenheit des Laubs (weiche, große Blätter verdunsten mehr Wasser als kleine, lederartige)
- Lufttemperatur
- Wetter (an sonnigen Tagen wird mehr Wasser gebraucht)
- Standort (direkt über einer Heizung muss mehr gegossen werden als am schattigen Nordfenster auf einer Steinbank)
- Luftfeuchte (je höher, desto weniger muss gegossen werden)
- Topfmaterial (in Tontöpfen verdunstet mehr Wasser als in Plastiktöpfen)
- Verhältnis der Pflanze zur Topfgröße
- Luftbewegung (Wind)

Doch zurück zur schlapp aussehenden Pflanze. Oft kann sie kein Wasser aufnehmen, weil aufgrund von zu viel Nässe zu wenig Sauerstoff im Boden vorhanden ist. Wird dann noch gegossen, begünstigt man den Sauerstoffmangel, Fäulnis folgt, die die Wurzeln zerstört. Dann ist eine Wasseraufnahme nicht mehr möglich – die Pflanze macht schlapp. Die Finger- oder Topfgewicht-Methode sollten Sie immer anwenden, bevor Sie gießen. Wer seine Zimmerpflanzen liebt, kontrolliert so täglich die Bodenfeuchte. Dann kann in diesem Pflegepunkt nicht viel schief gehen.

Überschüssiges Wasser wegschütten

Es ist für die allermeisten Zimmerpflanzen ganz ganz wichtig, dass Sie Wasser, das in den Untersetzer läuft, nach fünf bis acht Minuten abschütten. Verpasst man das, kann es bei empfindlichen Pflanzen, wie Orchideen und Rosen, schon nach zehn Minuten zu nicht umkehrbaren Wurzelschäden kommen.

Wie gießen?

Nicht alle Pflanzen wollen von oben gegossen werden. Alle Pflanzen, deren Herz, Knolle oder Blätter nicht benetzt werden dürfen, werden in den Untersetzer gegossen, so zum Beispiel Usambaraveilchen. Andere Pflanzen, wie viele Bromelien, wollen auch etwas Wasser in ihrem Blatt-Trichter stehen haben.

Gießen im Winter

In den Wintermonaten müssen Sie die Wassermenge den Lichtverhältnissen und der Temperatur anpassen. Je weniger Licht vorhanden und je niedriger die Temperatur ist, desto weniger darf gegossen werden.

Tauchen

Ist der Ballen völlig trocken, was nicht passieren sollte, muss der Topf so lange komplett bis zur Erdoberfläche getaucht werden, bis sich der Wurzelballen völlig mit Wasser vollgesogen hat und keine Luftbläschen mehr aufsteigen.

Weiches Wasser – hartes Wasser

Die Wasserhärte wird in deutschen Härtegraden (°d, °dH) gemessen. Regenwasser zum Beispiel ist weich. Das meiste Leitungswasser ist mittelhart bis hart. Man unterscheidet:
1 = weich (0 bis 7 °d)
2 = mittelhart (7 bis 14 °d)
3 = hart (14 bis 21 °d)
4 = sehr hart (über 21 °d)
Die Wasserhärte Ihres Leitungswasser erfahren Sie beim zuständigen Wasserwerk oder sie finden Sie auf Ihrer Jahresabrechnung des Wasserlieferantens.
Die meisten Zimerpflanzen kommen mit weichem oder mittelhartem Wasser gut zurecht – mit Ausnahme einiger Arten, wie Zimmer-Azaleen oder vielen Orchideen, die ausschließlich weiches Wasser für ein gesundes Wachstum brauchen. Sammeln Sie in diesem Fall Regenwasser. Sie können das Wasser auch abkochen und es nach dem Abkühlen verwenden. Außerdem sind Filterkartuschen für die Aufbereitung von Blumengießwasser im Handel, die es sogar schon auf Gießkannen montiert zu kaufen gibt.

Die Wasserhärte darf nicht mit dem pH-Wert verwechselt werden, steht mit diesem aber im Zusammenhang. Die Verwendung von härterem Wasser führt bei ständigem Gebrauch zur Erhöhung des pH-Wertes des Kultursubstrates.

Erden und Kultur-Substrate

Die Erden und Kultursubstrate (hier im Buch auch abgekürzt nur als Substrate bezeichnet), die Sie im Handel kaufen können, haben in der Regel alle Eigenschaften, die ein gesundes Wachstum der Zimmerpflanzen gewährleisten. Achten Sie beim Kauf auf den Packungsaufdruck, denn es gibt zum Beispiel Kultursubstrate mit vielen Nährstoffen für Topfpflanzen und mit weniger Dünger für Aussaat und Vermehrung. Die Erde muss für den vorgesehenen Zweck geeignet sein.
Achten Sie beim Einkauf auch auf das Herstellungsdatum. Zu lange gelagerte Erden oder Kultursubstrate können eine völlig andere Zusammensetzung haben als auf der Packung angegeben. Wärme und die Mikroorganismen verändern das Verhältnis der Nährstoffe zueinander und verbrauchen sie sogar.

Sukkulenten verlangen eine durchlässige Blumenerde, da sonst die Wurzeln leicht faulen können.

Orchideen brauchen ein besonderes Substrat, das ihren Ansprüchen gerecht wird.

Der pH-Wert

Der pH-Wert ist der Säuregrad des Bodens. Er wird auf einer Skala zwischen 1 und 14 angegeben, wobei 1 sehr sauer und 14 sehr basisch (sehr alkalisch) bedeutet. Die meisten Zimmerpflanzen kommen mit einem pH-Wert zwischen 5,5 und 6,5 gut zurecht. Es gibt allerdings auch einige Gewächse, zum Beispiel Zimmer-Azaleen, Heidepflanzen oder die fleischfressenden Pflanzen, die saure Erde brauchen.

Spezial-Substrate

Wichtig ist, dass manche Pflanzengruppen ein besonderes Kultursubstrat benötigen. So zum Bespiel Orchideen oder fleischfressende Pflanzen (Karnivoren), Kakteen oder Palmen. Fragen Sie im Fachhandel nach der richtigen Erde.

Eigenmischungen

Von Eigenmischungen mit Kompost oder Gartenboden ist abzuraten. Für den Blumentopf müssten sie zumindest durch Dämpfen (Erhitzen für eine längere Zeit) keimfrei gemacht werden, und das lohnt wirklich nicht.

Düngen

Die Topfpflanzen haben ein Dilemma, das ist das begrenzte Erdreich. Während in der freien Natur die Wurzeln nach überall hin wachsen können, um an Nährstoffe und natürlich auch an Wasser zu kommen, sind Topfpflanzen auf ihren Pfleger oder ihre Pflegerin angewiesen.

Bougainvilleen dürfen ab August nicht mehr mit Stickstoff gedüngt werden.

Kurz- und langwirkende Dünger

Grundsätzlich unterscheidet man bei Topfpflanzen zwischen schnell- und kurzwirkenden Düngern sowie Langzeitdüngern. Die erste Gruppe, die Flüssigdünger, werden in Abständen dem Gießwasser zugefügt. Die Langzeitdünger als Düngestäbchen, Düngedrops oder auch in Form von grober Körnung versorgen die Pflanze zwischen einem bis viele Monaten mit genügend Nährstoffen. Lesen Sie jeweils die Packungsbeilage und befolgen Sie die Anweisungen. Außerdem ist die Temperaturabhängigkeit zu beachten. Je wärmer es ist, desto mehr Nährstoffe werden freigesetzt und desto schneller ist der Depotdünger verbraucht.

Nährstoffbedarf

In den Porträts ab Seite 30 haben wir Ihnen unter dem Stichpunkt „Nährstoffbedarf" der beschriebenen Pflanze angegeben, ob dieser hoch, mäßig oder gering ist. Dabei gibt Ihnen die erste Angabe Auskunft darüber, wie die Pflanze in der Wachstumszeit gedüngt werden soll. Danach kommt der Nährstoffbedarf in der lichtarmen Jahreszeit. Beachten Sie vor allem die Ruhezeiten, in denen nicht oder nur deutlich weniger gedüngt werden darf. Insgesamt kann man sagen, dass viel Dünger auch üppiges Blatt- und Triebwachstum nach sich zieht. Man kann Pflanzen also auch „großdüngen". Das ist aber nicht gesund, die Pflanze wird weniger stabil und fest. Außerdem steigt die Anfälligkeit für Schädlinge und Krankheiten.

Dünger gibt es in verschiedenen Darreichungsformen.

Düngestopp im Spätsommer

Verholzende Kübelpflanzen, zum Beispiel Schönmalve oder Bougainvillee, die den Sommer draußen verbringen und im Winter in den kühlen Überwinterungsraum kommen, sollten ab Ende August keinen Stickstoffdünger mehr bekommen, sonst reift das Holz nicht gut aus, was aber sein muss.

Nach dem Umtopfen

Da die neue Erde oder das Kultursubstrat bereits viele Nährstoffe enthält, wird erst nach sechs bis acht Wochen das erste Mal gedüngt. Achten Sie auch auf die Packungsbeilage beziehungsweise den Tüten- oder Kartonaufdruck. Er verrät Ihnen, wie viele Nährstoffe im Kultursubstrates oder der Erde enthalten sind und wann nachgedüngt werden muss.

Umtopfen

Wann und in welchem Abstand muss man umtopfen? Auf diese Frage gibt es keine allgemein gültige Regel. Aber keine Sorge. Die meisten Zimmerpflanzen nehmen es nicht übel, wenn man einmal ein Jahr länger damit wartet.

Der richtige Zeitpunkt

Wenn der Topf vollkommen durchwurzelt ist, muss umgetopft werden. Auf der Erdoberfläche sieht man schon feine Wurzeln, insgesamt wird der Wurzelballen dicht und undurchdringlich. Wenn die Wurzeln schon aus dem Abzugsloch herauswachsen, ist es höchste Zeit für einen neuen Topf. Die beste Jahreszeit ist gekommen, wenn das neue Wachstum beginnt, was meist im Februar/März oder im April der Fall ist.

Topfgröße

In der Regel wird man einen etwas größeren Topf wählen. Aber nicht unbedingt. Fortgeschrittene Zimmerpflanzengärtner und -gärtnerinnen schneiden manchmal den Wurzelballen und oberirdische Pflanzenteile etwas zurück, damit die Pflanze wieder in die gleiche Topfgröße passt und sie nicht „in den Himmel wächst".

Schritt für Schritt Umtopfen

Geben Sie eine fingerdicke Dränage aus Tonscherben oder Blähton und darauf etwas neue Erde in den neuen Topf. Ziehen Sie sich Handschuhe an. Legen Sie dann eine Hand so auf die Erdoberfläche, dass sich die Pflanze zwischen Ihren Fingern befindet. Umfassen Sie vorsichtig den unteren Teil der Pflanze und versuchen Sie, sie samt Wurzelballen aus dem Topf zu ziehen. Gelingt das nicht, dann umdrehen und den Topfrand eventuell leicht bis mittelfest auf eine Kante schlagen. Plastiktöpfe können aufgeschnitten werden, wenn der Ballen nicht heraus will. Lockern Sie nun den Wurzelballen vorsichtig auf. Die Wurzeln können ein wenig herunterhängen.Stellen Sie die Pflanze in die Mitte des neuen Topfes. Sie muss genauso hoch stehen wie im alten Topf. Dazu müssen Sie die Erdschicht am Grund des neuen Topfes entsprechend hoch auffüllen. Geben Sie nun in den Zwischenraum von Topf und Ballen an beiden Seiten neue Erde. Leicht andrücken und angießen. Setzt sich die Erde, werden Lücken und Löcher mit Blumenerde aufgefüllt. Bitte beachten Sie, dass Sukkulenten und Kakteen nach dem Umtopfen nicht gewässert werden dürfen. Man wartet etwa zwei Tage, damit die verletzten Wurzeln abtrocknen können und hier keine Fäulnis entstehen kann.

1. Zum Umtopfen kippt man die Pflanze auf den Kopf. Die eine Hand hält den Topf, die andere die Pflanze. Durch leichtes Aufschlagen an einer Tischkante löst man fest sitzende Wurzelballen.

2. Vorsichtig wird die Pflanze mitsamt dem Ballen aus dem Topf gelöst

3. Im neuen Topf wird die Pflanze auf eine Dränageschicht aus Blähton oder Ähnlichem gestellt und frische Erde eingefüllt. Das Abzugsloch wird mit einer Tonscherbe abgedeckt, damit keine Erde ausschwemmt.

Hydrokultur und ähnliche Systeme

Unter Hydrokultur versteht man die erdelose Kultur. Die Zimmerpflanzen wachsen in Blähton in einem besonderen Topf mit Wasserstandsanzeiger und Übertopf.
Die Art der Pflege ist sehr einfach. Sie eignet sich besonders für Büros oder auch Wochenend-Wohnungen, weil die Pflanzen über das System einen Wasserspeicher haben, der es erlaubt, auch einmal einige Tage nicht zu gießen. Spezielle Dauer-Dünger machen das Düngen leichter, sind aber auch teurer. Die Hydrokultur-Systeme sind teurer als die übliche Pflege im Erdtopf. Und das Umstellen von Pflanzen, die in Erde wachsen, auf Hydrokultur, ist sehr schwierig. Daher raten wir eher davon ab.
Kaufen Sie sich die gewünschten Pflanzen im Fachhandel gleich in Hydrokultur wachsend.

Hydrokultur im Querschnitt:
1 Kulturtopf, 2 Blähton, 3 Wasserstandsanzeiger

Es gibt auch Hybrid-Systeme, die es zulassen, dass die Pflanze weiterhin in Erde stehen. Die Systeme gewährleisten zum Beispiel die größere Unabhängigkeit beim Gießen. Sie bestehen in der Regel aus Ton-Granulat, speziellem Dünger und Gießanzeiger.
Die Pflanzen stehen mit dem Erdballen im Ton-Granulat. Bitte beachten Sie, dass der innere Wasserstand niemals den Erdballen erreicht, sonst kann es zu Wurzel-Fäulnis kommen.

Zubehör und eine genaue Anweisung bekommen Sie in gut sortierten Gartencentern und Gartenfachgeschäften.

Ein paar Worte zur Giftigkeit

Sie werden in diesem Buch öfter einen Hinweis auf giftige Substanzen bekommen, die in den Pflanzen enthalten sind. Wenn man ganz ehrlich wäre, müsste man das bei der überwiegenden Anzahl der beschriebenen Pflanzen tun. Eine Vollständigkeit ist in diesem Buch deshalb nicht gewährleistet.

Und wir wollen Sie auch nicht von der Zimmerpflanzen-Kultur abschrecken. Wir möchten Sie für die Problematik sensibilisieren. Es geht darum, dass man sich an Zimmerpflanzen erfreut, sie oder auch nur Teile aber nicht essen kann. Achten Sie besonders auch auf Kleinkinder. Vor ihnen ist im Zweifelsfall nichts sicher. Selbst wenn man den Kleinen unzählige Male erklärt, dass sie die Beeren nicht anrühren sollen oder überhaupt die Pflanzen in Ruhe lassen müssen, ist nicht gewährleistet, dass sie sich daran halten, wenn man sich umgedreht hat.

Natürlich gibt es besonders giftige Vertreter, wie die Dieffenbachie, die in einem Haushalt mit Kindern, besonders Kleinkindern, nichts zu suchen haben.
Bei manchen Pflanzen, wie Euphorbien, dem Weihnachtsstern oder Gummibäumen (*Ficus*-Arten) muss man beim Umtopfen oder Hantieren Handschuhe tragen, weil der austretende Milchsaft nicht auf die Haut kommen sollte.

Pflegefehler

Nachfolgend haben wir für Sie die wichtigsten Symptome aufgelistet, die bei falscher Pflege auftreten können.

Unnatürlich lange Triebe

Die Triebe sind meist mit hellen Blättern kombiniert, die in weiterem Abstand gebildet werden als normal. Die Pflanze bekommt zu wenig Licht und reagiert mit dem so genannten Geilwuchs.

Sparriger Wuchs

Genau genommen handelt es sich hierbei nicht um einen Pflegefehler. Einige tropische und subtropische Pflanzen wachsen bei uns sparrig, weil in der Heimat mehr Licht zur Verfügung steht. In den Gärtnereien werden diese Pflanzen, wie zum Beispiel Nesselschön oder Schiefteller, mit künstlichen Hemmstoffen behandelt, die einen kompakten Wuchs bewirken. Auf der Fensterbank lässt die Wirkung dieser Hemmstoffe nach und die Pflanze wächst mehr in die Höhe. Mit Schnittmaßnahmen kann man dem sparrigen Wuchs entgegenwirken.

Welke

Welke kann durch Wassermangel entstehen. Kontrollieren Sie die Blumenerde. Am besten kann man die Feuchtigkeit erfühlen, wenn man etwas Erde zwischen Zeige- oder Mittelfinger und Daumen „zerreibt". Oder man prüft das Gewicht der Töpfe (siehe Seite 14). Es kann allerdings auch daran liegen, dass die Wurzeln kein Wasser mehr aufnehmen können. Sei es, weil sie faulen, oder sei es, weil zu viel gegossen wurde und in der vernässten Erde zu wenig Sauerstoff vorhanden ist. Je nach Ursache wird gegossen oder nicht gegossen.

Blätter aufgehellt, Blattadern auch hell

Wenn Sie auf der Blattunterseite auch mit der Lupe keine Schädlinge erkennen können und wenn die Lichtverhältnisse stimmen, kann ein Nährstoffmangel vorliegen.

Blattfall

Es gibt einige Pflanzen, die Ende Herbst/Anfang Winter ihr Laub abwerfen. Das ist normal. Es gibt außerdem Pflanzen, die auf Standortwechsel mit Blattabwurf reagieren. Zugluft und ein zu kalter Platz können weitere Gründe sein.

Trockene Blattspitzen

Durch zu trockene Luft oder Wassermangel. Schwarze Blattspitzen bei Orchideen sind ein Zeichen für zu hohe Düngerkonzentrationen.

Bei Lichtmangel und zuviel Wärme wächst die Echeverie nicht kompakt und rosettenförmig, sondern in dieLänge.

Welke kann durch Trockenheit oder Staunässe hervorgerufen werden.

Blätter aufgehellt, Blattadern grün

In der Regel Eisenmangel, hervorgerufen durch einen zu hohen pH-Wert in der Erde. Oft ist dieser Mangel auf dauerhaft zu kalkhaltiges Gießwasser oder das falsche Kultursubstrat zurückzuführen. Lesen Sie im Porträtteil nach, ob Ihre Pflanze besondere Wünsche hat.

Durch zu intensive Sonneneinstrahlung hat diese Cattleye einen Sonnenbrand bekommen. Dieser Schaden kann nicht rückgängig gemacht werden.

Knospenfall

Knospenfall kann durch einen Platzwechsel, aber auch durch Nährstoff-, Wasser- und Lichtmangel hervorgerufen werden. Weitere Gründe sind Zugluft und zu warme oder zu kühle Temperaturen.

Es werden keine Blüten angesetzt

Wenn keiner der Gründe vorliegt, der unter Knospenfall genannt ist, vorliegt, dann gibt es noch folgende Möglichkeiten: Einige Pflanzen können nicht blühen, wenn man ihnen keine Ruhezeit gegönnt hat (kühler, trockener halten). Andere entwickeln keine Blüten, weil sie nicht die richtige Tageslänge (Lichtdauer pro Tag) über einen bestimmten Zeitraum gehabt hatten. Manche Zimmerpflanzen, wie einige Kakteen, blühen erst, wenn sie das richtige Alter erreicht haben. Ein weiterer Grund ist, dass einige Pflanzen auf der Fensterbank zwar wachsen können, aber für eine Blüte nicht die richtigen Bedingungen vorfinden. Sie werden nur wegen ihres Blattschmuckes gepflegt.

Trockene Blattspitzen können durch zu trockene Luft oder Wassermangel verursacht werden.

Aufgehellte Blätter mit dunklen Blattadern sind ein Zeichen für Eisenmangel.

Krankheiten

Auf den folgenden Seiten finden Sie die wichtigsten Krankheiten, von denen unsere Zimmerpflanzen befallen werden. Achten Sie bitte auf Hygiene. Ist eine Pflanze von einem Erreger befallen, muss sie zuallererst an einen ganz anderen Platz ohne Nachbarpflanzen gestellt werden. Hier wird sie auch erst behandelt. Am alten Platz wird die Fensterbank gut gesäubert, damit zum Beispiel Pilzsporen nicht durch die Luft auf die nächste Pflanze übertragen werden. Wenn Sie mit den nachfolgend genannten Mitteln keine gesunden Pflanzen bekommen, dann informieren Sie sich im Gartenfachhandel über weitere Methoden. Falls Sie sich für Pflanzenschutzmittel entscheiden, müssen Sie auf jeden Fall die Herstelleranweisungen genau befolgen.

Blattflecken
Blattflecken entstehen oft wegen nicht optimalen Standortbedingungen und falscher Pflege.
Abhilfe: Verbessern Sie die Pflege und wählen Sie den besten Platz. Kein Wasser mehr sprühen. Befallene Blätter entfernen.

Echter Mehltau
Typisch ist ein weißer, mehliger Belag auf den Blättern, der sich abwischen lässt. Auch Blüten, zum Beispiel bei Rosen und Pelargonien, können befallen werden.
Abhilfe: Befallene Pflanzenteile werden entfernt und über den Hausmüll entsorgt.
Vorsicht: Nachbarpflanzen können auch schon befallen sein. Schauen Sie sich genau die Blätter an, denn man sollte alle kranken Teile auf einmal entfernen. Säubern Sie die Fensterbank und die Übertöpfe beziehungsweise Untersetzer.

Fäulnis an Wurzeln oder Stängelgrund
Das erste Symptom ist, dass die Pflanze welkt, obwohl die Erde feucht ist. Es wird kein Wasser mehr aufgenommen, weil die Wurzeln geschädigt sind.
Abhilfe: Schwierig. Umtopfen kann helfen. Kranke Wurzeln dabei entfernen und völlig neue Erde verwenden. Die Wurzeln so gut wie möglich von aller alten Erde befreien und trockener halten.
Trotz dieser Maßnahmen sind viele Pflanzen leider nicht mehr zu retten.

Stängelgrundfäule an einer Bromelie, verursacht durch Fusarium-Pilze.

Drachenbaum mit Blattfleck, der durch pilzliche Krankheitserreger verursacht ist.

Echter Mehltau zeigt sich durch einen weißlichen Belag auf den Blättern, der sich abwischen lässt. Hier ist eine Rose abgebildet.

Manche Blütenpflanzen können auch an den Blütenblättern, wie hier bei einer Begonie, von Echtem Mehltau befallen werden.

Grauschimmel
Grauschimmel entsteht meist als Folge von nicht pflanzengerechter Pflege, insbesondere bei hoher Luftfeuchtigkeit im Winter. Auf Blüten zeigen sich meist erst schwarze Flecken, dann überzieht ein weißgrauer Schimmelrasen nach und nach Blätter, Stängel und Blüten. Die befallenen Pflanzenteile sterben schließlich ab. Abhilfe: Befallene Teile entfernen und vernichten. Stehende Luft vermeiden, für Luftbewegung sorgen und die Standortbedingungen optimieren. Etwas trockener halten.

Grauschimmel (*Botrytis*) verursacht unschöne Flecken auf zarten Orchideenblüten.

Usambaraveilchen sind anfällig für Fäulnis am Stängelgrund, wenn sie zu nass stehen.

Schädlinge

Nachfolgend werden die wichtigsten Schädlinge beschrieben und Möglichkeiten der Bekämpfung aufgezeigt. Natürlich können Sie sich im Gartenfachhandel über Pflanzenschutzmittel informieren, wenn Sie der Schädlinge nicht Herr werden. Bitte beachten Sie in jedem Fall die Hinweise und Herstelleranweisungen auf den Packungen.

Blattläuse
Erste Anzeichen sind gekräuselte, junge Blätter, klebrige Ausscheidungen auf der Fensterbank und die Blattläuse selbst, da sie groß und mit bloßem Auge erkennbar sind.
Abhilfe: Mit handwarmem Wasser abduschen, wenn die Pflanze das verträgt, oder einer weichen Bürste entfernen.

Blattläuse an einer Hibiskusblüte. Die Blütenblätter verkrüppeln dadurch.

Schildläuse
Bräunlich gefärbte Erhebungen auf den Blättern, die man abheben kann. Klebrige Ausscheidungen können, müssen aber nicht, auf der Fensterbank sichtbar werden.
Abhilfe: Die Schilde mit den Läusen darunter vorsichtig mit einem in Speiseöl oder Spiritus getränktem Wattestäbchen betupfen und ein paar Tage später mit einer weichen Zahnbürste und etwas Seifenlauge entfernen. Direktes Abbürsten verteilt die Läuse samt der Eier nur über die gesamte Blattoberfläche. Blätter zimmerwarm abduschen, wenn die Pflanze das verträgt. Luftfeuchte erhöhen. Stark befallene Triebe oder Blätter – wenn möglich – entfernen.

Schildläuse dürfen nicht abgewischt werden, so verteilt man nur die Eier auf der ganzen Pflanze.

Spinnmilben
Aufhellungen oder Sprenkelung auf den Blättern. Mit der Lupe kann man kleine, achtbeinige Tierchen erkennen, die schwarz und durchsichtig weiß gefärbt sind. Bei noch schlimmerem Befall erkennen Sie ein Spinnennetz - meist vom Blattstiel zum Blatt oder vom Stängel zum Blatt in dem sich unzählige Spinnmilben befinden.
Abhilfe: Luftfeuchtigkeit erhöhen. Mit warmem Wasser abbrausen, wenn die Pflanze das verträgt. Blätter, die schlimm befallen sind, abschneiden und sofort vernichten.

Spinnmilben erkennt man an an dem namensgebenden feinen Gespinst.

Thripse (Blasenfüße, Gewitterwürmchen)
Zuerst sieht man eine silbrig weiße Punktierung der Blätter und schwarze, kleine Kotpunkte. Die Tiere selbst sind durchsichtig weiß oder schwarz-weiß gestreift.
Abhilfe: Sorgen Sie für eine möglichst hohe Luftfeuchte. Blautafeln aus dem Gartenfachhandel helfen. Außerdem kann man Raubmilben *(Amblyseius)* im Fachhandel kaufen.

Thripse sind an silbrigen, vergilbten Blättern erkennbar.

Weiße Fliege, stark vergrößert

Trauermückenlarven und Trauermücken

Kleine, schwarze Fliegen erheben sich aus der Erde – oft in Massen, wenn man an den Topf stößt. Übrigens richten nicht die Fliegen, sondern deren Larven (Jugendstadium) im Topf den Schaden an, weil sie an den Wurzeln fressen. Abhilfe: Die Fliegen können mit Gelbtafeln abgefangen werden. Den Wurzelballen trockener halten, dann werden keine Eier abgelegt.

Woll- oder Schmierläuse sitzen oft versteckt.

Trauermückenlarve, stark vergrößert

Weiße Fliege (Mottenschildlaus)

Bei Berühren der Pflanze fliegen zahlreiche weiße Insekten, oft in großen Mengen, auf. Abhilfe: Die Schädlinge mögen keinen Wind und lieben hohe Temperaturen.
Wenn die Pflanze es nicht übel nimmt, dann sorgen Sie kurzzeitig für einen zugigen und/oder kühleren Platz. Außerdem sind Gelbtafeln geeignet, an denen die Tiere festkleben (Gartenfachhandel).

Wollläuse (Schmierläuse)

Weißwollige Erhebungen (Läuse) an Blättern und Stängeln, bevorzugt in den Blattachseln. Abhilfe: Wie Schildläuse: Vorsichtig mit einer weichen Bürste oder Wattestäbchen abbürsten beziehungsweise die Tierchen zerdrücken. Säubern Sie unbedingt die Fensterbank, Übertöpfe und sonstige Gegenstände, die in der Nähe der befallenen Pflanze gestanden haben. Wollläuse sitzen bis zu mehreren Monaten verborgen und warten, bis eine neue Zimmerpflanze befallen werden kann.

Dickmaulrüssler und Larven

Der Dickmaulrüssler kann nur an Pflanzen auftreten, die im Sommer draußen stehen, zum Beispiel Zimmer-Azaleen. Man erkennt an den Blättern einen halbrunden Buchtenfraß. Abhilfe: Die Tiere sind nachtaktiv, daher kann man sie nur bei Dunkelheit finden und absammeln. Schädigen die Larven an den Wurzeln, wird die Pflanze in neue Erde getopft. Alle Larven müssen dabei entfernt werden.

Schnecken

Schnecken treten nur auf, wenn die Pflanze über Sommer im Freiland gestanden hat. Oder sie befinden sich schon beim Kauf im Topf. Abhilfe: Absammeln ist immer noch das effektivste Mittel.

Vermehrung

Man unterscheidet zwischen geschlechtlicher Vermehrung (Aussaat) und ungeschlechtlicher, wie Teilung, Ausläufer, Brutzwiebeln, Kindel und Stecklinge.

Aussaat

Die beste Jahreszeit für die Aussaat ist das Frühjahr, wenn das Licht zunimmt und die Temperaturen steigen. Die Erde darf nicht kalt sein, denn dann keimen die Samen sehr langsam oder gar nicht. Die Keimdauer ist von der jeweiligen Pflanzenart abhängig. Palmen zum Beispiel brauchen oft Monate, bis sich die ersten Blättchen zeigen, bei anderen Arten dauert es nur wenige Tage.

Die meisten Pflanzen sind Dunkelkeimer. Die Samen werden mit feiner Erde abgedeckt. Lichtkeimer brauchen das Licht, daher bleiben sie unbedeckt.

Wenn die Pflanzen die ersten beiden richtigen Blätter (nach den Keimblättern) gebildet haben, werden sie vereinzelt. Sie bekommen mehr Platz. In der Fachsprache nennt man das Pikieren.

Aussaat und Pikieren Schritt für Schritt

1

In einer Saatschale wird fein gesiebte Aussaaterde eben angedrückt.

2

Bewegen Sie die Samentüte zur Aussaat mit leicht schüttelnden Bewegungen über die Erde.

3

Zur Abdeckung die Samenkörner leicht mit Erde übersieben. Lichtkeimer bleiben unbedeckt.

4

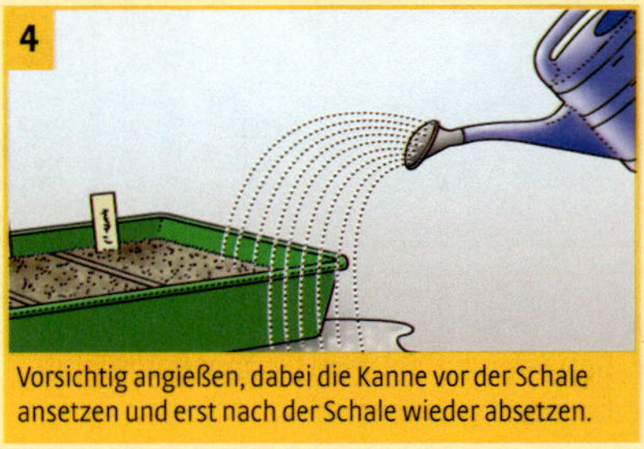

Vorsichtig angießen, dabei die Kanne vor der Schale ansetzen und erst nach der Schale wieder absetzen.

5

Wenn sich die beiden ersten richtigen Blätter gebildet haben, wird pikiert (vereinzelt).

6

Mit einem Stäbchen wird ein Loch geformt und der Sämling vorsichtig eingesteckt. Danach gießen.

Ungeschlechtliche Vermehrung

Die ungeschlechtliche (vegetative) Vermehrung kennt viele Spielarten: Teilung, Kopf- und Triebstecklinge, Blatt- und Blattteilstecklinge, Kindel, Brutzwiebeln, Absenker sowie Abmoosen und einige andere Methoden.
Im Folgenden werden die wichtigen Vermehrungsarten beschrieben.

Stecklinge

Abhängig vom Pflanzenteil, der bewurzelt wird, unterscheidet man Kopf-, Triebteil-, Stamm-, Blatt- oder Blattteilstecklinge. Der Steckling kommt in ungedüngte Erde (Vermehrungserde) oder bei manchen Pflanzen sogar nur in ein Glas mit Wasser. Dort bildet er Wurzeln und wächst zu einer eigenständigen Pflanze heran. In den meisten Fällen ist es besser, eine gespannte Atmosphäre herzustellen. Das heißt, dass die Stecklinge mit Folie oder einer Plastik- beziehungsweise Glashaube überdeckt werden. Die Luftfeuchte ist unter der Abdeckung hoch, was wichtig ist, weil der Steckling nicht viel Wasser verdunsten soll.
Er kann es schließlich noch nicht über Wurzeln aufnehmen.

Stecklingsvermehrung Schritt für Schritt

1

Einen Topf mit nährstoffarmer Aussaat- oder Stecklingserde füllen und leicht angießen.

2

Stecklinge, zum Beispiel von Efeu, schneidet man mit einer scharfen, sauberen Schere von der Mutterpflanze.

3

Mit einem Hölzchen oder Pikierstab wird ein Loch gebohrt und der Steckling eingesetzt.

4

Damit die Luft feucht (gespannt) bleibt, Topf und Steckling mit einer Glashaube oder Folie abdecken.

5

Mehrere Töpfe mit Stecklingen kann man auch in einem Anzuchtkasten aufstellen.

6

Sobald sich neue Blätter gebildet haben, werden die Stecklinge vorsichtig in größere Töpfe umgesetzt.

Usambaraveilchen lassen sich leicht über Blattstecklinge vermehren.

Teilung

Die Teilung gehört mit zu den einfachsten Methoden. Die Mutterpflanze wird dazu aus dem Topf genommen, vorsichtig auseinander gezogen oder geschnitten (meist in zwei Stücke) und getrennt in Töpfe gesetzt – das geschieht in der Regel beim Umtopfen.

Orchideen mit Pseudobulben werden geteilt.

Ausläufer

Es gibt unter- und oberirdische Ausläufer. Die Mutterpflanze bildet an Sprossen Tochterpflanzen aus, die auch hier schon bewurzeln. Das bekannteste Beispiel für diese Vermehrungsart ist die Grünlilie, die an langen oberirdischen Sprossen ihre Nachkommen bilden.

Efeu lässt sich auch über Ausläufer vermehren.

Grünlilien-Ausläufer pflanzt man in neue Töpfe.

Nach dem Anwachsen kann man die Ausläufer abtrennen.

Brutzwiebeln und -knollen

Brutzwiebeln und -knollen entstehen an der Mutterzwiebel oder -knolle. Man nimmt sie ab und pflanzt sie neu ein. Es dauert manchmal einige Jahre, bevor die neue Zwiebel so groß geworden ist, dass sie genauso schön blüht wie die Mutterpflanze.

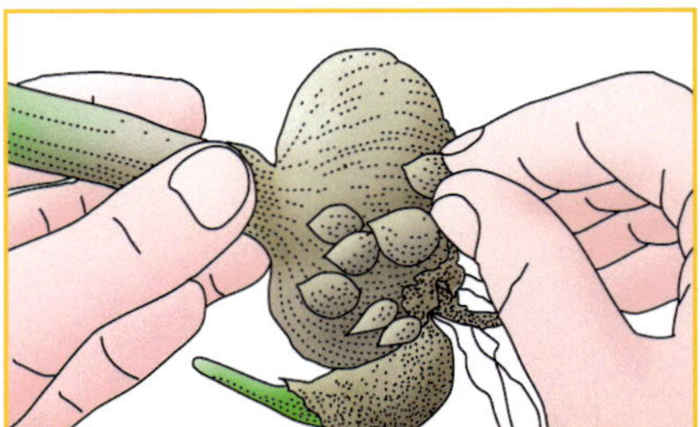

Viele Zwiebelblumen bilden an der Seite Brutzwiebeln.

Kindel

Kindel sind Tochterpflanzen, die oberirdisch an der Mutterpflanze gebildet werden und dort schon Wurzeln ansetzen. Sie werden abgenommen und eingetopft.

Bromelien kann man durch Kindel vermehren.

Abmoosen

Das Abmoosen ist eine der spannensten Vermehrungsmethoden, eignet sich aber nur für wenige Pflanzen, zum Beispiel für den Gummibaum. Man schneidet unterhalb eines Blattes den Stamm schräg an und hält den Schnitt mit etwas Moos offen. Dann umwickelt man den Stamm an dieser Stelle mit einem mit feuchtem, faserigem Torf oder Moos aus dem Fachhandel gefüllten, kleinen Plastiksack. Die Pflanze bildet hier Wurzeln, wird dann abgenommen und eingetopft. Das kann allerdings einige Wochen dauern.

Abmoosen Schritt für Schritt

1

Der Stamm wird mit einem scharfen Messer in Richtung Sprossspitze leicht eingeschnitten.

2

Jetzt wird der Schnitt fixiert. Dazu schiebt man etwas Moos zwischen Schnittzunge und Spross.

3

Mit feuchtem Torf oder Moos umwickeln und mit einer Schnur am Spross festbinden.

4

Um das Paket wickelt man eine dunkle Folie und bindet sie oben und unten mit Schnur fest.

5

Wenn sich Wurzeln gebildet haben (unter der Folie nachsehen), den Trieb abschneiden.

6

Der abgetrennte Trieb mit den neuen Wurzeln kann nun eingetopft werden.

Blühende Zimmerpflanzen auf der Fensterbank

Blüten- und Fruchtschmuckpflanzen

Pflanzen, die uns mit ihrer Blütenpracht verzaubern können, fehlen auf keiner Fensterbank. Zimmerpflanzen, die sich mit attraktiven Früchten schmücken, sind dagegen schon seltener zu finden. Das liegt aber nicht daran, dass sie weniger schön wären, sondern dass es nicht sehr viele Vertreter in dieser Gruppe gibt.

Blütenschmuckpflanzen erfreuen uns mit den verschiedensten Formen, Farben und Größen. Die einen sind über und über mit Blüten bedeckt, wie zum Beispiel Hortensien. Die anderen haben neben edlen Blüten auch noch schöne Blätter, die an sich schon eine Zierde sind. Ein Beispiel ist die Allamande.

Pflanzen, die sich mit Früchten schmücken, haben ihren ganz eigenen Reiz. Natürlich auch, weil man sie eher selten auf der Fensterbank von Freunden und Bekannten sieht. Doch nicht nur das. So kann es zum Beispiel die zierliche Korallenbeere, wenn sie sich mit ihren leuchtend orange gefärbten Beeren über und über bedeckt hat, mit fast jeder Blütenpflanze aufnehmen.
Oder der Zier-Paprika mit Früchten in Gelb, Orange, Rot oder Violett – er muss sich ganz bestimmt hinter keiner Blüten-Verwandten verstecken.

Gelbe Form der Schönmalve

A. pictum 'Thompsonii'

Rio-Grande-Abutilon (*A. megapotamicum*)

Zartrosa Schönmalven-Form

Schönmalve, Zimmerahorn

Abutilon × hybridum

Höhe 1,5–2,5 m

Der immergrüne Strauch wächst aufrecht buschig. Im Handel kompakt aussehende Pflanzen wurden mit Hemmstoffen behandelt und verlieren später auf der Fensterbank diese Wuchsform. Die Sorte *A. pictum* 'Thompsonii' ziert mit intensiv gelb gemusterten Blättern. Die Glocken-Schönmalve, *A. megapotamicum* (Rio-Grande-Abutilon oder Kriechende Samtpappel), mit laternenartigen Blüten an überhängenden Trieben wird auch in Ampeln gepflegt.

Standort Sonnig, hell ohne pralle Mittagssonne. Im Winter 10 bis 15 °C, bei trockenerer Pflege werden 3 bis 12 °C gut vertragen.

Gießen Gleichmäßig feucht halten, keine Ballentrockenheit. Im Winter wenig gießen.

Nährstoffbedarf Mäßig; von September bis Februar nur selten düngen. Zeigt durch eine waagerechte Blattstellung an, dass die Ernährung stimmt.

Schädlinge Blattläuse, Weiße Fliege, besonders bei trockener Luft Spinnmilben

Umtopfen, wenn nötig im zeitigen Frühjahr

Tipp Die Schönmalve neigt zu einem sparrigen Wuchs. Daher muss sie immer wieder im zeitigen Frühjahr zurückgeschnitten werden.

Vermehrung Kopfstecklinge, Aussaat

BLÜTENFARBE

BLÜTEZEIT

Jan *Feb* ***März*** ***April*** ***Mai*** ***Juni*** ***Juli*** ***Aug*** ***Sept*** ***Okt*** ***Nov*** *Dez*

A. hispaniolae 'Bodes Feuerzauber'

Nesselschön, Roter Katzenschwanz

Acalypha hispida

○	Höhe 30–50 cm	mittel bis anspruchsvoll

Das Nesselschön mit ihren auffallenden Blütenständen

Diese Pflanze ist zweihäusig, es gibt also weibliche und männliche Exemplare. Nur die weiblichen werden verkauft, die durch ihre samtartigen Blütenstände auffallen. Sie erscheinen bei hellem Standort (!) fast ganzjährig. In den Gärtnereien wird der Katzenschwanz mit Hemmstoffen behandelt, die die Pflanze kompakt wachsen lassen. Diese Wirkung lässt zu Hause nach. Der Hängende Fuchsschwanz *(A. hispaniolae)* ist anspruchsvoller, bleibt mit 25 bis 35 cm kleiner und wächst buschig überhängend. Die Pflanzen enthalten giftige Substanzen.

Standort Hell bis sehr hell, ohne pralle Mittagssonne; im Winter nicht unter 16 °C.
Gießen Regelmäßig gießen, in den Wintermonaten sparsamer.
Nährstoffbedarf Mäßig; von Oktober bis Februar nur alle sechs Wochen düngen.
Probleme Verkahlen bei trockener Luft; Blatt- und Schildläuse, Spinnmilben.
Umtopfen, wenn nötig im Frühjahr
Tipps Verblühtes regelmäßig entfernen. Bei Nässe verkleben die Blütenstände und verfaulen. Zurückgeschnitten wird im Frühjahr.
Vermehrung Kopfstecklinge im Frühjahr

BLÜTENFARBE

Blütenstände bis zu 50 cm lang

BLÜTEZEIT

Jan	Feb	März	April	Mai	Juni	Juli	Aug	Sept	Okt	Nov	Dez

Violette und rote Form des Schieftellers

Schiefteller

Achimenes-Cultivars

Blauviolette Form des Schieftellers

Höhe 20–30 cm

Die ursprünglichen Formen blühten eher bescheiden, heute haben uns die Züchter zahlreiche, üppig blühende Sorten geschenkt. Kompakte Pflanzen sind mit Hemmstoffen behandelt.

Standort Hell bis halbschattig, ohne volle Sonne, bei 20 bis 25 °C. Nach dem Einziehen der Pflanze den Topf bis zum neuen Eintopfen dunkel und temperiert (15 bis 20 °C) stellen.

Gießen Vom Eintopfen (im März) bis September auf gleichmäßige Bodenfeuchte achten. Staunässe vermeiden. Kaltes Wasser darf nicht auf die Blätter kommen! Ab Ende September ziehen die Pflanzen ein. Jetzt nach und nach das Gießen einstellen. Nach dem Eintopfen im Februar/März schrittweise wieder mehr gießen.

Nährstoffbedarf Mäßig; ab September bis März nicht düngen.

Probleme Ringförmige Blattflecken durch zu kaltes Wasser oder zu viel Sonne; Weiße Fliege und Spinnmilben.

Umtopfen Im Februar/März legt man die Schuppenrhizome in Töpfe und deckt 1 bis 2 cm Erde darüber. Die Erde dann feucht halten und den Topf 20 bis 25 °C warm stellen.

Vermehrung Rhizom-Teilung beim Umtopfen und Kopfstecklinge im März bis Mai.

BLÜTENFARBE

BLÜTEZEIT

Jan Feb März April **Mai** **Juni** **Juli** **Aug** **Sept** Okt Nov Dez

Schamblume

Aufrecht wachsende Form

Hängende Form

Schamblume, Äschynanthus

Aeschynanthus-Arten

		bis 1,5 m hängend	mittel bis anspruchsvoll

Es gibt aufrechte und hängende Schamblumen. Sie können sogar Arten finden, die mit schön marmoriertem Laub wahre Blattschmuckpflanzen sind, z.B. *A. marmoratus*.

Standort Wählen Sie einen hellen bis halbschattigen, luftfeuchten Platz. Ein schattiger Standort wird nur von *A. marmoratus* toleriert. Von Oktober bis Januar etwas kühler stellen. Innerhalb dieser Monate müssen die Pflanzen für eine kräftige Blüte etwa vier Wochen bei 15 °C gehalten werden.

Gießen Wenig bis mäßig wässern, im Winter noch sparsamer gießen. Weiches Wasser verwenden. Öfter mit zimmerwarmem, weichem Wasser besprühen. Optimal wäre ein Platz in einer Zimmervitrine oder im Blumenfenster.

Nährstoffbedarf Gering bis mäßig; von September bis Ende Februar wird nur sehr schwach gedüngt.

Probleme Knospenfall bei Standortwechsel. Keine Blüten bei fehlender kühler Periode im Winter, zu dunklem Stand oder zu trockener Luft möglich. Blattläuse

Umtopfen, wenn nötig im Februar/März

Vermehrung Kopf- und Teilstecklinge

Weitere Namen Goldrebe, Sinnblume

BLÜTENFARBE

BLÜTEZEIT

Jan	*Feb*	*März*	*April*	*Mai*	***Juni***	***Juli***	***Aug***	***Sept***	***Okt***	*Nov*	*Dez*

Goldtrompete

Wunderschöne Blüten

Allamanda schottii (syn. *A. nerifolia*) wird wie die Goldtrompete gepflegt.

Goldtrompete

Allamanda cathartica

Höhe 2–3 m
je nach Kletterhilfe

Die Goldtrompete ist mit ihren goldgelben oder orangegelben Blüten – teilweise bis 10 cm groß – ein echter Blickfang. Als Kletterpflanze braucht sie ein Topfspalier, was wegen der Wuchsstärke meistens schnell zu klein wird. Die angebotenen Pflanzen sind oft mit Hemmstoffen behandelt. Das dadurch erreichte kompakte Wachstum lässt auf der Fensterbank nach. Die Pflanze enthält giftige Substanzen.

Standort Vollsonnigen bis hell, im Sommer sind Temperaturen um 20 °C, im Winter um 15 °C günstig.

Gießen Auf gleichmäßige Bodenfeuchte achten, Ballentrockenheit und Staunässe werden nicht vertragen. Verwenden Sie weiches, zimmerwarmes Wasser.

Nährstoffbedarf Hoch bis mäßig; von Nov. bis Febr. wird nur schwach gedüngt.

Probleme Blattfall bei zu dunklem Stand und zu trockener Luft; Schild- und Wollläuse, Spinnmilben

Umtopfen, wenn nötig im Februar/März

Tipp Rückschnitt im Spätwinter führt zu vielen Blüten und dem gewünschten Wuchs.

Vermehrung Stecklinge

Weitere Namen Allamande, Dschungelglocke

BLÜTENFARBE

BLÜTEZEIT

Jan	Feb	März	April	**Mai**	**Juni**	**Juli**	**Aug**	**Sept**	**Okt**	**Nov**	Dez

Kängurublume

Sorte mit grün-roten Blüten

Rote Form der Kängurublume

Kängurublume

Anigozanthos flavidus und Sorten sowie weitere Arten

		Höhe 30–50 cm	anspruchsvoll	

Die Kängurublume stammt aus Australien und ist seit etwa 20 Jahren im Handel mit vielen Sorten als Topf- und Schnittblume zu finden.

Standort Sonnig, hell, im Sommer auch draußen an einem geschützten Platz in Kübeln oder Kästen. Von Oktober bis Februar wird ein sehr heller Platz bei 10 bis 15 °C gewünscht.

Gießen In den Wachstumsmonaten reichlich wässern, am besten von unten. Ballentrockenheit wird nicht vertragen. In der Ruhezeit bei kühleren Temperaturen weniger gießen, aber nicht austrocknen lassen. Staunässe wird nicht vertragen, daher durchlässige Erde verwenden.

Nährstoffbedarf Gering bis mäßig; von September bis Februar nicht düngen.

Probleme Bei zu dunklem Stand geht der kompakte Wuchs verloren. Bei zu wenig Sonne im Sommer wird die Pflanze blühfaul. Außerdem Spinnmilben, Blatt-, Schild- und Wollläuse (meist im Winter)

Umtopfen jährlich im Februar/März

Vermehrung Teilung älterer Pflanzen beim Umtopfen, Aussaat

Weitere Namen Australische Schwertlilie, Kängurupfötchen, Große Kängurupfote

BLÜTENFARBE

BLÜTEZEIT

Jan	Feb	März	April	**Mai**	**Juni**	**Juli**	**Aug**	Sept	Okt	Nov	Dez

Verschiedene Formen der Kleinen Flamingoblume

Rote Form von *A.* × *andraeanum*

Weiße Form von *A.* × *andraeanum*

Flamingoblume, Anthurie

Anthurium × scherzerianum, A. × andraeanum

Höhe bis 1 m

Die Kleine Flamingoblume stammt aus den tropischen Regenwäldern von Mittel- und Südamerika und blüht normalerweise in der ersten Jahreshälfte. Die modernen, kompakten Sorten der Großen Flamingoblume, *A.* × *andraeanum,* blühen reich und fast ganzjährig. Sie sind heute als Topfpflanzen von großer Bedeutung. Die Blütenkolben sind bei der Großen Flamingoblume gerade, cremegelb, grünlich oder weiß und von einem wachsartig glänzenden Hochblatt umgeben. Bei der Kleinen ist der Kolben oft gebogen oder gedreht und orange, das zierliche Hochblatt glänzt in der Regel nicht. Auch bei den Blättern gibt es einen Unterschied. Die Große Flamingoblume entwickelt großes, herzförmiges Laub, die Kleine lanzettliches. Die Pflanzen enthalten giftige Substanzen.

Standort Ein heller bis halbschattiger Platz ohne direkte und pralle Sonne ist optimal. Lufttemperaturen von 20 °C im Sommer und zur Blütenentwicklung mindestens sechs Wochen bei 15 °C im Winter werden gewünscht. *A.* × *andraeanum* brauchen Temperaturen nicht unter 18 °C, eine Kühlphase wird nicht benötigt. Eine hohe Luftfeuchte lässt die Pflanzen gut gedeihen. Ein kalter Fuß wird nicht vertragen.

BLÜTENFARBE

auch gefleckt, weiße, gelbe, orange und rote Kolben

BLÜTEZEIT

Jan	Feb	März	April	Mai	Juni	Juli	Aug	Sept	Okt	Nov	Dez

Große Flamingoblume, Form mit rosa Hochblättern

Gießen Hoher Wasserbedarf in der Wachstumszeit, im Winter weniger gießen. Abgestandenes, möglichst weiches Wasser verwenden. Öfter besprühen, aber nicht über die Blüten. Die Pflanze liebt es luftfeucht.
Nährstoffbedarf Gering; von November bis Februar nicht düngen.
Erde grob, durchlässig, sauer
Probleme Schildläuse, Spinnmilben, Thripse; Blattflecken, Wurzelfäule
Umtopfen, wenn nötig im Frühjahr
Vermehrung Teilung
Weitere Namen Schwefelblume, Schleifenblume

Glanzkölbchen

Glanzkölbchen

Aphelandra squarrosa

Höhe 30–70 cm | pflegeleicht

Die Triebe des Glanzkölbchens enden jeweils in einem Blütenstand mit leuchtenden, besser strahlend gelben Hochblättern. Die eigentlichen röhrigen, gelben Blüten liegen dazwischen und sind nur kurzlebig. Gärtner steuern die Blütezeit, daher können Sie die Pflanzen fast rund ums Jahr blühend kaufen. Das Glanzkölbchen blüht selten ein zweites Mal.

Standort Ein heller Platz ohne direkte Sonne ist geeignet. Kalte Luft und Zugluft sind zu vermeiden. Temperaturen von 20 bis 25 °C ab März fördern die Blüte im Sommer. Dasselbe gilt für die Kühlphase von neun Wochen bei 10 °C im Winter mit einer anschließenden Temperaturerhöhung auf 20 bis 25 °C. Hohe Luftfeuchte ist erwünscht.

Gießen Gleichmäßig leicht feucht halten. Staunässe vermeiden. Öfter besprühen. Im Winter sparsamer wässern.

Nährstoffbedarf Mäßig; von November bis Februar schwach düngen.

Probleme Blattfall bei zu kühler oder zu nasser Pflege sowie zu trockener Luft; Blatt- und Schildläuse

Umtopfen, wenn nötig im März/April

Vermehrung Kopfstecklinge

BLÜTENFARBE

von leuchtend gelbenHochblättern umgeben

BLÜTEZEIT

Jan	Feb	März	**April**	**Mai**	**Juni**	**Juli**	**Aug**	**Sept**	Okt	Nov	Dez

Glänzender Fruchstschmuck

Spitzblume

Spitzblume

Ardisia crenata

Höhe 50–100 cm

Das immergrüne Bäumchen kann eine Höhe von 1 m erreichen, bleibt im Zimmer aber meist kleiner. Es ist besonders wegen seines Fruchtschmuckes beliebt, der mehr als sechs Monate an der Pflanze bleiben kann. Die Hauptfruchtzeit liegt im Oktober bis Dezember. Die weißen bis rosa Blüten erscheinen von Juni bis August und sind eher unscheinbar.

Standort Ein heller Platz, nur mit Morgensonne, keine Mittagssonne, ist ideal. Wünschenswert sind außerdem Temperaturen von 18 bis 20 °C während der Sommermonate, von Oktober bis März etwa 16 bis 18 °C. Eine Luftfeuchtigkeit von über 60 % ist für einen lang anhaltenden Beerenschmuck förderlich.

Gießen Mäßig feucht halten.

Nährstoffbedarf Mäßig; von Oktober bis Februar nicht düngen.

Schädlinge Spinnmilben, Thripse, Schild- und Wollläuse

Umtopfen, wenn nötig im Frühjahr

Tipp Sie können den Fruchtansatz erhöhen, wenn Sie die Blüten selbst mit einem Pinsel oder Ähnlichem bestäuben.

Vermehrung Aussaat, Kopfstecklinge (schwer)

FRUCHTFARBE

FRUCHTZEIT

Jan	Feb	März	April	Mai	Juni	Juli	Aug	Sept	Okt	Nov	Dez

Begonia-Cultivars (Elatior-Gruppe)

Rot gefüllte Elatior-Begonie

Rosa Form der Lorraine-Begonie

Elatior-Begonien, Schiefblatt

Begonia-Cultivars (Elatior-Gruppe)

Höhe 20–50 cm | pflegeleicht

Die Elatior-Begonien sind mit ihrer Blütenpracht echte Klassiker für das Zimmer. Neuere Sorten sind auch für Balkonkästen und Kübel geeignet. Meist werden die ausdauernden Pflanzen einjährig gezogen. Viele Sorten sind tolle Blüher, die uns viele Monate mit ihrer Pracht erfreuen. Empfehlenswert sind auch die Formen der Winter-Begonie (*B. lorraine*), die meist kleinere und wenig bis nicht gefüllte Blüten tragen.

Standort Hell bis halbschattig, ohne pralle Mittagssonne. In den Wintermonaten sollten die Lufttemperaturen um 20 °C liegen.

Gießen Mäßig wässern, im Winter sparsamer. Nässe und Staunässe vermeiden, ebenso Ballentrockenheit. Verwenden Sie abgestandenes, zimmerwarmes Wasser.

Nährstoffbedarf In der Blütezeit nur mäßig düngen, da die Pflanzen salzempfindlich sind, danach nur noch schwach.

Probleme Blattläuse, Grauschimmel, Mehltau

Umtopfen, wenn nötig Nach der Blüte umtopfen und zurückschneiden.

Vermehrung Kopfstecklinge von nicht blütentragenden Trieben (vegetativen Trieben) von Frühjahr bis Sommer. Auch Blattstecklinge.

BLÜTENFARBE

ungefüllt und gefüllt, einhäusig,
aber getrennt geschlechtliche Blüten,
daher entsteht ein unterschiedlicher Befüllungsgrad

BLÜTEZEIT

Jan | Feb | März | April | Mai | Juni | Juli | Aug | Sept | Okt | Nov | Dez

Bougainvillee

Weiße *B. glabra*

Violette *B. glabra*

Bougainvillee

Bougainvillea glabra

Höhe 1,5–3 m – je nach Kletterhilfe

Die eigentlichen Blüten der Bougainvillee sind unscheinbar cremefarben und sitzen in der Mitte der leuchtenden Hochblätter, die weiß, gelb, orange, rosa, rot oder violett sein können. Die Pflanzen brauchen eine Kletterhilfe (Topfspalier). Empfehlenswert sind auch *B. spectabilis* und deren Hybriden, die mehr Wärme brauchen und sogar im Winter blühen können.

Standort Sehr sonnig und warm, im Sommer draußen. Im Winter an einem hellen, 3 bis 10 °C warmen Platz überwintern.

Gießen Im Sommer reichlich gießen, im Winter wesentlich trockener halten, weil die Pflanzen ansonsten nur wenige Blüten entwickeln.

Nährstoffbedarf Hoch bis mäßig mit ausgeglichenem Mehrnährstoffdünger; ab Ende August nicht mehr stickstoffbetont, von Oktober bis Februar gar nicht, düngen.

Probleme Blatt- und Blütenfall bei Lichtmangel und Ballentrockenheit; Schild- und Wollläuse, Weiße Fliege, Echter Mehltau

Umtopfen, wenn nötig im Februar/März

Tipp Nach der Überwinterung bei Neuaustrieb schneidet man die langen Triebe zurück, das führt zu einer vermehrten Bildung kurzer Seitentriebe, die dann reichlich blühen.

BLÜTENFARBE

Hochblätter weiß, gelb, orange, rosa, rot, violett

BLÜTEZEIT

Jan	Feb	März	April	Mai	Juni	**Juli**	**Aug**	**Sept**	Okt	Nov	Dez

Browallie in Blau in weißem Auge

Rosa-violette Form

Dunkelblaue Form

Browallie

Browallia speciosa

Höhe 10–30 cm | pflegeleicht

Die Pflanze wird bei uns meist rund ums Jahr blühend angeboten. Man pflegt sie oft nur einjährig, sie lässt sich allerdings auch überwintern. Die Browallie kann im Zimmer, aber genauso gut im Sommer im Freien in Beeten oder Kästen gepflegt werden. Sie wirkt außerdem schön in Ampeln. In den Gärtnereien werden die Pflanzen mit Hemmstoffen behandelt, was zum kompakten Wuchs führt. Sind diese abgebaut, wird die Pflanze unschön sparrig. Neuere Sorten sind dichtbuschig. Die Pflanzen enthalten giftige Substanzen.

Standort Sonnig und warm. Ist es zu kühl und dunkel, werden weniger Blüten gebildet. Im Winter temperiert um 15 °C.

Gießen Immer gut feucht halten, der Wasserbedarf ist hoch, im Winter sparsamer gießen.

Nährstoffbedarf Hoch bis mäßig; im Winter nur sehr selten düngen.

Probleme Weiße Fliege und Mehltau

Umtopfen, wenn nötig im Frühjahr

Tipps Verblühtes regelmäßig entfernen. Ein Rückschnitt fördert die Verzweigung.

Vermehrung Aussaat und Stecklinge

Weitere Namen Blauglöckchen, Saphir-Veilchenstrauch

BLÜTENFARBE

BLÜTEZEIT

Jan | Feb | März | April | Mai | Juni | Juli | Aug | Sept | Okt | Nov | Dez

Blaue Form

Brunfelsie

Brunfelsie

Brunfelsia pauciflora var. *calycina*

Höhe
20–40 cm

Die Brunfelsien sind schöne Blüher, die oft mit Hemmstoffen behandelt sind. Sie verlieren ihren kompakten Wuchs auf der Fensterbank. Die Pflanzen enthalten giftige Substanzen.
Standort Hell und luftfeucht. Die Temperaturen dürfen nicht zu hoch werden, weil ansonsten die Blüten und Knospen abgeworfen werden. Direkte Sonne wird nicht vertragen. Ganzjährig 15 bis 18 °C sind wünschenswert. In der Zeit von Oktober bis Dezember sollten Sie die Pflanze etwa sechs Wochen bei 12 °C an einem hellen Platz pflegen, damit sie später kräftig blüht. Temperaturschwankungen vermeiden.
Gießen Mäßig feucht halten. Öfter besprühen. Von November bis Februar sparsamer wässern, aber nicht austrocknen lassen.
Nährstoffbedarf Gering bis mäßig; von November bis Februar nur schwach düngen.
Probleme helle Blätter an zu sonnigen Plätzen, gelbe Blätter (Chlorose) durch Staunässe, zu hohe pH-Werte und Eisenmangel; Blattläuse und Spinnmilben
Umtopfen, wenn nötig nach der Blüte
Tipp Triebe nach der Blüte zurückschneiden, um kompakten Wuchs zu erreichen.
Vermehrung Stecklinge (schwierig)

BLÜTENFARBE

BLÜTEZEIT

Jan **Feb** **März** **April** **Mai** **Juni** Juli Aug Sept Okt Nov Dez

Madagaskar-Glöckchen

Madagaskar-Glöckchen in Orange

Rosa Sorte

Madagaskarglöckchen, Glocken-Kalanchoë

Bryophyllum manginii (syn. *Kalanchoë manginii*)

○	Höhe 15–30 cm	pflegeleicht

Die Madagaskarglöckchen passen mit ihren hängenden „Glöckchen-Blüten" und etwas hängenden Wuchs auch sehr schön in Ampeln. Die *Kalanchoë*-Hybriden 'Bells' haben größere Blüten. Sehr kompakte Pflanzen im Handel sind meist mit Hemmstoffen behandelt und verlieren auf der Fensterbank diesen Wuchs .

Standort Hell bis sehr hell, keine pralle Mittagssonne. Ab Oktober kühler bei etwa 15 °C pflegen und weniger gießen. Zeitweise werden auch Temperaturen unter 10 °C vertragen. Für eine gute Blütenanlage und -färbung die Pflanze vier bis sechs Wochen bei 12 °C aufstellen, danach wieder etwas wärmer. Ganz neue Sorten sollen auch ohne Kühlungsphase zur Blüte kommen und sind ganzjährig im Angebot.

Gießen Mäßig wässern, Staunässe und Ballentrockenheit unbedingt vermeiden.

Nährstoffbedarf Gering bis mäßig; ab Oktober bis zur Blüte nicht düngen.

Probleme Fäulnis an Wurzeln und Trieben durch zu viel Nässe

Umtopfen, wenn nötig Frühjahr bis Sommer

Tipp Rückschnitt ist für eine gute Verzweigung wichtig, am besten nach der Blüte.

Vermehrung Kopfsteckl., mehrere pro Topf

BLÜTENFARBE

BLÜTEZEIT

Jan	**Feb**	**März**	**April**	Mai	Juni	Juli	Aug	Sept	Okt	Nov	Dez

Pantoffelblume

Gelbe Form

Rot-orange Sorte

Pantoffelblume

Calceolaria-Herbeohybride-Gruppe

Höhe 20–30 cm | pflegeleicht

Der deutsche Name leitet sich von den Blüten ab, die an zahlreiche, kleine Pantöffelchen erinnern. Die Pflanze ist meist nur kurzlebig und wird nach der Blüte nicht weitergepflegt. Ein naher Verwandter ist die Pantoffelblume *(C. integrifolia)*, ein beliebter Klassiker, der in Kästen und Kübeln auf Balkon und Terrasse gepflegt wird. Die Blüten dieser Art sind kleiner als die der Erstgenannten.

Standort Ein sonniger bis heller Platz, der luftig ist, aber keine Zugluft aufweist, sollte gesucht werden. Kühlere Lufttemperaturen um 15 °C sind vorteilhaft. Jungpflanzen brauchen etwa vier Wochen Temperaturen um 10 °C, um Blüten anzulegen.

Gießen Gleichmäßig gut feucht halten. Ballentrockenheit und Staunässe werden nicht vertragen. Nie darf über die Blüten gegossen werden.

Nährstoffbedarf Alle zwei Wochen schwach düngen.

Schädlinge Blattläuse, Spinnmilben und Weiße Fliege können an den Pflanzen vorkommen.

Umtopfen nicht nötig

Vermehrung Aussaat (schwierig)

BLÜTENFARBE

auch zweifarbig getupft

BLÜTEZEIT

Jan **Feb** **März** **April** **Mai** Juni Juli Aug Sept Okt Nov Dez

Kamelie 'Barbara Morgan'

Kamelie 'Elisabeth Herbst'

Kamelie 'Prinz Albert'

Kamelie

Camellia japonica

Höhe 1,5–3 m | anspruchsvoll

Die strauchig wachsende Kamelie gehört mit zu den edelsten Blühern. Ein wichtiges Züchtungsziel sind frostharte Sorten.

Standort Wählen Sie einen hellen bis halbschattigen, luftfeuchten Platz, und stellen Sie die Pflanze in den Sommermonaten nach draußen. Vor den ersten Frösten kommt die Kamelie an ihren hellen Überwinterungsplatz bei nicht über 10 °C. Zur Blüte wieder etwas wärmer bis maximal 15 °C aufstellen.

Gießen Auf gleichmäßige Bodenfeuchte achten, der Wasserbedarf ist hoch. Staunässe wird nicht vertragen. Öfter besprühen. Im Winter weniger gießen. Kalkarmes Wasser oder Regenwasser verwenden.

Nährstoffbedarf Nur wenig mit Rhododendron-Dünger versorgen.

Erde leicht saure Erde (Rhododendron-Erde)

Schädlinge Blatt- und Schildläuse, außerdem Thripse

Umtopfen, wenn nötig nach der Blüte

Tipps In der Knospenphase nicht umstellen, das kann zu Knospenfall führen. Ein Rückschnitt darf nur nach dem Abblühen vorgenommen werden und nicht zu stark ausfallen.

Vermehrung Stecklinge im Spätsommer

BLÜTENFARBE

BLÜTEZEIT

Jan **Feb** **März** **April** Mai Juni Juli Aug Sept Okt Nov **Dez**

Stern-Glockenblume

Stern-Glockenblume

Campanula isophylla

Höhe 10–20 cm (bis 40 cm hängend) | pflegeleicht

Diese üppig blühende Glockenblumen-Art hängt leicht über. Gehen Sie vorsichtig mit der Pflanze um, da die Triebe leicht abbrechen.
Standort Hell und kühl sowie vor der prallen Sonne geschützt aufstellen. Ab Mitte Mai bis September können die frostempfindlichen Pflanzen nach draußen, wählen Sie einen Platz ohne Zugluft. Die Wintertemperaturen sollten 15 °C nicht übersteigen, besser sind 5 bis 10 °C, ab März wieder wärmer stellen.
Gießen Auf gleichmäßige Bodenfeuchtigkeit achten, Ballentrockenheit und zu viel Nässe vermeiden. In der Ruhezeit, die bis Ende Februar dauert, darf man nur sparsam gießen.
Nährstoffbedarf Mäßig, im Winter nicht düngen.
Erde humos, nahrhaft, durchlässig
Probleme Blattläuse, Thripse, Spinnmilben, im Winter Grauschimmel
Umtopfen, wenn nötig im Frühjahr
Tipp Kann im März – auch stark – zurückgeschnitten werden.
Vermehrung Ältere Pflanzen teilen, Stecklinge im Frühjahr, Aussaat.
Weitere Namen Hänge-Glockenblume, Glockenblume

BLÜTENFARBE

BLÜTEZEIT

Jan Feb März April Mai **Juni Juli Aug Sept** Okt Nov Dez

Zier-Paprika

Zier-Paprika

Capsicum annum

Form mit spitzen Früchten

Höhe bis 80 cm | pflegeleicht

Die Zier-Paprika ist eine echte Zierde im Zimmer. Erstens weil die Früchte während der farbarmen Winterzeit hübsch aussehen und zweitens, weil es nur wenige Fruchtschmuckpflanzen für die Fensterbank gibt – und zweifelsohne ist die Zier-Paprika die beliebteste. Nachdem die Früchte eingetrocknet oder unschön geworden sind, wird die Pflanze weggeworfen. Die Pflanzen enthalten giftige Substanzen.

Standort Ein sonniger bis heller, luftiger Platz, aber ohne Zugluft, ist ideal. Temperaturen zwischen 15 und 20 °C sind wünschenswert.

Gießen Achten Sie auf einen gleichmäßig feuchten Wurzelballen. Nässe, Staunässe und Ballentrockenheit werden nicht vertragen.

Nährstoffbedarf Düngen ist nicht nötig, da die Pflanze nur bis zum Fruchtfall gepflegt wird.

Probleme Blattläuse, Spinnmilben und Grauschimmel können an den Pflanzen vorkommen.

Vermehrung Aussaat

Tipp Die Früchte dürfen nicht verzehrt werden.

Weitere Namen Zierpfeffer, Weihnachtspfeffer, Spanischer Pfeffer

FRUCHTFARBE

verschiedene Formen und Größen

FRUCHTZEIT

Jan | Feb | März | April | Mai | Juni | Juli | Aug | **Sept** | **Okt** | **Nov** | **Dez**

Immergrünchen

Rosa Form

Rote Form

Immergrünchen, Catharante

Catharanthus roseus

Höhe 20–40 cm

Die Catharante ist eine hübsche Blütenpflanze, die gerne im Beet oder Balkonkasten gepflegt wird. Das hat auch zur Folge, dass sie in den meisten Fällen nach der Blüte nicht weitergepflegt wird, sondern dass man sie im nächsten Jahr wieder neu kauft. Sie können es trotzdem versuchen, auch wenn es Meinungen gibt, die sagen: Das lohnt sich nicht. Die angebotenen Pflanzen sind oft mit Hemmstoffen behandelt. Die Pflanze enthält giftige Substanzen.

Standort Suchen Sie einen hellen (bis halbschattigen), luftfeuchten Platz für das Immergrünchen. Temperaturen von 15 bis 20 °C sind vorteilhaft. Nach den letzten Frösten kann die Pflanze für die Sommermonate auch nach draußen. Im Winter bei etwa 15 °C pflegen.

Gießen Gleichmäßig feucht halten. Staunässe und Ballentrockenheit werden nicht vertragen. Öfter besprühen, Blüten aussparen. Von Oktober bis Februar sparsamer gießen.

Nährstoffbedarf Mäßig; wenn die Pflanze überwintert wird, von Oktober bis Februar nicht düngen.

Umtopfen am besten jährlich im März

Vermehrung Aussaat, Stecklinge im Frühjahr

Weiterer Name Madagaskar-Immergrün

BLÜTENFARBE

auch zweifarbig

BLÜTEZEIT

Jan	Feb	März	April	**Mai**	**Juni**	**Juli**	**Aug**	**Sept**	**Okt**	Nov	Dez

Federbusch-Celosie (Plumosa-Gruppe)

Celosia 'Caracas'

Hahnenkamm-Celosie (Cristata-Guppe)

Hahnenkamm, Federbusch-Celosie

Celosia argentea

Höhe 40–60 cm | pflegeleicht

Man unterscheidet zwei Gruppen bei den Celosien. Die Cristata-Gruppe, die man auch Hahnenkamm-Celosie nennt, entwickelt verbänderte oder gekräuselte Blütenstände. Sie sind in höchstem Maße ungewöhnlich und rufen bei vielen Menschen Erstaunen hervor. Die Plumosa-Gruppe nennt man wegen ihrer langen, weichen und federartigen Blütenstände Federbusch-Celosie. Meistens trifft man diese Pflanzen zahlreich in Blumenbeeten an, aber sie lassen sich auch auf der Fensterbank pflegen. Sie sind einjährig, sterben also zum Winter hin ab.

Standort Ein sonniger Platz ist wünschenswert – nach Mitte Mai auch gerne auf Balkon und Terrasse oder im Garten. Bei längeren Regenperioden muss man Regenschutz geben.
Gießen Achten Sie auf genug Wasser, denn Trockenheit bedeutet immer auch nachlassende Blütenpracht. Staunässe vermeiden.
Nährstoffbedarf mäßig bis hoch
Krankheiten Mehltau, Grauschimmel
Tipp Regelmäßig Verblühtes entfernen, das verlängert die Blütezeit.
Vermehrung Aussaat im Frühjahr – geschützt im Haus.

BLÜTENFARBE

BLÜTEZEIT

Jan | Feb | März | April | Mai | **Juni** | **Juli** | **Aug** | **Sept** | Okt | Nov | Dez

Rosa Sorte der Chrysantheme

Ungefüllte Form

Orangerote Form

Chrysantheme, Garten-Chrysantheme

Chrysanthemum × grandiflorum

Höhe 30–60 cm

Im Fachhandel können Sie – wegen der Kultursteuerung in den Gärtnereien - ganzjährig blühende Sorten in wunderschönen Farben und Ball-, Anemonen- sowie Pompon-Formen kaufen. Die „normale" Blütezeit liegt im Spätsommer und Herbst (Kurztag und tiefere Temperaturen zur Blütenbildung wichtig). Die Pflanzen bestechen durch ihre Blütenfülle, die eine triste Ecke leicht in einen bunten Blickfang verwandeln können. Erwerben Sie die Pflanzen, wenn sie voll ausgewachsen sind, sich aber noch im Knospen-Stadium befinden.

Standort Sonnig. Chrysanthemen können hell, kühl und trockener überwintert werden.
Gießen Auf regelmäßige Wassergaben achten.
Nährstoffbedarf Mäßig bis hoch, nach der Blüte mäßig bis gering, im Winter sehr gering bis gar nicht düngen. Beim Austrieb wieder mit dem Düngen beginnen.
Vermehrung durch Kopfstecklinge von Frühling bis Sommeranfang
Tipp Verblühtes wird ausgeputzt, das erleichtert das Nachblühen.
Weiterer Name Herbst-Chrysantheme

BLÜTENFARBE

mehrfarbig, ungefüllt und gefüllt

BLÜTEZEIT

Jan | Feb | März | April | Mai | Juni | Juli | Aug | Sept | Okt | Nov | Dez

Kumquat, Hochstämmchen

Zitronenbäumchen & Co.

Citrus-Arten

Myrtenblättrige Sauerzitrone

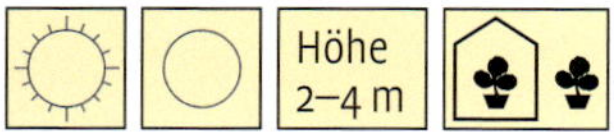

Die *Citrus*-Arten sind äußerst beliebte Kübelpflanzen, die den Sommer über draußen stehen und im Herbst in ihr Winterlager kommen. Sie bringen mediterranes Flair auf Balkon und Terrasse und lassen vom Urlaub träumen. Die Blüten und Früchte entwickeln sich gleichzeitig an der Pflanze. Es gibt viele Arten und Sorten, die Sie käuflich erwerben können. Empfehlenswert: Grapefruit (*C. × aurantium*, Grapefruit Group 'Star Ruby'), Kumquat *(C. japonica*, syn. *Fortunella margarita, F. japonica)*, Limette *(C. × aurantiifolia)*, Mandarine *(C. × reticulata)*, Myrtenblättrige Sauerzitrone *(C. myrtifolia)*, Orange *(C. sinensis)* und Zitrone *(C. limon)* mit vielen Sorten.

Standort Suchen Sie einen sonnigen bis hellen Platz bei 18 bis 25 °C im Sommer. Im Freien kommen die Pflanzen auch an halbschattigen Plätzen zurecht. Ein Schutz vor starker Sonneneinstrahlung ist wichtig. Vor den ersten Frösten räumt man die Töpfe in einen hellen, mindestens 5 °C warmen Überwinterungsraum. Auch ein Wintergarten ist geeignet.

Gießen Gleichmäßig und reichlich mit abgestandenem, weichem, zimmerwarmem Was-

BLÜTENFARBE

duftend

BLÜTENZEIT

Jan	Feb	März	April	Mai	Juni	Juli	Aug	Sept	Okt	Nov	Dez

Zitrone (links), Calamondin *(C. × microcarpa)* (rechts)

ser. Am besten ist Regenwasser. Im Winter im kühlen Winterlager trockener halten.
Nährstoffbedarf Mäßig bis viel; von September bis Februar nicht düngen.
Erde Durchlässiges, schwach saures Erdreich, käufliche Zitrus-Erde verwenden.
Probleme Eisenmangelsymptome (aufgehellte Blätter mit dunklen Blattadern) kommen oft von kalkhaltigem Gießwasser, Blattfall bei Staunässe; Schild- und Wollläuse, außerdem Spinnmilben
Umtopfen, wenn nötig im Frühjahr
Vermehrung halbverholzte Stecklinge oder Abmoosen (aber schwierig), Aussaat, Jungpflanzen spalten auf (sind nicht identisch mit der Mutterpflanze)

FRUCHTFARBE

FRUCHTZEIT

Jan	Feb	März	April	Mai	Juni	Juli	Aug	Sept	Okt	Nov	Dez

C. speciosissimum 'Starshine'

C. thomsoniae

Schmetterlingsstrauch

Losbaum

Clerodendron thomsoniae, C. speciosissimum, C. ugandense

Höhe bis 2 m – je nach Kletterhilfe | mittel bis anspruchsvoll

Clerodendron thomsoniae hat rote Blüten mit cremeweißen Kelchblättern. Die strauchig wachsende Art *C. speciosissimum* besitzt rote Blütenstände. Der Schmetterlingsstrauch *(C. ugandense)* blüht hübsch blau. Kompakte Pflanzen sind mit Hemmstoffen behandelt.
Standort Sonnig, warm und luftfeucht. Von März bis September sind 18 bis 24 °C Lufttemperatur optimal, im Winter 10 bis 15 °C. Die Pflanzen können in der Ruhezeit die Blätter verlieren. *C. speciosissimum* macht keine Ruhephase durch und muss im Winter gegossen werden und bei 18 °C stehen.

Gießen Gleichmäßig (!) feucht halten, aber nicht zu nass und nicht zu trocken. Öfter besprühen. Zimmerwarmes, weiches Wasser verwenden. In der Ruhezeit fast trocken halten.
Nährstoffbedarf Gering bis mäßig mit ausgeglichenem Mehrnährstoffdünger. *C. speciosissimum* nur schwach düngen. In der Ruhezeit nicht düngen.
Probleme Es darf nicht zu viel und nicht zu wenig Wasser gegeben werden. Weiße Fliege, Blattläuse und Spinnmilben (seltener)**Umtopfen, wenn nötig** im Februar und März, dabei zurückschneiden, wenn gewünscht.

BLÜTENFARBE

auch rot mit weißen Kelchblättern, je nach Art

BLÜTEZEIT

Jan Feb März April Mai **Juni Juli Aug Sept Okt** Nov Dez

Wunderschöne Blüten der Klivie

Klivie

Clivia miniata

Gelb blühende Form

Höhe 60–80 cm

Klivien sind wunderschöne Blütenpflanzen, und, je älter die Klivie wird, desto schöner und reicher blüht sie. Von Oktober bis Januar sollte man die Pflanze fast vergessen, dann gedeiht sie umso besser. Im Handel gibt es interessante, neue, kompaktere Sorten. Die Klivie enthält giftige Substanzen.

Standort Ein sonniger bis halbschattiger Platz ist ideal, mit Temperaturen zwischen 15 und 20 °C, von Oktober bis Januar bei etwa 11 °C.

Gießen Gleichmäßig feucht halten, es darf kein Wasser im Untersetzer stehen bleiben, denn Staunässe wird nicht vertragen. Von Oktober bis Januar möglichst trocken halten. Wenn die Blütenstiele etwa 15 cm lang sind, wieder kräftiger wässern.

Nährstoffbedarf Nach der Blüte bis Oktober mäßig; sonst nicht düngen.

Schädlinge Schild- und Wollläuse

Umtopfen, wenn nötig nach der Blüte

Tipp Standortwechsel ist immer negativ und zu vermeiden (Lichtmarke anbringen).

Vermehrung Beim Umtopfen Nebentriebe abnehmen und neu topfen.

Weitere Namen Riemenblatt, Zimmer-Clivie

BLÜTENFARBE

BLÜTEZEIT

Jan	Feb	März	April	Mai	Juni	Juli	Aug	Sept	Okt	Nov	Dez
Jan	***Feb***	***März***	***April***	***Mai***	*Juni*	*Juli*	*Aug*	*Sept*	*Okt*	*Nov*	*Dez*

Rosa blühende Codonanthe

Codonanthe

Codonante crassifolia

Blüte der Codonanthe

bis 60 cm hängend | pflegeleicht

Man weiß gar nicht so genau, wo man die Codonanthe einordnen soll – bei den Blüten- oder den Blattpflanzen. Die weißen, kleinen Blüten erscheinen von Juni bis September. Unter günstigen Pflegebedingungen werden kleine orangene Früchte gebildet. Die Codonanthe ist eine Hängepflanze und wirkt daher besonders schön in einer Ampel.

Standort Wählen Sie einen hellen bis halbschattigen Platz ohne pralle Sonne. Rund ums Jahr werden Zimmertemperaturen vertragen. In den warmen Monaten darf die Pflanze nach draußen in die Sommerfrische. Suchen Sie einen geschützten, halbschattigen Standort.

Gießen Regelmäßig wässern und weiches, zimmerwarmes Wasser verwenden. Ab und zu mit weichem Wasser besprühen.

Nährstoffbedarf Gering bis mäßig; von November bis Februar nur ein- oder zweimal düngen.

Schädlinge Blattläuse

Umtopfen, wenn nötig Im Februar/März, wenn die Wachstumsperiode beginnt.

Vermehrung Stecklinge im späten Frühjahr bei 25 bis 30 °C Bodentemperatur

BLÜTENFARBE

BLÜTEZEIT

Jan | Feb | März | April | Mai | **Juni** | **Juli** | **Aug** | **Sept** | Okt | Nov | Dez

Columnee

Sorte der Columnee

Form mit panaschierten Blättern

Columnee

Columnea-Arten und Sorten

○	◐	bis 80 cm hängend	anspruchsvoll

Columneen sind Hängepflanzen und wirken am besten in einer Ampel. Es gibt zahlreiche Arten und Sorten, die teilweise sogar weißgrünes oder gelbgrünes Laub entwickeln.

Standort Wählen Sie einen hellen bis halbschattigen Platz. Direkte Sonne wird nicht vertragen. Außerdem sind hohe Luftfeuchte und im Winter Temperaturen um 20 °C, im Sommer um 30 °C erwünscht. In der Zeit von November bis Februar ist eine vier- bis sechswöchige Ruhepause bei 15 bis 18 °C einzuhalten (kann je nach Art und Sorte variieren). Ohne diese Pause kann die Blüte sogar ganz ausfallen.

Gießen Auf gleichmäßige Bodenfeuchte achten, in den Wintermonaten sparsamer wässern, aber nicht austrocknen lassen. Weiches, zimmerwarmes Wasser verwenden.

Nährstoffbedarf Mäßig; von November bis Februar schwach düngen.

Probleme bei Zugluft Laubfall, Blattschäden durch Benetzung mit kaltem Wasser; Blattläuse

Umtopfen, wenn nötig nach der Blüte in schwach saures, humoses Substrat

Vermehrung Stecklinge nach der Blüte

Weitere Namen Rachenrebe, Kolumnee

BLÜTENFARBE

BLÜTEZEIT

Jan Feb März **April** **Mai** **Juni** Juli Aug Sept Okt Nov Dez

Crossandra

Crossandra

Crossandra infundibuliformis

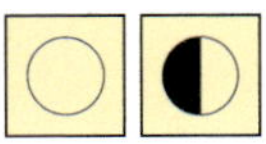

Höhe 20–40 cm

Einige neue Züchtungen haben aus der einst schwierig zu pflegenden Crossandra zwar keine ganz einfache, aber eine sehr beliebte Zimmerpflanze gemacht. Das glänzende, dunkelgrüne Laub steht in schönem Kontrast zu den leuchtenden Blütenfarben .

Standort Suchen Sie einen hellen oder halbschattigen Platz ohne direkte Sonne. Die Pflanze liebt einen luftfeuchten Ort. Die Temperaturen sollen auch im Winter nicht unter 18 °C fallen.

Gießen Gleichmäßig wässern, da hoher Wasserbedarf. Ballentrockenheit, aber auch Nässe oder Staunässe werden nicht vertragen. Öfter besprühen, ohne die Blüten zu benetzen. Weiches, zimmerwarmes Wasser verwenden.

Nährstoffbedarf Mäßig; von November bis Februar wird nur schwach gedüngt.

Probleme Blattrollen und wenige Blüten bei zu niedriger Luftfeuchte, Befall mit Blattläusen, Spinnmilben und Weißer Fliege ist möglich.

Umtopfen, wenn nötig im März

Vermehrung Kopfstecklinge im Frühjahr bei 25 °C Bodenwärme

Weitere Namen Fransenbeutel, Tapirblume

BLÜTENFARBE

BLÜTEZEIT

Jan	Feb	März	April	Mai	Juni	Juli	Aug	Sept	Okt	Nov	Dez

Die exotischen Blüten der Safranwurz

Safranwurz

Curcuma zedoaria (syn. *C. alismatifolia*)

Höhe
20–50 (80) cm

Die Safranwurz wirkt durch ihre ineinandergeschachtelten weißen, rosa oder violetten Hochblätter.

Standort Wählen Sie einen hellen bis halbschattigen, luftfeuchten Platz mit Temperaturen um 20 °C ohne pralle Sonne .

Gießen Gleichmäßige Bodenfeuchtigkeit, Vernässung und Staunässe vermeiden. Ballentrockenheit wird nicht vertragen. Öfter besprühen. Wenn die Blätter nach der Blüte welken, die Wassergaben schrittweise reduzieren. Die Pflanze zieht ein und überwintert in ihrem knolligen Rhizom. Das Rhizom wird trocken und dunkel überwintert – am besten bei 15 bis 18 °C.

Nährstoffbedarf Mäßig von April bis zur Blüte; danach nicht mehr düngen.

Schädlinge bei trockener Luft Spinnmilben

Umtopfen, wenn nötig Ende Februar/ Anfang März wird das Rhizom eingetopft, angegossen und wärmer gestellt. Mit dem Triebwachstum die Wassergaben langsam erhöhen.

Vermehrung Teilung der teilweise knolligen Rhizome

Weitere Namen Zitwerwurzel, Kurkuma

BLÜTENFARBE

weiß, rosa, oder violette Hochblätter

BLÜTEZEIT

Jan	Feb	März	April	Mai	Juni	Juli	Aug	Sept	Okt	Nov	Dez

Alpenveilchen

Weiße Sorte

Rosa Sorte mit gefransten Blüten

Alpenveilchen

Cyclamen persicum

Höhe bis 30 cm | pflegeleicht

Standort Hell bis halbschattig, nicht sonnig, kühl. Bei zu warmem und sonnigem Stand kann die Pflanze schnell eingehen. Die beste Wintertemperatur liegt bei 10 bis 15 °C. Alpenveilchen überdauern den Sommer am besten geschützt draußen im Halbschatten.

Gießen Mittlerer Wasserbedarf, beim Gießen dürfen Knolle und Blüten nicht benetzt werden, daher über den Untersetzer wässern. Nach 15 Minuten überschüssiges Wasser abgießen.

Nährstoffbedarf Mäßig; nach der Blütezeit nicht mehr düngen. Nach etwa acht Wochen wieder mit einer schwachen Düngung starten.

Probleme Blattläuse, Spinnmilben, Weichhautmilben, Grauschimmel

Umtopfen, wenn nötig Nach der Blüte sechs bis acht Wochen ruhen lassen. Wenn dann der Neuaustrieb beginnt, wird neu in humose Erde getopft. Setzen Sie die Knolle so tief, dass ungefähr ein Drittel oben herausschaut.

Tipps Welke Stiele und Blätter nicht abschneiden, sondern am Stängelgrund ausreißen. Dadurch wird Knollen-Fäulnis vermieden. Alle Pflanzenteile mit giftigen Substanzen.

Vermehrung Aussaat (Dunkelkeimer) bei 20 °C

BLÜTENFARBE

oft mit andersfarbigem Rand, auch mit gefransten oder gewellten Blütenblatträndern, zum Teil mit dunklem Auge

BLÜTEZEIT

Jan *Feb* *März* *April* (Mai) (Juni) (Juli) *Aug* *Sept* *Okt* *Nov* *Dez*

Schattenröhre

Schattenröhre, Episcie

Episcia cupreata

30–50 cm
hängend/kriechend

Die Schattenröhre gehört zu den Gesneriengewächsen, genau wie die Kolumnee und die Schamblume. Sie hat von all diesen Pflanzen die geringsten Lichtansprüche, aber hell sollte es trotzdem sein. Sie wird selten angeboten.

Standort Suchen Sie einen hellen Standort für diese hübsche Ampelpflanze. Bei zu wenig Licht geht sie zwar nicht ein, wird aber blühfaul. Pralle Sonne wird nicht vertragen. Ein 20 bis 22 °C warmer, luftfeuchter Stand ist wichtig. Im Winter sind 18 °C günstig. Versuchen Sie die Luftfeuchtigkeit möglichst hoch zu halten. Das ist Voraussetzung für eine erfolgreiche Pflege. Am besten ist die Schattenröhre in einer Vitrine aufgehoben.

Gießen Achten Sie auf eine gleichmäßige Bodenfeuchtigkeit. Ballentrockenheit und Staunässe sind zu vermeiden.

Nährstoffbedarf Gering bis mäßig; von November bis Februar schwach düngen.

Umtopfen, wenn nötig von Februar/März bis Juli

Vermehrung Kopfstecklinge bei 25 °C, Ausläufer

BLÜTENFARBE

BLÜTEZEIT

Jan Feb März April Mai **Juni** **Juli** **Aug** **Sept** Okt Nov Dez

Roter Weihnachtsstern

Weihnachtsstern

Euphorbia pulcherrima

		Höhe 60–80 cm	mittel bis anspruchsvoll

Weihnachtssterne gehören zu den beliebtesten Zimmerpflanzen überhaupt.
Die Blüten sind unscheinbar und liegen in der Mitte der wunderschönen Hochblätter, die die ganze Pflanze in Rot, Rosa oder Creme tauchen. Der Gartenfachhandel bietet Weihnachtssterne in vielen Größen an, von den „Mini-Sternen" über Ampelpflanzen bis zu richtigen Büschen oder Hochstämmchen. Sie sind mit Hemmstoffen behandelt und verlieren daher später auf der Fensterbank ihren gedrungenen und kompakten Wuchs. Poinsettien sind giftige Zimmerpflanzen. Passen Sie beim Hantieren auf, besonders wenn die Pflanze verletzt wird und der Milchsaft austritt. Es kann dann zu Hautreizungen kommen.

Standort Wählen Sie einen etwa 20 °C warmen, hellen oder halbschattigen Platz ohne direkte Sonne. Nach der Blüte kann die Pflanze etwas kühler gestellt werden (16 °C).

Gießen Gleichmäßig feucht halten. In der lichtarmen Jahreszeit sparsamer wässern. Staunässe vermeiden.

Nährstoffbedarf Mäßig von Juni bis Oktober; danach nur schwach düngen.

BLÜTENFARBE

auffällige Hochblätter in Creme, Zitronengelb, Rosa, Rot und Grün

BLÜTEZEIT

Jan	**Feb**	März	April	Mai	Juni	Juli	Aug	Sept	Okt	**Nov**	**Dez**

Rosa Weihnachtsstern

Sorte mit gelb eingefärbten Hochblättern

Sorte mit grünen Hochblättern

Weihnachtsstern 'Limelight'

Weihnachtsstern 'Burgundy'

Weihnachtsstern 'Twister Red'

Schädlinge Schild- und Wollläuse, Spinnmilben, Weiße Fliege, Thripse

Umtopfen, wenn nötig Im Mai, wenn das Wachstum wieder einsetzt.

Wiederblüte Weihnachtssterne sind so genannte Kurztagspflanzen. Blütenbildung und somit auch das Einfärben der Hochblätter ist nur möglich, wenn sie acht Wochen höchstens zehn bis elf Stunden lang Licht bekommen haben. Selbst Zimmerlicht, was über die elf Stunden hinausgeht, verhindert die Wiederblüte. Wollen Sie zu Weihnachten einen farbigen Weihnachtsstern, müssen Sie ab Anfang Oktober einen lichtdichten Pappkarton nach zehn bis elf Stunden Licht über die gesamte Pflanze stülpen, bis sich die Hochblätter zu färben beginnen. Die übrigen 14 Stunden des Tages muss die Poinsettie im Dunkeln stehen. In dieser Phase sind Temperaturen um 18 °C günstig.

Tipp Tragen Sie bei Schnittmaßnahmen und Umtopfen Handschuhe – nicht nur wegen der Verletzungsgefahr, sondern weil kein Körperteil mit dem Milchsaft in Berührung kommen sollte.

Vermehrung Kopfstecklinge, lieber dem Gärtner überlassen.

Weitere Namen Adventsstern, Poinsettie

Rosa Sorte des Prärieenzians

Weiße Form

Violette Sorte

Prärieenzian

Eustoma grandiflorum

Höhe 15–30 cm | mittel bis schwierig

Der Prärieenzian wird eher als Schnittblume verwendet, als Zimmerpflanze ist er weniger bekannt. Attraktive Neuzüchtungen kamen aus Japan zu uns. Allerdings ist die Weiterpflege nach der Blüte schwierig. Deswegen wird die Pflanze bei uns oft nur einjährig gehalten und im nächsten Jahr neu gekauft. Angebotene Pflanzen sind meist mit Hemmstoffen behandelt und verlieren später auf der Fensterbank ihren kompakten Wuchs.

Standort Ein sonniger und heller Standort ist geeignet. Direkte und pralle Sonne vermeiden. Bei etwa 10 °C überwintern.

Gießen Vorsichtig wässern, lieber etwas zu trocken halten, als zu feucht. In den Wintermonaten nur wenig Wasser geben.

Nährstoffbedarf Gering; im Winter nicht düngen.

Schädlinge Thripse, Weiße Fliege und Grauschimmel

Umtopfen, wenn nötig Falls Sie versuchen wollen, die Pflanze noch einmal zum Blühen zu bringen, dann topfen Sie sie im Frühjahr in schwach saure und dränierte Blumenerde um.

Vermehrung Aussaat; Stecklinge (schwer)

Weitere Namen Glockenenzian, Schönkelch

BLÜTENFARBE

auch gefüllte Sorten

BLÜTEZEIT

Jan | Feb | März | April | Mai | Juni | **Juli** | **Aug** | Sept | Okt | Nov | Dez

Blaues Lieschen

Weiße Sorte

'Gold' mit gelb gerandetem Laub

Blaues Lieschen

Exacum affine

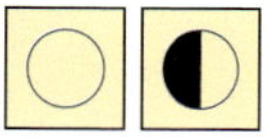

Höhe 10–20 cm | pflegeleicht bis mittel

Das Blaue Lieschen ist eine zweijährige Pflanze, das heißt, dass sie am Ende der Blühperiode im September/Oktober abstirbt. Eine Überwinterung von im Herbst blühend gekauften Pflan zen lohnt nicht. Besonders hübsch sehen die Pflanzen in weißen und violetten Übertöpfen aus. Angebotene Pflanzen sind meist mit Hemmstoffen behandelt und verlieren später auf der Fensterbank ihren kompakten Wuchs.
Standort Wählen Sie einen hellen bis halbschattigen, luftigen Platz ohne direkte Sonne. Temperaturen von 15 bis 22 °C werden gut vertragen.

Gießen Mäßiger Wasserbedarf. Nässe, Staunässe und Ballentrockenheit sind zu vermeiden. Verwenden Sie weiches, zimmerwarmes Wasser.
Nährstoffbedarf gering bis mäßig
Schädlinge Blatt- und Schildläuse, Weiße Fliege
Umtopfen nicht nötig
Vermehrung Aussaat im Juni oder Februar, oder man schneidet Stecklinge im zeitigen Frühjahr
Weitere Namen Bitterblatt, Sommerveilchen, Indisches Veilchen

BLÜTENFARBE

ungefüllt und gefüllt, mit Duft

BLÜTEZEIT

Jan | Feb | März | April | **Mai** | **Juni** | **Juli** | **Aug** | **Sept** | Okt | Nov | Dez

Gardenienblüten nehmen mit der Zeit die Farbe von Elfenbein an.

Gardenie

Gardenia augusta (syn. *G. jasminoides*)

Höhe 40–140 cm | anspruchs-voll

Gardenien erinnern ein bisschen an Kamelien und sind ebenso edel und kostbar.

Standort Hell oder halbschattig, hohe Luftfeuchte ist vorteilhaft. Im Winter dürfen die Temperaturen nicht unter 15 °C, im Sommer nicht unter 20 bis 22 °C sinken. In den Sommermonaten kann die Pflanze auch nach draußen, aber nur an geschützte Plätze.

Gießen Gleichmäßig gut feucht halten und nur weiches, zimmerwarmes Wasser (Regenwasser) verwenden. Staunässe wird ebenso wenig vertragen wie Ballentrockenheit. Regelmäßig besprühen, aber nicht über die Blüten.

Nährstoffbedarf Mäßig; ab September bis Februar schwach düngen; Rhododendron-Dünger verwenden.

Erde leicht sauer (Rhododendron-Erde)

Probleme Knospenfall durch zu hohe Temperaturen, Lichtmangel, Nässe oder Trockenheit, Blätteraufhellungen (Chlorose) durch Eisenmangel (Spezialdünger geben); Blattläuse, Schildläuse

Umtopfen, wenn nötig im Februar/März bei Austriebsbeginn

Vermehrung Kopfstecklinge von Frühjahr bis Sommer ohne Knospenansatz

BLÜTENFARBE

duftend, gefüllt

BLÜTEZEIT

Jan | Feb | März | April | Mai | Juni | **Juli** | **Aug** | **Sept** | **Okt** | Nov | Dez

Topf-Gerbera

Gerbera, Topf-Gerbera

Gerbera-Cultivars in vielen Sorten

Höhe bis 40 cm

Die Gerbera ist ursprünglich nur als Schnittblume bekannt gewesen – hier gehört sie mit zu den beliebtesten. Daher war es naheliegend, sie auch im Topf anzubieten. Dank der Züchter gibt es heute zahlreiche, kleinbleibende Sorten in vielen Blütenfarben, die gut auf der Fensterbank gepflegt werden können. Die Blüten sind eine echter Blickfang auf der Fensterbank. Einzelblüten können bis zu vier Wochen halten.

Standort Ein warmer und sehr heller Platz ist ideal. Im Sommer sollten Temperaturen von etwa 20 °C, im Winter von etwa 15 °C vorherrschen.

Gießen Mäßig, aber regelmäßig. Im Winter sparsam wässern, nur drei bis vier Blätter erhalten. Die restlichen nach dem Vertrocknen vorsichtig entfernen.

Nährstoffbedarf Mäßig bis hoch; von Oktober bis Februar nicht düngen.

Probleme Blattläuse, Weiße Fliege, Mehltau, Spinnmilben

Umtopfen, wenn nötig im Frühjahr in durchlässiges Erdreich

Tipps Stellen Sie eine Styropor- oder Holzplatte im Winter unter den Topf.

Vermehrung Teilung, Aussaat (aber schwierig)

BLÜTENFARBE

ungefüllt und gefüllt

BLÜTEZEIT

Jan	Feb	März	April	Mai	Juni	Juli	Aug	Sept	Okt	Nov	Dez

Die Blüten der Ruhmeskrone verbreiten exotisches Flair.

Ruhmeskrone, Gloriose

Gloriosa superba

Höhe bis 1,5 m, je nach Kletterhilfe

Diese wunderschöne Kletterpflanze braucht ein Topfspalier. Sie enthält giftige Substanzen.

Standort Hell bis halbschattig, ohne pralle Sonne. Hohe Luftfeuchte und Wärme von 20 °C, beim Antreiben um 25 °C.

Gießen Bei Wachstumsbeginn die Wassergaben erhöhen. Ab jetzt auch öfter besprühen. Nach der Blüte zieht die Pflanze ein, die Blätter welken und die Wassergaben werden sparsamer. Das Gießen wird zum Schluss ganz eingestellt und die Knollen müssen im Topf abtrocknen. Über Winter an einem kühleren (15 bis 17 °C), dunklen Platz stellen und trocken halten.

Nährstoffbedarf Mäßig; nicht mehr düngen, wenn die Pflanze anfängt zu welken. Wenn der Neuaustrieb schon deutlich zu sehen ist, wieder mit dem Düngen beginnen.

Schädlinge Blattläuse, Spinnmilben

Umtopfen, wenn nötig Im März wird die Knolle gesäubert, in einen ausreichend großen Topf mit Erde gelegt (Triebknospen nach oben) und 2 bis 3 cm mit Erde bedeckt. Wärmer stellen und sparsam mit dem Gießen beginnen.

Vermehrung Beim Umtopfen Tochterknollen abnehmen und in nährstoffreiches Substrat in neue Töpfe setzen.

BLÜTENFARBE

innen gelb

BLÜTEZEIT

Jan	Feb	März	April	Mai	Juni	Juli	Aug	Sept	Okt	Nov	Dez
					●	●	●				

Seemannsglöckchen

Seemannsglöckchen, Biene-Maja-Blume

Gloxinia sylvatica

	Höhe bis 60 cm	pflegeleicht

Diese Pflanze bildet im Topf schuppige Rhizome (ähnlich *Achimenes*). Ihre hübschen, glockenförmigen Blüten werden etwa 2 cm lang und erscheinen quirlartig in den Blattachseln rund um den Stamm angeordnet.

Standort Ein heller Platz ohne direkte Sonneneinstrahlung bis maximal 20 °C ist ideal. Bei Zimmertemperaturen von 16 bis 18 °C können die Pflanzen drei bis vier Monate lang blühen. Im Winter sind Temperaturen bis 16 °C gewünscht. Eine höhere Luftfeuchte ist für ein gesunde Wachstum hilfreich. Nicht sprühen, das verursacht Blattschäden.

Gießen Mäßig, Staunässe und Ballentrockenheit sind zu vermeiden. Im Winter trocken halten (wie *Achimenes*), da Ruhepause.

Nährstoffbedarf Mäßig; von Oktober bis Februar nicht düngen.

Probleme Weiße Fliege, Spinnmilben, Läuse

Umtopfen, wenn nötig im Frühjahr

Tipps Durch Stecklinge selbst herangezogene Jungpflanzen müssen öfter gestutzt werden, um den buschigen Wuchs zu erreichen.

Vermehrung Kopfstecklinge von Frühjahr bis Sommer, bewurzeln bei 20 bis 22 °C in 2 bis 3 Wochen

BLÜTENFARBE

BLÜTEZEIT

Jan	Feb	März	April	Mai	**Juni**	**Juli**	**Aug**	**Sept**	**Okt**	Nov	Dez

Elefantenohr

'König Albert' hat rote Blüten.

Elefantenohr, Weiße Blutblume

Haemanthus albiflos

☼	○	Höhe 20–30 cm	pflegeleicht bis mittel

Das Elefantenohr gehört zu den Amaryllisgewächsen, bildet eine Zwiebel, zieht aber im Winter nicht ein, sondern ist immergrün. Eine Hybrid-Sorte ist 'König Albert' mit besonders großen, roten Blüten-Halbkugeln. Das Elefantenohr enthält giftige Substanzen.

Standort Wählen Sie einen sonnigen bis hellen Platz. Pralle Sonne ist zu vermeiden. Im Winter möglichst etwas kühler bei 10 bis 15 °C pflegen.

Gießen Mäßig feucht halten. Lassen Sie die Erde abtrocknen, bevor Sie wieder gießen. Staunässe ist auf jeden Fall zu vermeiden, weil die Zwiebel dadurch absterben kann. Im Winter nur sparsam Wasser geben, jedoch so viel, dass die Blätter nicht welk werden.

Nährstoffbedarf Gering; von August bis zum Zeitpunkt, wenn der neue Trieb 10 cm hoch ist, nicht düngen.

Umtopfen, wenn nötig Im Februar/März. Die Zwiebel sollte zu einem Drittel über die Erdoberfläche herausragen.

Vermehrung Durch Brutpflanzen, nur wenn die Mutterpflanze sehr viele Triebe hat, ansonsten belässt man sie, weil die Töpfe dann nicht mehr schön wirken würden.

BLÜTENFARBE

gelbe Staubgefäße schauen heraus

BLÜTEZEIT

Jan	Feb	März	April	Mai	Juni	**Juli**	**Aug**	**Sept**	**Okt**	Nov	Dez

Die schöne Blüte des Hibiskus

Rosa Sorte

Gelb blühende Sorte

Hibiskus, Roseneibisch

Hibiscus rosa-sinensis in Sorten

Höhe 1–2,5 m

Der Hibiskus mit seinen großen (bis 10 cm), trichterförmigen Blüten ist ein echter Blickfang auf der Fensterbank. Angebotene Pflanzen sind meist mit Hemmstoffen behandelt und verlieren später ihren kompakten Wuchs. Die Hemmwirkung lässt meist erst mit dem Umtopfen in neues Substrat nach.

Standort Sonnig. Im Winter sollte es so hell wie möglich sein und die Lufttemperaturen dürfen nicht unter 10 °C sinken. Hibiskus liebt es luftfeucht.

Gießen Reichlich und regelmäßig wässern, Ballentrockenheit wird nicht vertragen. Öfter besprühen, Blüten aussparen. Von Oktober bis Februar weniger gießen, aber nicht austrocknen lassen.

Nährstoffbedarf Hoch von März bis September; in den übrigen Monaten schwach düngen.

Probleme Knospenfall bei Standortwechsel (Drehen), Licht- oder Nährstoffmangel, Ballentrockenheit, sowie plötzlichen Temperaturschwankungen, außerdem Blattläuse, Spinnmilben, Weiße Fliege

Umtopfen, wenn nötig im Februar

Vermehrung Kopfstecklinge

BLÜTENFARBE

auch mit andersfarbigem Schlund, ungefüllt, gefüllt, gefranst, Blütezeit ganzjährig bei Temperaturen über 15 °C

BLÜTEZEIT

Jan	Feb	März	April	Mai	Juni	Juli	Aug	Sept	Okt	Nov	Dez

Rittersterne gibt es in vielen Farben und Formen.

Ritterstern

Hippeastrum-Cultivars

Höhe 50–80 cm

Der Ritterstern gehört zu den Blüten-Highlights auf der winterlichen Fensterbank. Die Riesenblüten sind wunderschön und nicht zu übersehen. „Ich bringe meinen Ritterstern nicht zum Blühen." Das hört man immer wieder. In fast allen Fällen liegt das daran, dass man die Ruhezeit von sechs Wochen nicht eingehalten hat. Man darf in dieser Zeit die Pflanze (Zwiebel) getrost vergessen. Rittersterne enthalten giftige Substanzen.

Standort Wenn der Blütenschaft anfängt zu wachsen, braucht die Pflanze 20 bis 22 °C und einen hellen Platz, solange bis sich die Blüten entfaltet haben. Mit der Vollblüte sollte man den Ritterstern etwas kühler stellen, dann hält die Blüte länger. Nach der Blüte hell und sonnig bei etwa 20 °C pflegen. Wenn die Blätter eingezogen sind, wird die Zwiebel trocken gehalten und bei 12 bis 15 °C „beiseite gestellt". Jetzt ist eine strikte Ruhezeit einzuhalten, sonst kommt es nicht zur Wiederblüte.

Gießen Beim Austrieb sparsam. Wenn der Blütenschaft 20 bis 30 cm hoch gewachsen ist, Wassergaben erhöhen, aber insgesamt nur mäßig feucht halten. Ab September werden die Wassergaben langsam eingestellt.

BLÜTENFARBE

BLÜTEZEIT

Jan **Feb** **März** **April** Mai Juni Juli Aug Sept Okt Nov **Dez**

Orangegelbe Sorte

Weiße Sorte

Herrliche Blüten

Eine Wildform des Rittersterns (*H. papilio*)

In der Ruhezeit der Zwiebel nicht gießen.
Nährstoffbedarf mäßig, nach der Blüte bis etwa August, während der Ruhephase nicht düngen.
Schädlinge/Krankheiten Thripse, Wollläuse; Roter Brenner (Pilzerkrankung)
Umtopfen, wenn nötig Im Dezember, oder auch früher, wird die Zwiebel zum Antreiben neu eingetopft. Die Zwiebel darf nur so tief eingesetzt werden, dass die Hälfte oben noch herausschaut. Jetzt wird wieder sparsam gegossen und der Topf kommt ins Warme. Nach etwa acht Wochen ist mit der Blüte zu rechnen.
Tipps Abgeblühte Blütenstände regelmäßig abschneiden.
Im Volksmund heißt diese schöne Pflanze oft Amaryllis. Das ist eigentlich falsch. Die Amaryllis (*Amaryllis belladonna*) wird so gut wie nicht angeboten und ist ein Sommerblüher.
Vermehrung Die Brutzwiebeln können nach der Wurzelbildung abgetrennt werden.
Weiterer Name Amaryllis

Blüten der Fleischigen Wachsblume (*H. carnosa*)

Wachsblume

Hoya-Arten

Blüte der Zwerg-Wachsblume (*H. bella*)

○	Höhe bis 1 m, je nach Kletterhilfe	Je nach Art pflegeleicht bis anspruchsvoll

H. carnosa, die Fleischige Wachsblume, ist sehr robust und entwickelt meterlange Triebe mit immergrünen Blättern in Grün, Weißgrün oder Gelbgrün, die am Topfspalier entlanggeführt werden. Die Zwerg-Wachsblume *(Hoya bella)*, die weniger wuchsfreudig und sehr anspruchsvoll ist, pflegt man am besten in einer Ampel.

Standort Hell bis sehr hell, ohne pralle Sonne. Von März bis Oktober bei 18 bis 20 °C, in den übrigen Monaten etwa 15 °C. *H. bella* will etwas wärmer und luftfeucht stehen, im Winter bei etwa 18 °C, im Sommer bis 23 °C. Für die Kultur von *H. bella* sind Pflanzenvitrinen gut geeignet.

Gießen Gleichmäßig feucht halten, Staunässe und Ballentrockenheit vermeiden. Ab Oktober sparsamer gießen. Öfter besprühen, aber nicht über die Blüten.

Nährstoffbedarf Gering bis mäßig; von Oktober bis Februar nicht düngen.

Probleme Knospenfall, wenn man die Pflanze umstellt.

Tipp Blütentragende Triebe nach dem Abwerfen der Blüten nicht entfernen, da hier immer wieder neue Blüten gebildet werden.

Umtopfen, wenn nötig im Februar/März

Vermehrung Stecklinge im Frühjahr

BLÜTENFARBE

besonders nachts duftend

BLÜTEZEIT

Jan	Feb	März	April	**Mai**	**Juni**	**Juli**	**Aug**	**Sept**	**Okt**	Nov	Dez

Hyazinthen auf den unten beschriebenen Hyazinthengläsern

Hyazinthe

Hyacinthus orientalis

Höhe 20–30 cm | pflege-leicht

Hyazinthen sind duftende Zwiebelblumen. Hautirritationen können auftreten, wenn man mit dem Pflanzensaft in Berührung kommt.

Standort Sonnig bis halbschattig. Die Pflanzen (Zwiebeln) können im Garten ausgepflanzt werden, hier im Winter vor Nässe und strengem Frost durch Reisig schützen.

Gießen Mäßig feucht halten, zu viel Nässe vermeiden.

Nährstoffbedarf gering bis mäßig

Tipps Im Zimmer können die Pflanzen leicht angetrieben werden. Es gibt spezielle Hyazinthengläser, auf die die Zwiebeln ab Mitte Oktober aufgesetzt und mit einem Papphütchen verdunkelt werden. Im Glas wird das Wasser so hoch eingefüllt, das sich der Zwiebelboden knapp über der Wasseroberfläche befindet. Dunkel und bei 8 bis 10 °C werden Wurzeln gebildet. Wenn Sie eine gute Durchwurzelung feststellen, kommt das Glas an einen hellen, zimmerwarmen Platz. Der Papphut wird abgenommen, wenn der Blütenstand eine Länge von 5 bis 8 cm erreicht hat. Durch das Antreiben ist eine Blüte bereits ab Ende Dezember möglich, im Freiland erst ab April.

Vermehrung Brutzwiebeln

BLÜTENFARBE

stark duftend

BLÜTEZEIT

Jan **Feb** **März** **April** **Mai** Juni Juli Aug Sept Okt Nov **Dez**

Ball-Hortensie

Hellblaue Sorte

Weiße Sorte der Teller-Hortensie

Hortensie

Hydrangea macrophylla in verschiedenen Sorten

Höhe 1–1,5 m | mittel bis anspruchsvoll

Hortensien sind prachtvolle Blüher, deren Charme man sich kaum entziehen kann. Teilweise gibt es vorgetriebene, blühende Exemplare schon ab Februar/März zu kaufen. Es werden Ball- und Teller-Hortensien angeboten. Im Handel angebotene Pflanzen sind meist mit Hemmstoffen behandelt.

Standort Sonnig bis halbschattig, ohne pralle Sonne. Von Februar bis Oktober sind 18 bis 20 °C angebracht. Im Winter darf die Temperatur nicht über 10 °C steigen. Nach dem Laubfall sollte die Pflanze an einem dunklem Ort bei etwa 5 °C für mindestens acht Wochen gelagert werden, dies ist wichtig für die Brechung der Knospenruhe und für die Blütenentwicklung. Hortensien stehen im Sommer gerne draußen und können dort in wintermilden Gebieten auch das ganze Jahr bleiben. Wichtig ist hier ein Winterschutz für die bereits angelegten Blütenknospen.

Gießen Gleichmäßig gut feucht halten. Zimmerwarmes, weiches Wasser verwenden. In der Ruhezeit nur so viel wässern, dass der Topfballen nicht austrocknet.

Nährstoffbedarf Mäßig mit Rhododendron-Dünger, aluminiumhaltiger Dünger für blaue

BLÜTENFARBE

BLÜTEZEIT

Jan | **Feb** | **März** | **April** | **Mai** | **Juni** | **Juli** | Aug | Sept | Okt | Nov | Dez

Rosa Sorte, hier im Freien

Sorten; von November bis Februar nicht düngen.
Erde Die Farbskala der Blüten wird stark vom pH-Wert des Erdreichs beeinflusst. Rote oder rosa Sorten brauchen, um ins Reinblaue umzufärben, einen gleichmäßig sauren Boden (Rhododendron-Erde) und die Anwesenheit von gelösten Aluminium-Ionen. Weiße Sorten können so jedoch nicht blau gefärbt werden.
Umtopfen, wenn nötig nach der Blüte
Tipps Mehrjährige Exemplare benötigen zu viel Platz und sind daher bald für die Fensterbank zu groß. Rückschnitt nach dem Abblühen empfehlenswert, zu später Rückschnitt verhindert die Knospenanlage. Vorgetriebene Pflanzen blühen bereits ab Ende Februar/März, im Freiland erst ab Juni.
Vermehrung Stecklinge im Frühjahr
Weitere Namen Ball- oder Bauern-Hortensie

Edellieschen in Orange

Rosa Sorte des Edellieschens

Fleißiges Lieschen, zweifarbige Form

Gefüllte Form des Fleißigen Lieschens

Edellieschen

Impatiens-Neuguinea-Gruppe

Höhe 20–40 cm | pflegeleicht

Diese hübschen Vielblüher wachsen nicht nur auf der Fensterbank, sondern lieben im Sommer auch Kästen und Töpfe im Freien. Beliebt ist auch das Fleißige Lieschen *(I. walleriana)*, der unermüdlich blühende Liebling vieler Terrassen- und Balkon-Besitzer. Diese Art liebt den Halbschatten und bringt schnell Farbe in jede Ecke.

Im Freien ist ein Regenschutz dieser Pflanze bei längeren Regenperioden empfehlenswert.

Standort Sonnig bis halbschattig, vor praller Sonne schützen. Überwintert wird an einem hellen Platz bei mindestens 16 °C. Das Fleißige Lieschen braucht nur 12 °C, bei zu viel Wärme wird es unansehnlich.

Gießen Auf gleichmäßige Wasserversorgung achten. Staunässe und Ballentrockenheit werden nicht vertragen. Zu feucht kultivierte *Impatiens* bekommen unnatürlich dicke und mastige Triebe.

Nährstoffbedarf Mäßig; im Winter sehr schwach düngen.

Probleme Blattläuse, Blütenthripse; Grauschimmel

Umtopfen, wenn nötig im Frühjahr

Vermehrung Stecklinge und Aussaat

BLÜTENFARBE

auch zweifarbig

BLÜTEZEIT

Jan | Feb | März | April | **Mai** | **Juni** | **Juli** | **Aug** | **Sept** | Okt | Nov | Dez

Rosa Sorten der Ixore

Orangerote Sorte

Lachsfarbene Sorten

Ixore

Ixora coccinea

	Höhe 20–40 cm	mittel bis anspruchsvoll	

Die Ixore wird seltener angeboten, obwohl die Blüten, gepaart mit den glänzenden Blättern, wirklich hübsch aussehen.
Der buschige immergrüne Strauch behält den kompakten Wuchs nur durch regelmäßigen Schnitt.
Standort Wählen Sie einen hellen Platz, pralle Sonne wird nicht vertragen. Eine hohe Luftfeuchte ist für die Kultur wichtig. Zimmertemperaturen sind erwünscht, von November bis Februar etwas kühler bei 14 bis 16 °C.
Gießen Mäßiger Wasserbedarf, Ballentrockenheit oder Staunässe werden nicht vertragen. Die Blätter öfter besprühen. Im Winter sparsamer gießen, aber nicht austrocknen lassen. Weiches, zimmerwarmes Wasser verwenden.
Nährstoffbedarf Gering bis mäßig; von November bis Februar schwach bis selten düngen.
Probleme Blattrollen bei zu viel Sonne und trockener Luft, Blütenfall bei Standortwechsel; Schildläuse, Spinnmilben
Umtopfen, wenn nötig im Februar/März in humoses Substrat mit pH-Wert um 5,5
Vermehrung Kopf- und Triebstecklinge

BLÜTENFARBE

BLÜTEZEIT

Jan	Feb	März	April	**Mai**	**Juni**	**Juli**	**Aug**	**Sept**	Okt	Nov	Dez

Zimmer-Jasmin

Blütenknospen

Primel-Jasmin

Zimmer-Jasmin, Jasmin, Duft-Jasmin

Jasminum polyanthum

Höhe bis 2 m und mehr, je nach Kletterhilfe | pflegeleicht

Der immergrüne Zimmer-Jasmin ist eine rasch wachsende Kletterpflanze, die eine stabile Rankhilfe im Topf braucht. Er duftet in den Abendstunden besonders intensiv, was ihn zu etwas Besonderem unter den Zimmerpflanzen macht. Durch Kultursteuerung sind Blüten bereits ab Januar möglich. Der Primel-Jasmin *(J. mesnyi)* blüht gelb ab dem Frühling.

Standort Sonnig, aber ohne pralle Mittagssonne. Im Winter an einen hellen Platz bei 5 bis 10 °C stellen. Die niedrigen Temperaturen während der lichtarmen Jahreszeit sind für eine reiche Blüte wichtig.

Gießen Hoher Wasserbedarf, Staunässe ist zu vermeiden. Im Winter nur sparsam wässern, aber nicht austrocknen lassen.

Nährstoffbedarf Hoch; ab September nur noch schwach düngen, während der Kühlphase gar nicht düngen.

Schädlinge Blattläuse bei zu warmer Überwinterung, Weiße Fliege

Umtopfen, wenn nötig im Frühjahr

Tipps Zu groß gewordene Pflanzen kann man – auch kräftig – zurückschneiden.

Vermehrung durch Stecklinge von nicht blühenden Trieben im Frühjahr

BLÜTENFARBE

duftend

BLÜTEZEIT

Jan | Feb | **März** | **April** | **Mai** | Juni | Juli | Aug | Sept | Okt | Nov | Dez

Zimmerhopfen

Zimmerhopfen, Zierhopfen

Justicia brandegeana (syn. *Beloperone guttata*)

Höhe bis 60 cm | pflegeleicht

Die Pflanze bekam ihren Namen von den hopfenartigen Blütenständen. Die eigentlichen Blüten sind weiß und nur kurz haltbar, die braunroten Hochblätter sind mehrere Monate zierend. Angebotene Pflanzen sind meist mit Hemmstoffen behandelt und verlieren später auf der Fensterbank ihren kompakten Wuchs.

Standort Ein sonniger bis halbschattiger Platz, aber keine pralle Sonne, bei Zimmertemperaturen ist erwünscht. Im Winter möglichst bei etwa 15 °C pflegen.

Gießen Von März bis September regelmäßig und gleichmäßig wässern. Staunässe wird nicht vertragen. Während der übrigen Zeit eher trocken halten, weil die Pflanze ansonsten ihr Laub abwirft.

Nährstoffbedarf Mäßig von März bis September; von Okt. bis Febr. schwach düngen.

Schädlinge Blattläuse, Weiße Fliege, Rote Spinne

Umtopfen, wenn nötig Im Frühjahr, vorher kann man den Zimmerhopfen bei Bedarf bis zur Hälfte zurückschneiden.

Vermehrung Kopfstecklinge; die Jungpflanzen sollte man zwei- bis dreimal entspitzen, damit sie sich buschig entwickeln.

BLÜTENFARBE

unscheinbar, zierend sind die hopfenartigen Blütenstände

BLÜTEZEIT

Jan | Feb | März | April | Mai | Juni | Juli | Aug | Sept | Okt | Nov | Dez

Jakobinie (*J. carnea*)

Jakobinie

Justicia carnea
(syn. *Jacobinia carnea*)

○	Höhe 40–80 cm	pflegeleicht

Die Jakobinie wächst aufrecht und bildet am Ende jedes Triebes einen ungewöhnlichen, ährenförmigen Blütenstand mit zahlreichen röhrenförmigen Einzelblüten. Sie stehen hoch über dem Laub und bilden dazu einen schönen Kontrast. Angebotene Pflanzen sind meist mit Hemmstoffen behandelt und verlieren später auf der Fensterbank ihren kompakten Wuchs.

Standort Wählen Sie einen hellen Platz ohne pralle Sonne. Hohe Luftfeuchte und Zimmertemperaturen sind erwünscht. Von Oktober bis Februar etwas kühler bei 16 bis 18 °C pflegen.

Gießen Gleichmäßig feucht halten, Ballentrockenheit vermeiden. Öfter besprühen.

Nährstoffbedarf Hoch; von September bis Februar nur alle vier Wochen düngen.

Probleme Blüten- und Blattfall bei zu trockenem Ballen und zu trockener Luft; Blattläuse, Spinnmilben, Weiße Fliege

Umtopfen, wenn nötig im Februar/März

Tipp *J. carnea* wird nach der Blüte zurückgeschnitten, damit die Pflanze nicht verkahlt.

Vermehrung Im Februar oder März unverholzte Kopfstecklinge stecken.

BLÜTENFARBE

BLÜTEZEIT

Jan	Feb	März	April	Mai	Juni	Juli	Aug	Sept	Okt	Nov	Dez
			April	**Mai**	**Juni**	**Juli**	**Aug**	**Sept**			

Jakobinia pauciflora

Jakobinie

Justicia rizzinii (syn. *Jacobinia pauciflora*)

	Höhe 30–50 cm	pflege-leicht

Diese *Justicia*-Art wächst, genauso wie ihre auf Seite 84 gezeigte nahe Verwandte, aufrecht. Allerdings etwas buschiger und bildet zahlreiche röhrenförmige Einzelblüten, die über die ganze Pflanze verteilt sind. Sie bleibt mit 30 bis 50 cm Höhe kleiner als die Vorgenannte und entwickelt auch deutlich kleinere, schmale Blätter. Angebotene Pflanzen sind meist mit Hemmstoffen behandelt und verlieren später auf der Fensterbank ihren kompakten Wuchs.

Standort Wählen Sie einen hellen (auch sonnigen) Platz. Von Oktober bis Februar braucht sie einen Platz im Haus bei etwa 12 °C.

Gießen Gleichmäßig feucht halten, Ballentrockenheit wird nicht vertragen.

Nährstoffbedarf Mäßig; von September bis Februar nur alle sechs Wochen düngen.

Probleme Blüten- und Blattfall bei zu trocknem Ballen; Blattläuse, Spinnmilben, Weiße Fliege

Umtopfen, wenn nötig im Februar/März

Tipp Bei Verkahlung werden die Triebe zurückgenommen. Kein Rückschnitt nach Mitte Juni, da sonst die sich bildenden Knospen weggeschnitten werden.

Vermehrung Kopfstecklinge (Febr. bis März)

BLÜTENFARBE

mit gelben Spitzen

BLÜTEZEIT

Jan *Feb* *März* *April* *Mai* *Juni* *Juli* *Aug* *Sept* *Okt* *Nov* *Dez*

Flammendes Käthchen

Flammendes Käthchen

Kalanchoë blossfeldiana

Rosa Sorte

Höhe bis 30 cm | pflegeleicht

Diese Pflanze nimmt nicht viel übel, allem voran jedoch Staunässe. Das Flammende Käthchen ist eine Kurztagspflanze. Das bedeutet, dass sie fünf bis sechs Wochen nur neun Stunden Licht bekommen darf, um zu blühen. Schon eine Deckenlampe stört. Stülpen Sie daher einen Karton über die Pflanze. Die normale Blütezeit liegt im Winter und Frühjahr.

Standort Sehr hell, aber nicht in die pralle Mittagssonne. Während der Kurztagsbehandlung sind Temperaturen um 18 °C für ein gutes Blühergebnis wichtig. Ab Oktober kühler, aber nicht unter 15 °C pflegen und weniger gießen.

Gießen Mäßig wässern, Staunässe wird nicht vertragen und lässt die Pflanzen eingehen. Ballentrockenheit ist zu vermeiden.

Nährstoffbedarf Mäßig; ab Oktober bis zur Blüte im Winter schwach düngen.

Probleme Fäulnis an Wurzeln und Trieben durch zu viel Nässe

Umtopfen, wenn nötig im Frühling

Tipp Verblühte Blütenstände können entfernt werden, dann erfolgt meist eine zweite schwächere Blüte.

Vermehrung Kopfstecklinge mit zwei bis drei Blattpaaren direkt in den Endtopf stecken.

BLÜTENFARBE

BLÜTEZEIT

Jan | Feb | März | April | Mai | Juni | Juli | Aug | Sept | Okt | Nov | Dez

Südseemyrte

Südseemyrte, Steinsame, Teebaum

Leptospermum scoparium

Höhe 1–2 m

Weiße Sorte

Die Südseemyrte ist eine Kübelpflanze, die von Ende Mai bis vor den ersten Frösten draußen stehen will. Sie kommt aus Australien und braucht viel Licht. Im Angebot sind schon kleine Pflanzen ab 13 cm Topfdurchmesser erhältlich.

Standort Ein vollsonniger bis heller Platz ist ideal, im Sommer auch gerne draußen. Vor praller Sonne schützen. Von Oktober/November bis Ende Februar reicht ein heller Raum bei 3 bis 8 °C. Danach wieder wärmer stellen.

Gießen Den Ballen gleichmäßig feucht halten. Im Überwinterungsraum sparsam gießen, aber austrocknen sollte die Pflanze keinesfalls. Einmal durchgetrocknete Pflanzen sind verloren. Verwenden Sie weiches, zimmerwarmes Wasser, empfehlenswert ist Regenwasser.

Nährstoffbedarf Gering bis mäßig mit saurem Dünger; von Okt. bis Febr. nicht düngen.

Umtopfen, wenn nötig nach der Blüte in saures, gut durchlässiges Substrat

Tipp Ist die Südseemyrte zu groß geworden, kann man sie zurückschneiden. Am besten nach der Blüte, aber nicht später als Juni.

Vermehrung Stecklinge von Frühjahr bis August, Aussaat mit einer Glasscheibe abdecken, da der Samen so fein wie Staub ist.

BLÜTENFARBE

auch gefüllte Sorten

BLÜTEZEIT

Jan Feb **März** **April** **Mai** **Juni** Juli Aug Sept Okt Nov Dez

Chilenischer Jasmin

Chilenischer Jasmin

Mandevilla laxa

Höhe 1–2 m, je nach Kletterhilfe | mittel bis anspruchvoll

Diese wunderschöne Kletterpflanze, mit großen trichterförmigen und duftenden Blüten, braucht ein Gerüst, an dem sie hinaufwachsen kann. Sie wächst rasch und verliert im Winter bei niedrigen Temperaturen ganz oder teilweise das Laub. Die Pflanze enthält giftige Substanzen.

Standort Ein heller bis sonniger Platz ist ideal. Im Sommer auch gerne draußen auf Balkon, Terrasse oder im Garten an sehr geschützten Plätzen. Vor den ersten Frösten kommt die Pflanze in ihren Überwinterungsraum, der 5 bis 10 °C warm sein sollte.

Gießen Die Pflanze hat während der Wachstumszeit einen hohen Wasserbedarf und muss ausreichend gegossen werden.
Nach dem Blattfall muss man sie jedoch bis zum Wachstumsbeginn im Frühling fast trocken halten.

Nährstoffbedarf Mäßig bis hoch während der Wachstumszeit; von Oktober bis Februar nicht düngen.

Umtopfen, wenn nötig im Februar/März bei beginnendem Wachstum

Vermehrung Aussaat und Stecklinge im Sommer möglich

BLÜTENFARBE

mit Duft

BLÜTEZEIT

Jan	Feb	März	April	Mai	**Juni**	**Juli**	**Aug**	Sept	Okt	Nov	Dez

Dipladenie

Dipladenie

Mandevilla sanderi (syn. *Dipladenia sanderi*)

Höhe bis 3 m,
je nach Kletterhilfe

Die Dipladenie ist eine Schlingpflanze und braucht ein stabiles Topfspalier. Bekannt sind 'Dark' in Rosarot und 'Rubiniana' in Rosa. *M. boliviensis* blüht weiß. Die Pflanzen enthalten giftige Substanzen und sind meist mit Hemmstoffen behandelt und verliert später auf der Fensterbank den kompakten Wuchs.
Standort Wählen Sie einen hellen Platz ohne pralle Sonne, Halbschatten bewirkt eine schwache Blüte. Im Winter bei 15 bis 18 °C.
Gießen Die Dipladenie braucht viel Wasser und sollte auch öfter besprüht werden. Staunässe ist in jedem Fall zu vermeiden, ebenso Ballentrockenheit. Verwenden Sie weiches, zimmerwarmes Wasser. Von November bis Februar weniger gießen.
Nährstoffbedarf Mäßig; von Oktober bis Februar nur ein- oder zweimal düngen.
Probleme Blattrollen bei zu trockener Luft, Blatt-, Schild- oder Wollläuse, Spinnmilben
Umtopfen, wenn nötig im Februar/März in durchlässige Erde
Tipp Stutzen Sie zu lange Triebe, weil die Dipladenie ansonsten leicht sparrig wächst.
Vermehrung Triebstecklinge mit einem Blattpaar

BLÜTENFARBE

mit gelblicher Mitte

BLÜTEZEIT

Jan	*Feb*	*März*	*April*	***Mai***	***Juni***	***Juli***	***Aug***	***Sept***	***Okt***	*Nov*	*Dez*

Medinille

Medinille

Medinilla magnifica

◯	Höhe bis 80 cm	anspruchsvoll

Medinillen brauchen viel Platz, aber den dürfen sie auch beanspruchen, kommt ihre Schönheit doch erst dann richtig zur Geltung.

Standort Hell, ohne direkte Sonne, luftfeucht, bodenwarm und bei Zimmertemperaturen oder wärmer, so sollte der Platz für Medinillen beschaffen sein. Optimal wäre ein geschlossenes Blumenfenster. Für eine gute Blütenanlage müssen im Winter zwei bis drei Monate Ruhezeit bei etwa 16 °C eingehalten werden.

Gießen Achten Sie auf gleichmäßige Bodenfeuchte. Staunässe und Ballentrockenheit werden nicht vertragen. Öfter besprühen, Blüten aussparen. In der Ruhezeit sparsamer wässern. Sobald sich Blütenknospen zeigen, wird wieder stärker gegossen. Nur weiches, zimmerwarmes Wasser verwenden.

Nährstoffbedarf Mäßig bis hoch; in der Ruhezeit nicht düngen.

Erde humos, locker, sauer, pH-Wert 5,5

Probleme Schildläuse, trockene Luft

Umtopfen, wenn nötig nach der Blüte

Tipp Rückschnitt, auch ein kräftiger, wird vertragen.

Vermehrung Stecklinge im Frühjahr mit Bodentemperaturen von 25 bis 30 °C

BLÜTENFARBE

BLÜTEZEIT

Jan	Feb	März	**April**	**Mai**	**Juni**	**Juli**	Aug	Sept	Okt	Nov	Dez

Mimose

Mimose, Sinnpflanze

Mimosa pudica

Höhe bis 50 cm

Die Mimose gehört zu den selteneren Zimmerpflanzen. Dabei hat sie etwas zu bieten, was keine andere kann.
Sie klappt bei der kleinsten Berührung ihre zarten Fiederblättchen zusammen – mimosenhaft also. In der Nacht und bei Temperaturen unter 18 °C verliert die Pflanze allerdings diese Eigenschaft.
Standort Wählen Sie einen hellen Platz und vermeiden Sie längere Tagesabschnitte mit praller Sonne. Gleichmäßige 18 bis 20 °C, auch etwas darüber, sind willkommen.
Gießen Achten Sie auf einen gleichmäßig feuchten Wurzelballen. Trockenheit und Staunässe werden nicht vertragen. Bei trockener Luft muss gesprüht werden.
Nährstoffbedarf gering
Probleme Spinnmilben bei trockener Luft; Chlorosen bei Staunässe
Tipps Da die älteren Pflanzen meistens nicht mehr schön aussehen und die Winterkultur sehr schwierig ist, sollte man jährlich neue Exemplare selbst heranziehen oder kaufen. Man kann oft eigene Samen ernten, die man dann für die Nachzucht verwendet.
Vermehrung Aussaat

BLÜTENFARBE

BLÜTEZEIT

Jan	Feb	März	April	**Mai**	**Juni**	**Juli**	**Aug**	**Sept**	Okt	Nov	Dez

Braut-Myrte im Topf

Blüte der Braut-Myrte (vergrößert)

Braut-Myrte

Myrtus communis

Höhe 1–1,50 m

Die Braut-Myrte ist keine typische Pflanze für die Fensterbank, sondern eher eine mediterran anmutende Kübelpflanze, die den Sommer am liebsten im Freien verbringt. Neben der normal großen Buschform werden auch klein bleibende Formen und Stämmchen verkauft.

Standort Hell oder sonnig und warm (im Sommer im Freien). Vor den ersten Frösten kommt die Pflanze in den hellen Überwinterungsraum bei 5 bis 10 °C.

Gießen Der Wasserbedarf ist mäßig, daher die Erde in den Sommermonaten feucht halten, im Winter jedoch nur so viel gießen, dass der Ballen nicht austrocknet. Einmal ganz durchtrocknete Exemplare erholen sich nur selten.

Nährstoffbedarf Gering bis mäßig; von Oktober bis Februar nicht düngen.

Schädlinge Schildläuse, Weiße Fliege

Umtopfen, wenn nötig im Februar/März

Tipp Stutzen Sie die Triebe ab und zu, dass bringt den gewünschten, buschigen Wuchs. Ein zu später Schnitt im Sommer oder beim Einräumen ins Winterquartier verhindert die Blüte im Folgejahr.

Vermehrung Kopfstecklinge im späten Frühjahr, auch Aussaat möglich

BLÜTENFARBE

BLÜTEZEIT

Jan	Feb	März	April	Mai	**Juni**	**Juli**	**Aug**	Sept	Okt	Nov	Dez

Kussmäulchen

Kussmäulchen, Bauchblume

Nematanthus 'Glabra' (syn. *Hypocyrta glabra*)

Höhe 10–20 cm | pflege-leicht

Die Blütenöffnung erinnert an einen zugespitzten Mund. Schön in Ampeln.

Standort Wählen Sie einen hellen bis halbschattigen Platz und achten Sie auf höhere Luftfeuchte. Direkte Sonne vermeiden. Bei zu dunklem Standort ist meist nicht oder kaum mit Blüten zu rechnen. Im Sommer sind Temperaturen um die 20 °C gewünscht, sie können an einem sehr geschützten Platz auch ins Freie. Von Oktober bis Febuar bei 12 bis 15 °C.

Gießen Geringer Bedarf. Ballentrockenheit und Staunässe werden nicht vertragen. Weiches, zimmerwarmes Wasser verwenden.

Nährstoffbedarf Gering; von Oktober bis Februar nicht düngen.

Schädlinge Spinnmilben, Schild- und Wollläuse, Weiße Fliege

Umtopfen, wenn nötig im Februar/März in Rhododendron-Erde

Tipps Ohne eine Ruheperiode von Oktober bis Februar bei kühleren Temperaturen und trockener Haltung setzt die Pflanze weniger Blüten an. Durch Schnittmaßnahmen erhält man die gewünschte, kompakte Form.

Vermehrung Kopfstecklinge mit zwei Blattpaaren

BLÜTENFARBE

BLÜTEZEIT

Jan *Feb* *März* *April* ***Mai*** ***Juni*** ***Juli*** ***Aug*** ***Sept*** *Okt* *Nov* *Dez*

Korallenmoos, die weißen Beeren färben sich später orange.

Korallenmoos, Korallenbeere

Nertera granadensis

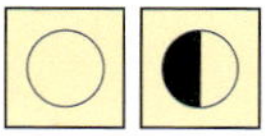

Höhe
5–10 cm

Wenn sich das Korallenmoos über und über mit seinen orangefarbenen Früchten geschmückt hat, dann weiß man, warum es seinen deutschen Namen bekam. Die weißen, sternförmigen Blüten erscheinen im Frühjahr, sind aber im Vergleich zum Fruchtschmuck unscheinbar. Die Pflanze wächst mit ihren bis zu 20 cm langen Trieben über den Topfrand hinaus und hängt dann schön über. Enthält giftige Substanzen.

Standort Wählen Sie einen hellen, auch halbschattigen Platz, ohne pralle Sonne. Im Sommer bei normaler Zimmertemperatur pflegen, von Okt. bis Febr. ist Ruhezeit. Jetzt steht das Korallenmoos gerne kühler bei 8 bis 10 °C.

Gießen Auf gleichmäßige Bodenfeuchte achten. Ballentrockenheit und Staunässe vermeiden. Weiches, kalkfreies Wasser verwenden.

Nährstoffbedarf Gering; von Oktober bis Februar nicht düngen.

Schädlinge Blattläuse möglich

Umtopfen, wenn nötig nach Beerenfall, meist im Spätsommer oder Februar/März in Heidekraut-Erde

Vermehrung Ältere Pflanzen beim Umtopfen teilen.

FRUCHTFARBE

FRUCHTZEIT

Jan	Feb	März	April	Mai	**Juni**	**Juli**	**Aug**	**Sept**	Okt	Nov	Dez

Goldähre

Goldähre, Dichtähre, Gelbe Dickähre

Pachystachys lutea

Höhe bis 1,5 m

Weiße Blüten mit gelben Hochblättern

Die Goldähre wächst aufrecht und bildet am Ende der Triebe einen leuchtend gelben Blütenstand, aus dem die kleinen, weißen Blütchen herausschauen. Als buschige Topfpflanze oder als Hochstämmchen erhältlich.

Standort Wählen Sie einen hellen oder halbschattigen Platz, ohne pralle Sonne. Höhere Luftfeuchte ist günstig. Zimmertemperaturen sind erwünscht. Von Oktober bis Februar etwas kühler pflegen, jedoch nicht längere Zeit unter 16 °C, besser bei 18 bis 20 °C. Bei hellem Stand im Winter ist eine ganzjährige Blüte möglich.

Gießen Gleichmäßig feucht halten, keine Ballentrockenheit und Staunässe

Nährstoffbedarf Mäßig; von September bis Februar alle 6 Wochen düngen.

Probleme Blüten- und Blattfall bei zu trockenem Ballen, nach innen gerollte Blätter bei zu kühlem Stand; Blattläuse, Weiße Fliege

Umtopfen, wenn nötig im Februar/März

Tipps Der kompakte Wuchs wird in den Gärtnereien durch Hemmstoffe erreicht. Sie sollten den Wuchs durch Schnittmaßnahmen erhalten und Verblühtes entfernen.

Vermehrung Stecklinge im frühen Sommer von nicht blühenden Trieben

BLÜTENFARBE

umgeben von leuchtend gelben Hochblättern

BLÜTEZEIT

Jan	Feb	**März**	**April**	**Mai**	**Juni**	**Juli**	**Aug**	**Sept**	**Okt**	Nov	Dez

Passionsblume

Blüte von *Passiflora violacea*

Passiflora-Hybride

Passionsblume

Passiflora caerulea

Höhe bis 2 m – je nach Kletterhilfe

Die Passionsblume ist eine ausgesprochen schöne Kletterpflanze für Topfspaliere. Weitere empfehlenswerte Arten sind *P. aurantia,* die gelbe Zitronen-Passionsblume *(P. citrina)*, die Violette Passionsblume *(P. violacea)* und die rot blühende Weinlaubblättrige Passionsblume *(P. vitifolia)*, von denen einige anspruchsvoll in der Pflege sind. Erkundigen Sie sich beim Kauf vor Ort nach den individuellen Ansprüchen.

Standort Sonnig, hell und warm. Passionsblumen blühen bei kühlem und regnerischem Wetter weniger reichlich bis gar nicht. Sie brauchen Wärme und Sonne. Ende Sept. stellt man *P. caerulea* an ihren kühlen, luftigen Überwinterungsplatz unter 12 °C, am besten 6 bis 8 °C.

Gießen Mäßiger Wasserbedarf, in der Ruheperiode nur leicht feucht halten.

Nährstoffbedarf Mäßig; von Oktober bis Februar nicht düngen.

Probleme Wollläuse bei zu warmer Überwinterung, Spinnmilben bei Zugluft. Teilweiser Blattfall im Winter ist normal.

Umtopfen, wenn nötig im Frühjahr in nicht zu große Töpfe mit kräftiger, lehmiger Erde

Vermehrung Triebteilstecklinge mit ein bis zwei Blattknoten von Frühjahr bis August

BLÜTENFARBE

purpur mit blauem Fadenkranz

BLÜTEZEIT

Jan	Feb	März	April	Mai	**Juni**	**Juli**	**Aug**	**Sept**	Okt	Nov	Dez

P. grandiflorum 'Tip-Top-Serie'

Edel-Pelargonie

Pelargonium grandiflorum

Sorte 'Mozart'

Höhe 30–40 cm | pflegeleicht

Die Edel-Pelargonien sind Verwandte der bekannten „Balkon-Pelargonien" *(P. peltatum* und *P. zonale)*. Sie blühen ebenso üppig und haben oft größere Blüten, sind allerdings empfindlicher.

Standort Ein sonniger bis heller, luftiger, aber vor Zugluft geschützter Platz ist optimal. Von Oktober bis Februar ist ein kühler Platz bei 10 bis 15 °C wünschenswert. Niedrige Temperaturen um 12 °C sind für die Blütenanlage wichtig, daher keine Blütenbildung bei hohen Temperaturen im Sommer.

Gießen Mäßig, aber regelmäßig wässern. Staunässe, Nässe und Ballentrockenheit sind zu vermeiden. In der Ruhezeit sparsamer gießen. Weiches und zimmerwarmes Wasser verwenden.

Nährstoffbedarf Mäßig; von September bis Februar nicht düngen.

Probleme Blattläuse, Weiße Fliege, Grauschimmel, Mehltau

Umtopfen, wenn nötig im Februar/März

Tipp Die Pflanze wird am besten nach der Blüte zurückgeschnitten.

Vermehrung Im August Kopfstecklinge von Trieben schneiden, die nicht geblüht haben.

BLÜTENFARBE

meist zweifarbig in Ton-in-Ton-Farben

BLÜTEZEIT

Jan | Feb | März | **April** | **Mai** | **Juni** | Juli | Aug | Sept | Okt | Nov | Dez

Pelargonium 'Atomic Snowflake'

Duft-Pelargonien

Pelargonium-Arten

Pelargonium 'Prince of Orange'

Höhe
30–50 cm

Die Duft-Pelargonien erfreuen sich seit Jahren einer ständig wachsenden Fan-Gemeinde. Sie fallen durch ihre unterschiedlichen Blattdüfte auf. Da gibt es zum Beispiel Limonen-, Orangen- oder Zitronenduft, Apfel-, Zedern- und Muskatduft. Aber auch die Blüten und mehrfarbige Blätter tragen zur Beliebtheit bei. Je nach Art und Sorte erfreuen uns die Blüten von Mai bis August/September.

Standort Ein sonniger Platz, im Sommer am besten im Freien. Ab Oktober hell und bei mindestens 3 bis 10 °C ist ideal. Nur kühl überwinterte Pflanzen blühen.

Gießen Mäßiger Wasserbedarf, Staunässe unbedingt vermeiden. Im Winter relativ trocken halten.

Nährstoffbedarf Gering bis mäßig; von Oktober bis Februar nicht düngen.

Erde Sandig-humoses Substrat (Erde) ist vorteilhaft.

Schädlinge Weiße Fliege, besonders im Winterquartier

Umtopfen, wenn nötig am Ende des Winters

Vermehrung Stecklinge

Weiterer Name Duftgeranien

BLÜTENFARBE

auch zweifarbig

BLÜTEZEIT

Jan	Feb	März	April	**Mai**	**Juni**	**Juli**	**Aug**	**Sept**	Okt	Nov	Dez

Pentas, rote Form

Rosa Sorte

Weiße Sorte

Pentas, Fünfling

Pentas lanceolata

Höhe 20–50 cm

Standort Hell und luftfeucht, keine direkte Sonne! Ein warmer, luftiger Platz ohne Zugluft ist ideal. Auch in den Wintermonaten sollte es nicht kühler als 15 °C werden.
Gießen Achten Sie auf gleichmäßige Bodenfeuchte, Ballentrockenheit wird nicht vertragen. Öfter besprühen, Blüten aussparen. Im Winter etwas sparsamer wässern, aber nie austrocknen lassen. Unbedingt kalkarmes Gießwasser (Regenwasser) verwenden.
Nährstoffbedarf Niedrig; von Oktober bis Februar nur alle sechs Wochen möglichst sauren Dünger geben.

Probleme lange Triebe bei zu dunklem Stand
Umtopfen, wenn nötig im Februar/März
Tipp Abgeblühte Blütenstände regelmäßig entfernen. Pentas wird oft mit Hemmstoffen behandelt, deren Wirkung im Zimmer nachlässt. Schneiden Sie die Triebe vor (!) dem Erscheinen der Blütenknospen immer wieder zurück, dadurch erreichen Sie dasselbe. Neuere Sorten werden auch ohne Hemmstoffbehandlung angeboten.
Vermehrung von März bis August durch Kopfstecklinge oder Triebstecklinge ohne Knospen, neuere Sorten auch durch Aussaat

BLÜTENFARBE

BLÜTEZEIT

Jan	Feb	März	April	Mai	Juni	Juli	Aug	Sept	Okt	Nov	Dez

Violette Sorte der Cinerarie

Zweifarbige Sorte

Rosa Sorte

Cinerarie, Kreuzkraut

Pericallis × hybrida (syn. *Senecio cruentus*)

Höhe 30–40 cm | pflegeleicht

Cinerarien sind fantastische Blüher, aber nur für einige Wochen. Eine Weiterkultur nach der Blüte lohnt nicht, da keine Blüte mehr erreicht wird. Wegen der unglaublichen Blütenfülle und der bunten Farben kann man den Topf leicht mit einem Blumenstrauß verwechseln. So kann er auch verschenkt werden – als länger haltende Alternative zu einem Strauß.

Standort Wählen Sie einen hellen, halbschattigen, luftigen Platz. Er sollte nicht zu warm sein. 16 bis 18 °C wären wünschenswert, noch niedrigere Temperaturen (8 bis 10 °C) sorgen dafür, dass die Blüte länger hält.

Gießen Immer gut feucht halten, hoher Wasserbedarf.
Trockenheit wird nicht vertragen!

Nährstoffbedarf Wegen der kurzen Pflegezeit muss nicht oder nur schwach gedüngt werden.

Schädlinge Wird gerne von Blattläusen heimgesucht, was der Pflanze den Namen „Läuseblume" einbrachte.

Vermehrung Samen im Juli oder August aussäen, Jungpflanzen dann im Winter (bei 3 bis 12 °C) pflegen.

Weitere Namen Läuseblume, Aschenblume

BLÜTENFARBE

auch zweifarbig

BLÜTEZEIT

Jan *Feb* *März* *April* *Mai* *Juni* *Juli* *Aug* *Sept* *Okt* *Nov* *Dez*

Fliederprimel

Weiße Form

Rotviolette Sorte

Rosa Sorte

Flieder-Primel

Primula malacoides

Höhe 10–20 cm | pflege-leicht

Die Flieder-Primel hat etwas kleinere Blüten als die Becher-Primel (siehe Seite 102), steht ihr an Schönheit aber nicht nach. Die Blüten stehen auch bei dieser Art hoch über den mittelgrünen Blättern. Nach der Blüte werden die Pflanzen meist weggeworfen, da sie in der Regel kein zweites Mal blühen.

Standort Wählen Sie einen hellen Platz, der vor direkter Sonne geschützt ist. Die Lufttemperatur sollte eher kühl bei 10 bis 15 °C liegen. 30 bis 40 Tage bei 10 °C bewirken einen starken Blühimpuls. Heizungsluft wird nur schlecht vertragen. Eine etwas höhere Luftfeuchte ist vorteilhaft für diese Pflanzen.

Gießen Wässern Sie die Flieder-Primeln regel- und gleichmäßig. Staunässe und Ballentrockenheit werden nicht vertragen.

Nährstoffbedarf mäßig

Probleme Gelbe Blätter kommen von zu nasser oder kalter Pflege.

Vermehrung Aussaat ab Juni möglich, zur Keimung um 12 °C aufstellen.

Weitere Namen Braut-Primel, Etagen-Primel, früher auch Mehl-Primel, da die Urform wie mit Mehl bestäubte Knospen und Blattstiele entwickelte.

BLÜTENFARBE

BLÜTEZEIT

Jan | Feb | März | April | Mai | Juni | Juli | Aug | Sept | Okt | Nov | Dez

Becher-Primeln

Weiße Sorte

Violette Sorte

Becher-Primel

Primula obconica

Höhe 20–30 cm | pflegeleicht

Diesen kleinen, dankbaren Blüher mit dem rosettenförmigen Wuchs behalten wir während der Blütezeit im Zimmer. Im Sommer schicken wir sie nach draußen und holen sie vor den ersten Frösten wieder ins Haus. Achtung: Enthält giftige Substanzen (Primin) die Hautreizungen hervorrufen können. Neuere Sorten, zum Beispiel 'Touch me', sollen sehr priminarm sein. Becher-Primeln werden meist von Dezember bis April angeboten.

Standort Hell, vor direkter Sonne geschützt. Im Winter muss die Pflanze auch hell stehen, dann bei Temperaturen um 15 °C.

Gießen Gleichmäßig feucht halten, Staunässe und Ballentrockenheit wird nicht vertragen, im Winter sparsamer gießen.

Nährstoffbedarf Schwach bis mäßig; von November bis Februar wird höchstens einmal gedüngt.

Probleme Salzempfindlich, gelbe Blätter können wegen zu nasser oder kalter Pflege auftreten; Grauschimmel im Winter.

Umtopfen, wenn nötig nach der Blüte

Vermehrung Dem Gärtner überlassen oder Aussaat nur mit Glasscheibe abdecken, das Saatgut sollte nicht älter als zehn Monate sein.

BLÜTENFARBE

BLÜTEZEIT

Jan | Feb | März | April | Mai | Juni | Juli | Aug | Sept | Okt | Nov | Dez

Lila Sorte mit gelbem Auge

Kissenpimeln

Gelbe Sorte

Kissen-Primel, Frühlings-Primeln

Primula-Vulgaris-Sorten

Höhe 8–20 cm | pflegeleicht

Die Kissen-Primel kündigt im März den Frühling an, wenn sie im Garten die ersten Frühlingsfarben zeigt. Im Handel bekommen wir die Frühlingsgrüße schon ab Dezember. Bei empfindlichen Personen können die Pflanzen Hautreizungen hervorrufen.

Standort Wählen Sie einen hellen Platz auf der Fensterbank bei 5 bis 10 °C. Die eigentlich mehrjährigen Pflanzen lassen sich in der Wohnung nach der Blüte nicht weiterpflegen, sie kommen daher an einen halbschattigen Platz in den Garten. Nur späte Sorten sind winterhärter, frühe und mittelfrühe Sorten halten Frösten ohne Schneedecke nicht Stand.

Gießen Im Zimmer gleichmäßig gießen, im Freiland müssen Sie immer einmal wieder schauen, ob Wasser benötigt wird. Meistens kommen die Pflanzen ganz gut allein zurecht. Staunässe vermeiden.

Nährstoffbedarf mäßig

Probleme Gelbe Blätter bei Staunässe, verschiedene Blattflecken-Krankheiten bekannt, dann sofort befallene Blätter entfernen.

Vermehrung Aussaat im Sommer, Saatgut nur mit Glasscheibe abdecken.

Weitere Namen Primel, Acaulis-Primel

BLÜTENFARBE

auch mehrfarbig

BLÜTEZEIT

Jan	Feb	März	April	Mai	Juni	Juli	Aug	Sept	Okt	Nov	Dez

Rosa Sorte der Zimmer-Azalee

Zimmer-Azaleen

Rhododendron simsii

Höhe 30–60 cm (150 cm)

Es sind schon herrliche Blüher, die Zimmer-Azaleen – und während der Vollblüte sind sie von fast keiner anderen Pflanze zu schlagen. In der Beliebtheit stehen die Winter- und Frühjahrsblüher direkt hinter den Rosen. Es gibt gefüllt und ungefüllte Blüten, außerdem fast alle Farben, außer blau, und sogar mehrfarbige Blüten. Zudem können Sie zwischen Büschen oder Hochstämmchen wählen. Größere Pflanzen verwandeln jede Ecke in einen Blickfang, sie haben allerdings auch ihren Preis.

Standort Ein heller oder halbschattiger, luftfeuchter und nicht zu warmer Platz wird gewünscht. Über Sommer dürfen die Pflanzen an einen halbschattigen oder lichtschattigen Ort nach draußen. Am besten senkt man den Topf ins Erdreich ein. Ab Oktober wieder ins Haus holen und kühl bei 5 bis 10 °C pflegen. Wenn die Blütenknospen beginnen, sich zu öffnen, die Pflanzen wieder wärmer stellen (etwa 18 °C, keinesfalls darüber).

Gießen Hoher Wasserbedarf, immer auf feuchtes Erdreich achten. Staunässe wird aber nicht vertragen. Unbedingt weiches, zimmerwarmes Wasser verwenden. Öfter besprühen, Blüten dabei aussparen.

BLÜTENFARBE

auch mehrfarbig, ungefüllt bis stark gefüllt

BLÜTEZEIT

Jan | *Feb* | *März* | *April* | *Mai* | *Juni* | *Juli* | *Aug* | *Sept* | *Okt* | *Nov* | *Dez*

Weiße Sorte

Rosa Sorte

Rosarote Form

Zweifarbige Sorte

Nährstoffbedarf Nach der Blüte bis August mäßig; die übrige Zeit nur alle vier bis sechs Wochen düngen, Rhododendron-Dünger verwenden.
Erde Rhododendron-Erde
Probleme Knospen- und Blütenabwurf bei Ballentrockenheit oder zu viel Wärme, Fäulnis an Stängel und Wurzel bei Staunässe; Blattläuse, Spinnmilben, Weiße Fliege
Umtopfen, wenn nötig nach der Blüte
Tipps Verwelktes regelmäßig entfernen. Schneiden Sie lange Triebe nach der Blüte zurück, damit die Pflanze buschig bleibt.
Vermehrung Kopf- und Triebteilstecklinge

Blütenpracht im Winter

Weitere Namen Azalee, Rhododendron, Indische Azalee

Topf-Rosen

Topf-Rosen

Rosa-Cultivars

Höhe 15–40 cm

Auch beim Zimmergärtner haben sich die Rosen auf einen der Spitzenplätze in der Beliebtheitsskala geschoben. Und das zu Recht. Die Züchter haben uns Sorten geschenkt, die mehrere Wochen wunderschön blühen, und das in fast allen Blütenfarben. Sie können mittlerweile auch Topf-Rosen in der XXL-Blütengröße erwerben. Hier hat sich in den letzten Jahren sehr viel getan. Meistens halten die Rosen nur eine Saison. Eine Weiterpflege lohnt in der Regel nicht und gelingt auch nicht leicht. Topf-Rosen sind im Prinzip die länger haltende Alternative zu einem Rosenstrauß. Sie werden von Januar bis Dezember angeboten.

Standort Rosen sind Sonnenkinder und das auch auf der Fensterbank. In der prallen Sonne sollten sie aber nicht platziert werden. Luftig darf es sein, stehende Luft ist ungünstig. Gerne werden sie während der warmen Monate auf Balkon und Terrasse in die Sommerfrische geschickt. Wenn Sie versuchen wollen, die Pflanzen zu überwintern, dann suchen Sie einen kühlen, hellen Raum um 5 °C. Einige Sorten können in den Garten gesetzt werden und überstehen auch unsere Winter, viele jedoch tun das nicht.

BLÜTENFARBE

auch mehrfarbig, ungefüllt bis stark gefüllt

BLÜTEZEIT

Jan	Feb	März	April	Mai	Juni	Juli	Aug	Sept	Okt	Nov	Dez

Rosa 'Sofia Forever®'

Rosa 'Lavender Kordana®'

Rosa 'Sunbeam Kordana®'

Rosa 'Pompei Forever®'

Rosa 'Corfu Forever®'

Rosa 'Bonny Kordana®'

Rosa 'Dark San Remo Forever®'

Rosa 'Amore Kordana®'

Rosa 'Vanille Kordana®'

Gießen Achten Sie auf gleichmäßige Bodenfeuchte. Ballentrockenheit und Staunässe werden nicht vertragen. Gießen Sie immer über den Untersetzer. Wasser, das nach spätestens zehn Minuten noch nicht aufgesogen wurde, muss aus dem Untersetzer entfernt werden. Steht das Wasser länger als zehn Minuten im Untersetzer kann es zu Wurzelschäden kommen. Von November bis Februar trockener halten.

Nährstoffbedarf Mäßig; bei einer Überwinterung von September bis Februar nicht düngen.

Probleme Blattläuse, Spinnmilben, Weiße Fliege, Mehltau

Umtopfen, wenn nötig im Februar/März

Tipp Verblühtes sollte man regelmäßig entfernen.

Vermehrung Stecklinge im April und Mai

Ruellien zieren auch durch schönes Laub

Violettrote Form

Weiß blühende Sorte

Ruellie

Ruellia devosianus (syn. *Dipteracanthus devosianus*)

Höhe 10–20 cm
hängend bis 30 cm

Die zahlreichen, nur kurzlebigen Blüten der Ruellie in Weiß, Rosa, Rot und Violett bringen besonders im November und Dezember Farbe auf die Fensterbank. Sie können die Pflanze als kleinen Busch ziehen oder in einer Ampel herabhängen lassen. Im Handel angebotene Pflanzen sind meist mit Hemmstoffen behandelt, daher lässt das kompakte Wachstum auf der Fensterbank nach. Eine empfehlenswerte Verwandte ist *R. makoyana* mit schönen lila gefärbten Blattunterseiten.

Standort Hell bis halbschattig, direkte Sonne wird nicht vertragen. Ganzjährige Zimmertemperaturen und eine hohe Luftfeuchte sind erwünscht.

Gießen Mäßig feucht halten und zimmerwarmes, weiches Wasser verwenden.

Nährstoffbedarf Von März bis August gering; in der übrigen Zeit noch schwächer düngen.

Probleme Blattrollen bei zu trockener Luft, Weiße Fliege

Umtopfen, wenn nötig im Februar/März

Tipps Verwenden Sie durchlässiges Substrat. Ein Rückschnitt fördert die Verzweigung.

Vermehrung Kopfstecklinge Ende Febr. – April

BLÜTENFARBE

BLÜTEZEIT

Jan	Feb	März	April	Mai	Juni	Juli	Aug	Sept	**Okt**	**Nov**	**Dez**

Usambaraveilchen

Weiße Sorten

Hellblaue Form

Weinrote Sorte

Usambaraveilchen

Saintpaulia ionantha

○	◐	Höhe 5–20 cm	pflegeleicht

Das Usambaraveilchen ist ein Klassiker. Das zeigt schon die Vielfalt an verschiedenen Sorten in fast allen Farben. Auch mehrfarbige, mit großen und kleinen Blättern sowie gefüllt blühende Typen und Miniformen kann man finden.

Standort Hell bis halbschattig, auf keinen Fall pralle Sonne. Lufttemperaturen unter 18 °C und plötzliche Temperaturschwankungen muss man vermeiden.

Gießen Mäßig und regelmäßig gießen, der Ballen soll nicht vernässen. Nie dürfen Herz oder Blätter begossen oder besprüht werden. Temperiertes und weiches Wasser verwenden.

Nährstoffbedarf In der Blütezeit mäßig; danach schwach düngen.

Erde Substrat mit pH-Wert 5,5 bis 6,5

Probleme Fäulnis bei zu nasser Pflege, Blattflecken bei sonnigem Stand oder Benetzung der Blätter mit kaltem Wasser; Weichhautmilben, Blattläuse, Blütenthripse

Umtopfen, wenn nötig im Frühjahr oder Sommer

Tipp Welke Blätter oder Blüten regelmäßig vorsichtig herausziehen, nicht abschneiden.

Vermehrung Blattsteckl. mit Blattstiel von 1 bis 2 cm, Teilung bei mehrtriebigen Sorten

BLÜTENFARBE

auch mehrfarbig, ungefüllt und gefüllt

BLÜTEZEIT

Jan	Feb	März	April	Mai	Juni	Juli	Aug	Sept	Okt	Nov	Dez

Spaltblume

Spaltblume, Bauernorchidee

Schizanthus × wisetonensis

Höhe 20–30 cm | pflege-leicht

Die Spaltblume ist einjährig, stirbt also nach der Blüte ab. Der kompakte Wuchs wurde meist durch die Behandlung mit Hemmstoffen erreicht und kann sich auf der Fensterbank verlieren.

Standort Die Spaltblume kommt an einem sonnigen oder hellen Platz unter 15 °C zurecht. In den warmen Monaten kann man sie an einen geschützten Platz im Freien stellen. Die Überwinterung von Herbstaussaaten erfolgt bei 5 bis 10 °C.

Gießen Achten Sie auf gleichmäßige Bodenfeuchtigkeit. Ballentrockenheit und Staunässe sind zu vermeiden. Die Blätter sollten beim Wässern nicht benetzt werden.

Nährstoffbedarf mäßig bis hoch

Erde Blumenerde mit pH-Wert 6 bis 6,5

Probleme Fäulnis durch nasse Blätter möglich; Weiße Fliege; Grauschimmel

Tipps Verblühtes wird regelmäßig ausgeputzt. Wenn nach der Blüte zurückgeschnitten wird, kommt es zu einer Nachblüte.

Vermehrung Aussaat im August/Sept. für Frühjahrsblüte, Febr./März für Sommerblüte

Weiterer Name Orchidee des kleinen Mannes

BLÜTENFARBE

auch gefleckt oder geadert

BLÜTEZEIT

Jan | Feb | März | **April** | **Mai** | **Juni** | **Juli** | **Aug** | **Sept** | **Okt** | Nov | Dez

Helmkraut

Helmkraut

Scutellaria costaricana

Rot blühende Sorte

Höhe
30–50 cm

Die Blütenähren mit gelbem Schlund entwickeln sich am Ende der Triebe. Es ist ratsam alle zwei bis drei Jahre neue Pflanzen aus Stecklingen heranzuziehen, da ältere Pflanzen nur noch wenig schön aussehen. Angebotene Pflanzen sind meist mit Hemmstoffen behandelt und verlieren auf der Fensterbank ihren kompakten Wuchs.

Standort Suchen Sie einen luftigen, hellen Platz ohne pralle Sonne. Zimmertemperaturen sind rund ums Jahr gewünscht, im Winter auch etwas tiefere, aber nie unter 15 °C.

Gießen Hoher Wasserbedarf, daher auf gleichmäßige Bodenfeuchte achten. Ballentrockenheit und Staunässe vermeiden.

Nährstoffbedarf Gering; von September bis Februar schwach düngen.

Probleme Blattläuse, Spinnmilben, Weiße Fliege, Blütenthripse; Verlust der unteren Blätter bei zu trockener Luft

Umtopfen, wenn nötig im Frühjahr

Tipps Triebe nicht entspitzen, weil dadurch die Blüten am Triebende entfernt würden. Verblühte Blütenstände regelmäßig entfernen.

Vermehrung Stecklinge bei 20 bis 25 °C Bodenwärme von Frühjahr bis Spätsommer

BLÜTENFARBE

mit gelbem Schlund

BLÜTEZEIT

Jan *Feb* *März* *April* ***Mai*** ***Juni*** ***Juli*** *Aug* *Sept* *Okt* *Nov* *Dez*

Gloxinie

Gloxinie

Sinningia-Cultivars

Rosa Sorte mit dunklem Auge

Höhe 20–30 cm

Gloxinien sind ein echter Blickfang auf der Fensterbank oder im Wintergarten. Die angebotenen Sorten sind durch umfangreiche Züchtungsarbeiten entstanden, die auf *S. speciosa* zurückgehen. Gelegentlich werden noch *S. cordinalis* und *S. canescens* verkauft.

Standort Ein heller, halbschattiger, luftfeuchter Platz ohne Zugluft bei 18 bis 24 °C ist optimal. Nach dem Abblühen zieht die Pflanze ein. Nach dem vollständigen Einziehen nehmen Sie die Knollen aus der Erde und überwintern sie trocken und bei etwa 15 °C in Erde. Mit beginnendem Neuaustrieb werden sie geputzt und neu getopft. Sparsam angießen und 18 bis 20 °C warm stellen. Lassen Sie nur ein bis zwei Neutriebe stehen, die restlichen werden ausgeknipst. Diese Überwinterung ist bei noch jungen Pflanzen schwierig, da die Knollen noch zu klein sind. Es empfiehlt sich, sie vorsichtig zu kultivieren oder am besten jährlich neu zu besorgen.

Gießen Vom Austrieb bis zur Abblüte auf gleichmäßige Bodenfeuchte achten. Kalkarmes, zimmerwarmes Wasser verwenden. Nach der Blüte (während die Pflanze einzieht) Wassergaben reduzieren und schließlich einstellen.

BLÜTENFARBE

auch mehrfarbig, ungefüllt und gefüllt

BLÜTEZEIT

Jan	Feb	März	April	Mai	Juni	Juli	Aug	Sept	Okt	Nov	Dez

Rot-weiße Sorte

Gloxinie, rote Sorte

Gefüllte Sorte der Gloxinie

Nährstoffbedarf Während der Knospen- und Blütezeit mäßig; danach nicht mehr düngen.
Erde humose Blumenerde
Probleme Stängelfäule durch zu kaltes Gießwasser und nasse Erde; Blattläuse, Blütenthripse
Tipps Gloxinien dürfen nicht besprüht werden, das führt zu Flecken auf den Blättern und Blüten. Überwinternde Exemplare kommen von Juni bis August zur Blüte.
Vermehrung Aussaat

Korallenstrauch mit unreifen grünen und gelben und reifen roten Beeren

Korallenstrauch braucht viel Wasser

Korallenstrauch

Korallenstrauch, Korallenbäumchen

Solanum pseudocapsicum

Höhe 20–30 cm

Der Korallenstrauch wird wegen seines Fruchtschmuckes geliebt, die Blüte ist unscheinbar weiß. Die Früchte halten an einem 8 bis 10 °C warmen Platz länger als bei Zimmertemperaturen. Im Angebot sind auch schöne Sorten mit weißbunten Blättern. Der Korallenstrauch enthält giftige Substanzen.

Standort Sonnig und hell. Für einen guten Fruchtansatz der Pflanze im Sommer am besten einen Platz im Freien geben. Im Winter bei 6 bis 8 °C an einem hellen Platz pflegen.

Gießen Hoher Wasserbedarf, in der Ruhezeit von November bis Februar nur leicht feucht halten. Ballentrockenheit jedoch vermeiden.

Nährstoffbedarf Hoch, ab Herbst Düngung einstellen.

Schädlinge Blattläuse, Spinnmilben und Weiße Fliege

Umtopfen, wenn nötig im Frühjahr in kräftige, lehmhaltige Substrate

Tipp Ab Februar können die Triebe zurückgeschnitten, die Pflanze umgetopft und wärmer gestellt werden, das regt den Neuaustrieb an.

Vermehrung Aussaat im März/April, Jungpflanzen zweimal einspitzen, um einen buschigen Wuchs zu bekommen.

FRUCHTFARBE

FRUCHTZEIT

Jan	Feb	März	April	Mai	Juni	Juli	Aug	Sept	Okt	Nov	Dez

Einblatt

Auch die Blätter zieren.

Einblatt, Blattfahne

Spathiphyllum-Arten und -Hybriden

Höhe 40–60 cm (80 cm) | pflegeleicht

Eine anmutige, aber bescheidene Pflanze ist das Einblatt. Es kommt auch noch an dunkleren Plätzen gut zurecht und ist sogar im Winter mehr oder weniger unempfindlich gegen trockene Zimmerluft. Geben Sie ihr einen Einzelplatz, damit die hoch über den Blättern stehenden, von einem strahlend weißen Hüllblatt umgebenen Blütenkolben schön zur Geltung kommen. Im Handel findet man meist Sorten und Hybriden von *S. floribundum* und *S. wallisii*. Achtung: Enthält giftige Substanzen.

Standort Suchen Sie einen halbschattigen, auch schattigen und luftfeuchten, Platz. Direkte Sonne unbedingt vermeiden. Das Einblatt steht rund ums Jahr im Zimmer, auch im Winter nicht unter 16 °C.

Gießen Mäßig, aber regelmäßig mit möglichst weichem Wasser. Ballentrockenheit und Staunässe sind zu vermeiden. Öfter besprühen.

Nährstoffbedarf Mäßig; von November bis Februar sehr schwach düngen.

Probleme Zu viele Nährstoffe verursachen braune Blattspitzen; Schildläuse.

Umtopfen, wenn nötig im Februar/März in humusreiches Substrat mit pH-Wert um 5,5

Vermehrung Teilung beim Umtopfen, Aussaat

BLÜTENFARBE

BLÜTEZEIT

wird im Handel ganzjährig blühend angeboten

Jan | Feb | **März** | **April** | **Mai** | **Juni** | **Juli** | **Aug** | **Sept** | Okt | Nov | Dez

Kranzschlinge

Kranzschlinge

Stephanotis floribunda

Höhe bis 2 m – je nach Kletterhilfe

Die Kranzschlinge zählt zu den duftenden Zimmerpflanzen. Sie braucht ein Topfspalier und wird oft an einem Drahtkreis gezogen.

Standort Hell, ohne direkte Sonne bei Zimmertemperaturen. Im Winter bei 12 bis 15 °C pflegen. Frische Luft ist erwünscht.

Gießen Während der Wachstumsperiode reichlich wässern, aber Staunässe und Ballentrockenheit unbedingt vermeiden. Ab und zu mit Wasser besprühen, Blüten dabei aussparen. Im Winter wenig gießen.

Nährstoffbedarf Mäßig; ab September bis Ende Februar nicht düngen.

Probleme Blattläuse und Spinnmilben im Winter bei zu warmem und trockenem Platz, außerdem Schildläuse; bei zu dunklem Standort lange Triebe und schwache Blüte

Umtopfen, wenn nötig zu Austriebsbeginn im Februar/März

Tipp Der Topf sollte nicht gedreht werden. Bei einem Standortwechsel, sogar nur einem Drehen, können Blüten und Blätter abgeworfen werden. Daher „Lichtmarke“ am Topf anbringen.

Vermehrung Triebstecklinge mit einem Blattpaar bei etwa 25 °C Bodenwärme

BLÜTENFARBE

BLÜTEZEIT

Jan	Feb	März	April	**Mai**	**Juni**	**Juli**	**Aug**	**Sept**	Okt	Nov	Dez

Drehfrucht, blau-weiße Sorte

Drehfrucht, rosa Sorte

S. saxorum

Drehfrucht, Kapprimel

Streptocarpus-Cultivars

Höhe 15–25 cm

Zur Blütezeit schmückt sich die Drehfrucht mit zahlreichen, gestielten, eleganten Blüten, die von weitem an Orchideenblüten erinnern. Es gibt großblumige Sorten und solche mit kleinen Blüten, teilweise mit schön gemustertem Schlund. Der Name dieser Schönheit kommt daher, dass sich aus den Blüten spiralig gedrehte Samenkapseln entwickeln. Interessant für die Ampelbepflanzung sind die blau blühenden *S. caulescens*, *S. saxorum* und *S. kirkii* mit ihren überhängenden Trieben.

Standort Hell oder halbschattig, luftig, ohne pralle Sonneneinstrahlung. In der Hauptwachstumszeit sind Zimmertemperaturen (auch höher) gewünscht. Von November bis Februar bei 12 bis 14 °C pflegen.

Gießen Auf gleichmäßige Bodenfeuchte ist zu achten. Ballentrockenheit oder Staunässe werden nicht vertragen. Weiches, zimmerwarmes Wasser verwenden. In der Ruhephase sehr vorsichtig von unten wässern.

Nährstoffbedarf Gering; von November bis Februar nicht düngen.

Schädlinge Blattläuse, Spinnmilben, Thripse

Umtopfen, wenn nötig im Februar/März

Vermehrung Blattstecklinge, Aussaat

BLÜTENFARBE

auch mehrfarbig

BLÜTEZEIT

Jan Feb März **April Mai Juni Juli Aug Sept** Okt Nov Dez

Blüten der Pavonie

Pavonie

Triplochlamys multiflora (syn. *Pavonia multiflora*)

Höhe 40–150 cm

Die Pavonie hat wunderschöne Blüten mit kräftig roten Kelchblättern, purpurvioletten Kronblättern, rosa Narbe und blauen Staubblättern. Sie ist selten im Handel, da eine Massenvermehrung schwierig ist. Der kompakte Wuchs wird durch Hemmstoffe erreicht. Wenn die Wirkung nachlässt, kommt es daher zu einem unschönen sparrigen Wuchs, dafür sind aber ständig Blüten vorhanden.

Standort Sonnig bis hell, warm und mäßig luftfeucht sollte es sein. Auch im Winter darf das Thermometer nicht unter 15 °C fallen. Trockene Heizungsluft wird gut vertragen, nur bei sehr trockener Luft kommt es zu verstärktem Blattfall.

Gießen Mäßig wässern, Ballentrockenheit vermeiden. Staunässe wird nicht vertragen.

Nährstoffbedarf Mäßig; von September bis Februar schwach düngen.

Schädlinge Spinnmilben, Blattläuse

Umtopfen, wenn nötig im Frühjahr

Tipps Nach Rückschnitt trocken halten, bis der Neuaustrieb beginnt. Bei hellen Standorten ist ganzjährig eine Blüte möglich.

Vermehrung Kopfstecklinge, Frühjahr bis August

BLÜTENFARBE

BLÜTEZEIT

Jan Feb März April Mai Juni Juli Aug Sept Okt Nov Dez

Zimmerkalla

Zimmerkalla, Kalla, Calla

Zantedeschia aethiopica

Höhe bis 50 cm | anspruchsvoll

Gelbe Sorte

Der Zierwert der Zimmerkalla entsteht durch die meist makellos gefärbten Hochblätter, die den Blütenkolben umgeben. Anders werden die Sorten der knollenbildenden Arten (*Z. rehmannii* und *Z. elliottiana*) behandelt. Sie haben gelbe, orange, rosa und purpurne Hochblätter oder schlankere Blüten, es gibt auch Typen mit weiß-grünen oder gelb-grünen Blättern. Sie ruhen im Winter und blühen dann im Sommer. Die Pflanzen enthalten giftige Substanzen.

Standort Sonnig bis halbschattig, ohne pralle Mittagssonne. Nach der Blüte folgt eine strikte warme, trockene Ruhezeit von Mitte Mai bis Mitte Juli. Dabei Verlust fast aller Blätter. Ohne Ruhezeit gibt es keine Blüten! Nach 8 Wochen beginnt der Neuaustrieb und *Z. aethiopica* bekommt wieder mehr Wasser. Von Oktober bis Dezember bei 8 bis 12 °C pflegen, während der Blütezeit wärmer stellen. Die knollenbildenden Zimmerkalla in der winterlichen Ruhephase bei 15 °C trocken lagern.

Gießen Viel wässern, in der Ruhezeit trocken.

Nährstoffbedarf Hoch; in der Ruhezeit nicht

Schädlinge Spinnmilben

Umtopfen, wenn nötig Nach der Ruhezeit die Rhizome oder Knollen putzen und neu topfen.

BLÜTENFARBE

Z. aethiopica mit weißen, bei *Z. rehmannii* und *Z. elliottiana* gelben, orangefarbenen, rosa oder purpurnen Hochblättern

BLÜTEZEIT

Jan Feb März April Mai Juni Juli Aug Sept Okt Nov Dez

Phalaenopsis

Orchideen

Orchideen verkörpern wie kaum eine andere Pflanzengruppe Exotik und Extravaganz. Sie sind eine der artenreichsten Pflanzenfamilien, man kennt fast 36 000 Naturformen, zu denen mittlerweile über 150 000 Hybriden von Züchtern dazugekommen sind. Die Schönheit und die ungeheure Vielfalt sind Gründe für die Beliebtheit dieser Blumen. Früher war die Kultur nur wenigen, wohlhabenden Liebhabern vorbehalten. Heute ist das zum Glück nicht mehr so.

Die Phalaenopsis gehört zu den beliebtesten Zimmerpflanzen überhaupt. Und das zu Recht. Vereint sie doch exquisite Schönheit mit Pflegeleichtigkeit. Daher kann sie selbst von Anfängern erfolgreich gepflegt werden.

Bizarre, ungewöhnliche Blüten sind das Kennzeichen der Orchideen. Sie bestehen aus drei äußeren Blütenblättern und drei inneren, von denen eines die typische Lippe formt. Sie dient als Landeplatz für die Blütenbestäuber. Wussten Sie, dass Orchideen in der Natur von Fliegen, Bienen, Schmetterlingen und sogar von Kolibris bestäubt werden?

Vuylstekeara-Hybriden werden oft unter dem Namen *Cambria* angeboten.

Cambria; Oncidium

Mehrgattungs-Hybriden von *Odontoglossum, Oncidium, Miltonia* und anderen; *Oncidium*

Höhe
30–150 cm

Unter *Cambria* werden Mehrgattungs-Hybriden im Handel angeboten. Während die Elternarten oft heikel in der Kultur sind, lassen sich diese Hybriden einfach auf der Fensterbank halten. Einige werden recht groß und brauchen viel Platz, entschädigen aber durch eine unglaubliche Formen- und Farbvielfalt. Oncidien (*Oncidium*) sind beliebte Orchideen, die durch oft zahlreiche, aber kleinere Blüten bestechen.

Standort Halbschattig. Von November bis Februar bei etwa 12 °C nachts und bis 18 °C tagsüber. Im Sommer können die Temperaturen etwas höher sein; dann auch gerne draußen. Dabei auf eine Schattierung gegen Sonnenbrand achten.

Gießen Mäßig feucht halten, während der Wachstumsphase regelmäßig durchdringend gießen. Kein Wasser im Untersetzer stehen lassen, sonst faulen die Wurzeln!
Wenn die Pflanze blüht, kann weniger gegossen werden.

Nährstoffbedarf Gering, aber regelmäßig; Orchideen-Dünger verwenden. Während der Blütezeit etwas sparsamer, da auch weniger gegossen wird.

Erde mittelfeiner Orchideen-Pflanzstoff

BLÜTENFARBE

auch gefleckt und mehrfarbig

BLÜTEZEIT

Jan Feb **März** **April** Mai Juni Juli Aug **Sept** **Okt** Nov Dez

Odontioda Keighleyensis wird auch unter *Cambria* gehandelt.

Eine gelbe Oncidie (*Oncidium viperinum*)

Rossioglossum grande, eine Naturform, die auf der Fensterbank gepflegt werden kann.

Schädlinge Woll- und Schildläuse
Umtopfen Etwa alle zwei Jahre, wenn sich der neue Trieb zeigt.
Vermehrung Teilung

Odontoglossum Wössner Corona wird wie *Cambria* gepflegt.

Cattleya-Hybride (*Labiata*-Gruppe)

Laeliocattleya Chit Chat 'Tangerine', eine zweiblättrige Cattleye

Laeliocattleya Tokyo Magic, eine zweiblättrige Cattleye

Laeliocattleya Alma Kee, eine einblättrige Cattleye

Cattleye

Cattleya

Höhe 20–100 cm

Gekreuzt wurde vor allem mit den Gattungen *Laelia*, *Brassavola*, *Epidendrum* und *Sophronitis*. Für die Fensterbank und Anfänger sind am besten die bifoliaten (zweiblättrigen) Cattleyen und deren Hybriden geeignet. Ihre Blüten sind kleiner, aber zahlreicher als die ihrer unifoliaten (einblättrigen) Verwandten, der *Cattleya-Labiata*-Typen. Ruhezeit ist von Nov. bis Febr.

Standort Hell, in den warmen Monaten auch gerne draußen. Von Juni bis August sind tags 22 °C und nachts um 18 °C gewünscht. Im September und Oktober sowie April und Mai tags etwa 20, nachts bei 14 °C. Und schließlich von November bis März tags 18 und nachts 12 °C.

Gießen Mäßig feucht bis leicht trocken halten. Staunässe vermeiden. Wasser im Untersetzer nach spätestens 5 Minuten abgießen. Regenwasser oder entkalktes Wasser verwenden.

Nährstoffbedarf Gering, aber regelmäßig; Orchideen-Dünger verwenden; im November bis Februar noch sparsamer.

Erde grober Pflanzstoff auf Rindenbasis

Schädlinge Schild- und Wollläuse

Umtopfen Alle 2 Jahre, wenn im Frühjahr die ersten Wurzelspitzen am Neutrieb kommen.

Vermehrung Teilung

BLÜTENFARBE

gestreift, gepunktet und mehrfarbig

BLÜTEZEIT

Jan | Feb | **März** | **April** | **Mai** | Juni | Juli | Aug | **Sept** | **Okt** | **Nov** | **Dez**

Cymbidium Shell Pearl

Cymbidium Valley Vampire 'Blood'

Cymbidium Maureen Carter 'Golden Lucky'

Cymbidium Sandridge Serene

Cymbidie

Cymbidium

Höhe 20–150 cm

Die Haltbarkeit der Cymbidien-Blütenrispen ist legendär und macht die Pflanzen zu guten Schnittblumen. Ruheperiode ist nach der Blüte.

Standort Hell, von Mitte Mai (nach den Eisheiligen) bis Anfang Oktober auch draußen, was die Blühwilligkeit positiv beeinflusst. Von Mai bis Oktober sind tags 20 °C und nachts um 14 °C gewünscht. Im November und März/April tags bei 18, nachts bei 12 °C. Von Dezember bis Februar tags 15 und nachts 8 °C.

Gießen Mäßig feucht bis leicht trocken halten. Wenn Sie wässern, dann geben Sie so viel Wasser, dass es aus dem Topf herausläuft. Da Staunässe nicht vertragen wird, muss man Wasser im Untersetzer nach spätestens fünf Minuten abgießen. Regenwasser verwenden.

Nährstoffbedarf Für Orchideen sehr hoch, bei jedem Gießen Orchideen-Dünger geben. In der Ruhezeit, während und drei bis vier Wochen nach der Blüte sparsamer gießen und düngen.

Erde Orchideen-Pflanzstoff

Schädlinge Spinnmilben und Thripse

Umtopfen Etwa alle zwei Jahre, wenn sich im Frühjahr die ersten Wurzelspitzen am Neutrieb bilden.

Vermehrung Teilung, Rückbulben

BLÜTENFARBE

auch mehrfarbig

BLÜTEZEIT

Jan ***Feb*** *März* *April* *Mai* *Juni* *Juli* *Aug* *Sept* *Okt* ***Nov*** ***Dez***

Dendrobium nobile

Dendrobium Stardust (*Nobile*-Gruppe)

Dendrobium Christmas Cheer (*Nobile*-Gruppe)

Dendrobie

Dendrobium

Höhe 30–60 cm

Die Arten und Hybriden um *D. nobile* gehören mit zu den Anfänger-Orchideen. Neben den oben genannten Hybriden sind die *D.-Phalaenopsis*-Hybriden ebenfalls weit verbreitet. Ruhezeit ist nach der Blüte.

Standort Hell, pralle Mittagssonne ist zu vermeiden. Gerne stehen die Hybriden der kühl wachsenden Arten *(Den. nobile)* von Mitte Mai (nach den Eisheiligen) bis Anfang Oktober im Halbschatten im Garten. Von Mai bis Oktober sind tags Temperaturen von 20 °C und nachts um 14 °C gewünscht. Im November und März/April tags bei 18, nachts bei 12 °C. Und schließlich von Dezember bis Februar tags 15 und nachts 8 °C. Die Stämme verlieren im zweiten Jahr häufig die Blätter. Die kahlen Stämme sollte man nicht abschneiden, da sie häufig über mehrere Jahre blühen und ihre Kraft an die neuen Triebe weiter geben. Die wärmer wachsenden Arten um *Den. phalaenopsis* sind wie *Phalaenopsis* (Seite 132 f.) zu kultivieren, vertragen aber etwas mehr Licht.

Gießen Mäßig feucht bis leicht trocken halten, Regenwasser oder entkalktes Wasser verwenden. Wenn Sie wässern, lassen Sie das Wasser aus dem Topf herauslaufen. Da aber

BLÜTENFARBE

auch mehrfarbig

BLÜTEZEIT

Jan Feb März April Mai Juni Juli Aug Sept Okt Nov Dez

Den.-Phalaenopsis-Hybride

D. spectabile wird wie *Den.-phalaenopsis*-Hybriden gepflegt.

Dendrobium phalaenopsis

Staunässe nicht vertragen wird, muss das Wasser im Untersetzer schon nach spätestens fünf Minuten abgegossen werden.
Nährstoffbedarf Gering, aber regelmäßig, Orchideen-Dünger verwenden; im Herbst und Winter noch sparsamer.
Erde Orchideen-Pflanzstoff
Schädlinge Schild- und Wollläuse, bei den *D.-Phalaenopsis*-Hybriden auch Spinnmilben und Thripse
Umtopfen Etwa alle zwei Jahre, wenn sich im Frühjahr die ersten Wurzelspitzen am Neutrieb bilden.
Vermehrung Teilung, Kindel

Den.-phalaenopsis-Hybride

Epidendrum radicans

Epidendrum stamfordianum

Encyclia cochleata heißt heute *Prosthechea cochleata.*

Epidendrum und Encyclie

Epidendrum, Encyclia

Höhe 30–150 cm | pflegeleicht

In den letzten Jahren sind viele neue, kleinwüchsige, empfehlenswerte Auslesen auf den Markt gekommen.

Standort Diese Orchideen vertragen relativ viel Licht und brauchen nur im Hochsommer (Juli bis August) eine leichte Schattierung. Die Temperatur sollte von Mai bis Oktober etwa 20 °C nachts und 25 °C tagsüber betragen. Im Winter (Dezember bis Februar), wenn das Wachstum nachlässt, reichen 14 bis 20 °C.

Gießen Während der Wachstumsphase, von April bis September, brauchen die Pflanzen viel Wasser, Staunässe muss aber vermieden werden. Von Oktober bis März wird nur wenig gegossen, gerade so, dass die Blätter und Triebe nicht schrumpfen.

Nährstoffbedarf Diese Pflanzen sind wüchsig, vor allem die so genannten Ballerina® vertragen während der Wachstumsphase bei jedem Gießen etwas Orchideen-Dünger.

Erde mittelfeiner Orchideen-Pflanzstoff

Schädlinge Schild- und Wollläuse

Umtopfen Etwa alle zwei Jahre im Frühjahr, wenn sich neue Triebe bilden.

Vermehrung Teilung oder Abtrennen von bewurzelten Seitentrieben (Kindel)

BLÜTENFARBE

auch mehrfarbig

BLÜTEZEIT

Jan	**Feb**	**März**	April	Mai	Juni	Juli	Aug	Sept	Okt	**Nov**	**Dez**

Miltoniopsis-Hybride

Stiefmütterchen-Orchidee

Miltoniopsis

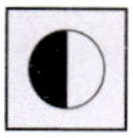

Höhe 20–30 cm

Orchideenzüchter haben uns viele wunderschöne Formen geschenkt, die gut auf der Fensterbank gepflegt werden können. Ähnlich zu pflegen sind die Hybriden der Gattung *Miltonia*. Für die Naturformen gilt das meist nicht.

Standort Hell, im Sommer auch draußen. Von Juni bis August tags 22 °C und nachts um 18 °C. Im September/Oktober und April/Mail tags bei 20, nachts bei 14 °C. Von November bis März tags 18 und nachts 12 °C.

Gießen Pflegen Sie die Pflanze bei mäßiger Feuchtigkeit, aber nicht zu trocken. Regenwasser oder entkalktes Wasser verwenden. Staunässe vermeiden, Wasser im Untersetzer nach 5 Minuten abgießen. Blätter nicht benässen, anfällig für Blattflecken. Die Luftfeuchte muss ausreichend hoch sein (60 bis 70 %), sonst kommt es zu Ziehharmonikawuchs an den Blättern.

Nährstoffbedarf Gering, aber regelmäßig Orchideen-Dünger verwenden; im Herbst und Winter noch sparsamer.

Erde feiner Orchideen-Pflanzstoff

Schädlinge Spinnmilben, Weiße Fliege, Thripse

Umtopfen Alle 2 Jahre im Frühjahr, wenn sich die ersten Wurzelspitzen am Neutrieb bilden.

Vermehrung Teilung

BLÜTENFARBE

auch mehrfarbig, mit Zeichnung auf der Lippe

BLÜTEZEIT

Jan Feb März April Mai Juni Juli Aug **Sept** **Okt** **Nov** Dez

Paphiopedilum Harrisianum

Venusschuh, Frauenschuh

Paphiopedilum

		Höhe 20–50 cm	anspruchs-voll

P. conco-bellatulum

Man unterteilt in zwei große Pflegegruppen: kühl und warm-temperiert. Trotzdem kann man keine allgemein gültige Kulturanleitung geben. Erkundigen Sie sich beim Kauf zusätzlich bei Ihrem Gartenfachgeschäft.

Standort Hell oder halbschattig. Die kühl zu pflegenden Paphiopedilen wünschen von März bis Oktober tags 20 °C und nachts um 14 °C. Im Nov. und Febr. tags um 18, nachts um 12 °C. Die warm-temperiert zu pflegenden Venusschuhe brauchen von April bis September 22 °C tags und 18 °C nachts und während der übrigen Monate 20 °C am Tag und 14 °C in der Nacht.

Gießen Mäßig feucht bis leicht trocken halten. Mit Regenwasser gießen. Paphiopedilen kommen sogar mit etwas kalkhaltigem Leitungswasser zurecht. Staunässe wird aber nicht vertragen, daher Wasser im Untersetzer schon nach spätestens fünf Minuten abgießen. Aber auch Trockenheit ist ungünstig.

Nährstoffbedarf Gering, mit Orchideen-Dünger; im Herbst/Winter etwas sparsamer

Erde feiner Orchideen-Pflanzstoff

Umtopfen Etwa alle zwei Jahre im Frühjahr, wenn sich seitlich ein neuer Trieb bildet.

Vermehrung Teilung

BLÜTENFARBE

auch mehrfarbig

BLÜTEZEIT

Jan	**Feb**	März	April	Mai	Juni	Juli	Aug	Sept	**Okt**	**Nov**	**Dez**

Phragmipedium-Hybride

Phragmipedium besseae

Phragmipedium Hanne Popow

Phragmipedium Hanne Popow × Mem. Dick Clements

Amerikanischer Venusschuh

Phragmipedium

Höhe 20–80 cm

Frauenschuh-Orchideen aus Süd- und Mittelamerika sind erst seit einigen Jahren regelmäßig erhältlich. Sie ähneln sehr ihren Verwandten aus Indien und Südostasien, den Paphiopedilen. Eine Anfang der 1980er Jahre entdeckte Art, *Phrag. besseae*, besticht durch leuchtend rote Blüten, eine Farbe, die sie auch an ihre Hybriden weitervererbt.

Standort Brauchen mehr Licht und Feuchtigkeit als Paphiopedilen (links). Von Mai bis September sollte man leicht schattieren, damit die Blätter keinen Sonnenbrand bekommen.

Gießen In der Wachstumszeit immer Wasser im Untersetzer stehen lassen. Auch im Winter kann reichlicher als *Paphiopedilum* (links) gegossen werden.

Nährstoffbedarf Von Mai bis September relativ viel Orchideen-Dünger geben, da große, lange Blätter ausgebildet werden. Während der Blüte weniger Dünger geben, im Dezember und Januar nur mit Wasser gießen.

Erde feiner Orchideen-Pflanzstoff

Schädlinge Schild- und Wollläuse, Spinnmilben

Umtopfen alle 2 bis 3 Jahre im Frühjahr

Vermehrung Teilung

BLÜTENFARBE

auch mehrfarbig

BLÜTEZEIT

Jan *Feb* *März* *April* *Mai* *Juni* *Juli* *Aug* *Sept* *Okt* *Nov* *Dez*

Phalaenopsis Everspring Light

Phalaenopsis

Phalaenopsis

○	◐	Höhe 10–80 cm	pflegeleicht

Wohl 90 % aller verkauften Orchideen sind Phalaenopsen. Wenn Sie noch nie etwas mit Orchideen zu tun hatten, dann ist die *Phalaenopsis* eine gute Wahl. Es gibt zahlreiche Hybriden und Sorten in fast allen Farben, da ist für jeden die richtige dabei. Da die Blütenstände überhängen, eignet sich diese Orchidee auch für eine Ampelbepflanzung.
Leider sind Phalaenopsen zu einer Art Massen- und Wegwerf-Orchidee geworden. Und nicht immer erhalten Sie Pflanzen von guter Qualität. Kaufen Sie daher am besten in einem guten Fachgeschäft oder Blumenladen ein und erkundigen Sie sich beim Verkäufer nach der Herkunft.

Standort Ein heller bis halbschattiger Platz wird gewünscht. Von April bis August sind tags Temperaturen von 25 °C und nachts um 20 °C gewünscht. Während der übrigen Monate 22 °C am Tag und 18 °C in der Nacht.

Gießen Verwenden Sie, wenn möglich, Regenwasser. Halten Sie die Pflanze zwischen mäßiger Feuchtigkeit und leichter Trockenheit. Wenn Sie gießen, dann lassen Sie Wasser aus dem Topf herauslaufen. Staunässe ist aber auf jeden Fall zu vermeiden, daher muss das Was-

BLÜTENFARBE

auch mehrfarbig, gestreift oder gepunktet

BLÜTEZEIT

Jan	Feb	März	April	Mai	Juni	Juli	Aug	Sept	Okt	Nov	Dez

Phalaenopsis Little Emperor 'Orange'

Phalaenopsis Zuma Pixie

Phalaenopsis schilleriana

Phalaenopsis Carmelas Pixie × Tai Bei Chow

Phalaenopsis-Hybride

Phalaenopsis-Hybride

ser im Untersetzer schon nach spätestens fünf Minuten abgegossen werden. Trockenheit ist ungünstig. Auf hohe Luftfeuchtigkeit achten.
Nährstoffbedarf Gering, aber regelmäßig, bei jedem wöchentlichen Gießen Orchideen-Dünger nach Packungsanweisung verwenden; im Herbst und Winter noch sparsamer.
Erde grober Orchideen-Pflanzstoff
Probleme Schild- und Wollläuse. Wenn trotz vieler Luftwurzeln die Pflanze locker im Topf sitzt, deutet das auf Wurzelschäden durch zu viel Gießen oder altes, verrottetes Substrat hin.
Umtopfen Etwa alle zwei Jahre im Frühjahr, wenn sich im Herz ein neues Blatt zeigt.
Tipp Wischen Sie die Blätter immer einmal wieder mit einem feuchten Lappen ab. Das tut der Pflanze gut und bringt die Blätter zum Glänzen.
Vermehrung Nur durch Samen oder Gewebekultur in Speziallabors; manche Pflanzen bilden am Blütenstiel Kindel, die man abschneiden und eintopfen kann, wenn sie 3 bis 4 etwa 10 cm lange Wurzeln gebildet haben.
Weitere Namen Malaienblume, Nachtfalterorchidee

Vanda Marisaki

Ascocenda-Hybride

Ascocenda Princess Mikasa

Ascocenda-Hybride

Vandeen

Vanda, Ascocenda und verwandte Hybriden

	Höhe 20–100 cm	anspruchsvoll

Viele Hybriden dieser aus Südostasien stammenden Gattungen werden sehr groß, einige eignen sich aber durchaus für die Kultur auf der Fensterbank.

Standort Viel Licht und eine relativ hohe Luftfeuchte. Da die Wurzeln leicht faulen, kultiviert man sie in Lattenkörbchen in grobem Rindensubstrat oder ganz ohne Pflanzstoff. Die Pflanzen brauchen von April bis Oktober 20 bis 25 °C, von November bis März reichen 18 bis 22 °C.

Gießen Die Wurzeln sollte man am besten täglich besprühen oder regelmäßig (alle 3 bis 4 Tage) für eine halbe Stunde in einen Eimer Wasser stellen, damit sie sich voll saugen können. Verwenden Sie Regenwasser oder entkalktes Wasser.

Nährstoffbedarf Gering; von Juni bis November regelmäßig mit Orchideen-Dünger, im Dezember und Januar nicht düngen. Wenn die Blüten erscheinen, kann wieder etwas mehr gedüngt werden.

Schädlinge Schild-/Wollläuse, Spinnmilben

Umtopfen Entfällt bei Exemplaren ohne Pflanzstoff, sonst alle zwei Jahre im Frühjahr in ein größeres Lattenkörbchen umsetzen.

Vermehrung Lange Triebe teilen (Kopfsteckl).

BLÜTENFARBE

auch mehrfarbig

BLÜTEZEIT

Jan	**Feb**	**März**	**April**	**Mai**	Juni	Juli	Aug	Sept	Okt	Nov	Dez

Zygopetalum Luisendorf

Zygopetalum

Zygopetalum-Hybriden

Höhe 30–40 cm	anspruchs-voll

Diese Orchidee ist erst seit kurzem regelmäßig im Handel erhältlich und wird oft ohne Namen, sondern nur als Orchidee angeboten. Sie besticht durch lange haltbare, intensiv duftende Blüten mit interessanter, blauvioletter Lippenfärbung.

Standort Hell bis halbschattig. Von April bis September sollte die Temperatur 22 °C tags und 18 °C nachts und während der übrigen Monate 20 °C am Tag und 14 °C in der Nacht betragen. Eine hohe Luftfeuchtigkeit ist wünschenswert.

Gießen Regelmäßig wässern, gleichmäßig feucht halten. Am besten mit Regenwasser oder entkalktem Wasser gießen. Während der Wachstumsperiode von Frühjahr bis Herbst etwas häufiger. Wasser aus dem Untersetzer nach fünf Minuten wegschütten.

Nährstoffbedarf Gering, alle zwei Wochen dem Gießwasser etwas Orchideen-Dünger in halber Konzentration beimischen.

Erde nicht zu feiner Orchideen-Pflanzstoff

Schädlinge Spinnmilben

Tipps Regelmäßig mit entkalktem Wasser besprühen, sonst werden die Blattspitzen schwarz.

Vermehrung Teilung

BLÜTENFARBE

auch mehrfarbig

BLÜTEZEIT

Jan	Feb	März	April	Mai	Juni	Juli	Aug	**Sept**	**Okt**	**Nov**	Dez

Kroton

Blattschmuck-pflanzen

Diese Gruppe besticht durch wunderschöne Blätter und teilweise auffälligen Wuchs oder interessante Stämme. Die Züchter haben uns viele neue Blattmuster und Laubzeichnungen oder Strukturen geschenkt und ständig kommen neue ungewöhnliche oder verbesserte Formen dazu.

Unvergleichlich sind die Blätter der Königs-Begonie, mit denen es nur das Laub der Buntwurze aufnehmen kann. Dagegen kommen selbst Prachtblüher nur schwer an. Doch es gibt auch andere, unauffälligere Blattpflanzen, in die man sich erst beim zweiten Hinschauen verliebt. Beispiele sind die Punktblume und die Fittonie.

Unverzichtbar sind außerdem die Zimmerbäume, für die man zwar Platz braucht, aber die jedem Raum das besondere Extra verleihen können. Die Zimmerlinde kann an geeigneten Standorten sogar so groß werden, dass man unter ihr frühstücken kann.

Paradiesnessel

Paradiesnessel

Acalypha wilkesiana

Höhe 20–40 cm (bis 2 m)

Diese Pflanzen gefallen wegen ihrer vielseitig gefärbten und geformten Blätter grün-rot, grün-gelb, purpurrot oder grün-gelb-rot, da ist für jeden Geschmack etwas dabei. Die Blätter sind teilweise sehr dekorativ in sich verdreht oder von den Rändern her eingerollt. Die Blüten sind dagegen sehr unscheinbar. Besonders schön sieht es aus, wenn man mehrere Exemplare mit verschiedenem Laub zusammenstellt. Die Paradiesnessel enthält giftige Substanzen.

Standort Hell bis sehr hell, ohne pralle Mittagssonne. Nach den Eisheiligen kann der Strauch nach draußen ins Beet oder in Kästen und Kübel an sehr geschützte Standorte. Ganzjährig warm pflegen, im Winter nicht unter 16 °C. Höhere Luftfeuchte gewünscht.

Gießen Regelmäßig gießen, hoher Wasserbedarf. Nässe und Staunässe werden nicht vertragen. Im Winter sparsamer wässern.

Nährstoffbedarf Hoch; von Oktober bis Februar nur alle sechs Wochen düngen.

Erde durchlässige Blumenerde

Schädlinge Blatt- und Schildläuse, Spinnmilben, Weiße Fliege

Umtopfen, wenn nötig im Frühjahr

Tipp Zurückgeschnitten wird im Frühjahr.

Vermehrung Kopfstecklinge im Frühjahr

Weitere Namen Buntlaubiges Kupferblatt, Nesselschön, Nesselblatt

Ausgesprochen dekorative Blattschmuckpflanzen in vielen Farben und Formen

links gelb-grüne Sorte, rechts weiß-grüne Form

Zwergkalmus, Lakritz-Kalmus

Acorus gramineus

Höhe 10–40 cm | pflegeleicht

Obwohl diese Pflanze wie ein Zimmergras aussieht, gehört sie botanisch gesehen zur Familie der Aronstabgewächse, ist also eine Verwandte der Flamingoblume. Einige Sorten, zum Beispiel 'Albovariegatus', haben schön weißgrün gestreifte, schwertlilienartige Blätter. Andere sind reingrün oder gelbgrün. Der Zwergkalmus wird gelegentlich als Aquarienpflanze angeboten, hält dort aber selten länger aus.

Standort Ein heller bis halbschattiger Platz, ohne pralle Sonne, wird gewünscht. In den warmen Monaten auch gerne draußen. Die grünen Sorten sind winterhart, während die weiß-, gelbbunten möglichst frostfrei überwintert werden sollten, jedoch nicht wärmer als 10 bis 12 °C.

Gießen Geben Sie reichlich Wasser und lassen Sie den Erdballen nicht austrocknen! Öfter mit Wasser besprühen. Im Winter kühler pflegen, aber in jedem Fall frostfrei.

Nährstoffbedarf Gering bis mäßig; von September bis Februar nicht düngen.

Probleme Achten Sie auf genügend Wasser, es kommt bei dieser Art schnell zu Schäden wegen Trockenheit.

Erde Substrate mit schwach sauerem pH-Wert zwischen 6 und 7.

Umtopfen, wenn nötig Im März/April, Wuchsrichtung der Rhizome beachten.

Vermehrung Im Frühjahr können die Rhizome geteilt werden.

Grasartige Blattschmuckpflanze mit grünem oder grünweiß gestreiftem Laub

Kolbenfaden

Kolbenfaden

Aglaonema commutatum
und Sorten

A. 'Silver Queen'

○	◐	●	Höhe 30–60 cm	pflegeleicht

Aglaonema wird wegen ihres Blattschmuckes geliebt: oval oder lanzettlich, silbrig grüne, gelb-grüne, grün-creme oder grau-grüne Farbtöne – je nach Sorte und Art. Bei guter Pflege entwickeln die Pflanzen auch aronstabförmige Blütenstände (Kolben mit weißem Hüllblatt) im Frühjahr, später eventuell orangerote oder rote Früchte.

Schöne Sorten sind 'Silver King' mit silbriger Blattmusterung oder 'Silver Queen' in Silberweiß mit wenig Grün. Der Kolbenfaden enthält giftige Substanzen.

Standort Hell bis halbschattig, kommt sogar nach Anpassung noch mit schattigen Standorten zurecht. Die Lufttemperaturen sind zwischen 20 und 25 °C optimal, unter 16 °C sollten sie auch im Winter nicht fallen. Die Pflanzen vertragen sehr gut trockene Zimmerluft.

Gießen Regelmäßig wässern, von November bis Februar sparsamer gießen (in Abhängigkeit von der Lufttemperatur). Staunässe ist zu vermeiden.

Nährstoffbedarf Gering bis mäßig; von September bis Februar schwach düngen.

Probleme Wurzelfäule bei Staunässe; Spinnmilben, Thripse, Schild- und Wollläuse

Umtopfen, wenn nötig von Frühjahr bis Sommer

Vermehrung Kopfstecklinge von April bis August, auch Teilung vieltriebiger Exemplare

Buschförmige Blattschmuckpflanze mit Laub in verschiedenen Grün- und Silbertönen

Alocasia × amazonica

Alokasie

Alokasie

Alocasia-Arten und -Sorten

◐	Höhe 50–100 cm (2 m)	anspruchs-voll

Die Sorte 'Polly' entwickelt dunkelgrünes Laub, die Blattadern sind mit einer dicken hellen Linie hervorgehoben. 'Calidora' besitzt mittelgrüne, große Blätter, die Blattfläche ist etwas gerunzelt. Alokasien enthalten giftige (schleimhautreizende) Substanzen. Die Pflanzen ziehen im Winter ein.

Standort Die Alokasie kann im Halbschatten stehen und kommt sogar mit Schatten zurecht. Wichtig ist eine hohe Luftfeuchte, die sicher nur in einer Pflanzenvitrine (geschlossenes Blumenfenster) erreicht werden kann. Die Lufttemperatur sollte ganzjährig zwischen 20 und 25 °C liegen, im Winter bei 18 °C.

Gießen Mäßig, aber gleichmäßig wässern, nicht austrocknen lassen. Nässe und Staunässe vermeiden. Vor allem nasse Füße werden nicht vertragen. In den Wintermonaten sparsamer gießen, denn es wird eine mehr oder weniger starke Ruhephase durchgemacht.

Nährstoffbedarf Mäßig; von Oktober bis Februar nicht düngen.

Erde Lockere, stark humose Substrate, die ähnlich dem Orchideen-Substrat sein können.

Probleme Fäulnis bei Staunässe; Spinnmilben, Thripse, Weiße Fliege

Umtopfen, wenn nötig im Februar/März

Vermehrung Rhizomsprosse teilen, vor dem Topfen abtrocknen lassen, Ausläufer, Aussaat.

Weitere Namen Tropenwurz, Pfeilblatt

Blattschmuckpflanze mit teilweise eindrucksvoller Blattzeichnung und auffälligen Laubformen

Die Scheinrebe hat weiß-grün geflecktes Laub.

Scheinrebe

Ampelopsis brevipedunculata

Beeren der Scheinrebe

○	◐	Höhe bis 3 m – je nach Kletterhilfe	pflegeleicht	♣ ♣

Die Scheinrebe wird in einer Ampel oder am Topfspalier gezogen. In wintermilden Gegenden darf sie auch mit Winterschutz draußen stehen. Dort kann sie sogar schöne, blaue Früchte ansetzen, die an Liebensperlen erinnern. Meist wird die weißbunte Sorte, *A. brevipedunculata* var. *maximowiczii* 'Elegans', angeboten. Die Pflanze enthält giftige (hautreizende) Substanzen.

Standort Hell bis halbschattig, ohne pralle Mittagssonne. Im Sommer ist der beste Platz im Freien, im Winter werden auch tiefe Temperaturen zwischen 2 und 5 °C vertragen, wärmer als 12 °C sollten sie nicht stehen.

Gießen Je größer die Pflanze, desto mehr Wasser wird gebraucht. Insgesamt sollten Sie auf eine gleichmäßige Bodenfeuchte achten. Ballentrockenheit und Staunässe meiden.

Nährstoffbedarf Mäßig; von Oktober bis Februar nicht düngen.

Probleme Blattabwurf bei Staunässe, Ballentrockenheit oder Standortwechsel; Blattläuse und Spinnmilben bei zu warmem und trockenem Standort im Winter

Umtopfen, wenn nötig im Frühjahr

Vermehrung Stecklinge im Sommer

Tipp Wenn die Pflanze viele Blätter abgeworfen hat (was im Winter durchaus passieren kann), hilft ein kräftiger Rückschnitt.

Weitere Namen Jungfernrebe, Zimmerwein

Eine pflegeleichte Kletterpflanze mit weinblattähnlichem Laub in Grün und Weißgrün

Blatt-Anthurie

Blatt-Anthurie

Anthurium crystallinum

Höhe 30–60 cm

Anthurium 'Arrow' braucht eine weniger hohe Luftfeuchte.

Die Blatt-Anthurie ist eine Verwandte der Flamingoblume (Seite 38). Sie entwickelt zwar keine hübschen Blütenstände, ist aber wegen ihrer großen, herzförmigen, dunkelgrünen Blätter mit dicker, heller Aderzeichnung genauso attraktiv. Achtung: Im Pflanzensaft sind giftige, haut- und schleimhautreizende Stoffe enthalten.

Standort Ein heller bis halbschattiger Platz ist ideal. Pralle Sonneneinstrahlung wird nicht vertragen. Lufttemperaturen von 20 und mehr Grad im Sommer und 18 °C im Winter sowie eine hohe Luftfeuchte lassen die Pflanzen gut gedeihen.

Gießen Mäßiger Wasserbedarf in der Wachstumszeit, im Winter weniger gießen. Abgestandenes, möglichst weiches Wasser verwenden. Öfter besprühen, um für eine höhere Luftfeuchte zu sorgen.

Nährstoffbedarf Gering bis mäßig; im Winter schwach düngen.

Erde grob, durchlässig, sauer, pH-Wert um 5,5

Probleme Spinnmilben, Thripse, Schildläuse; Blattflecken

Umtopfen, wenn nötig Im Frühjahr, dabei untere abgestorbene Teile abschneiden.

Vermehrung kurze Stammstückchen (Stammstecklinge) bei hoher Wärme und Luftfeuchte, Teilung älterer Pflanzen, Abmoosen

Weiterer Name Kristall-Schweifblume

Attraktive, aber nicht ganz pflegeleichte Blattschmuckpflanze, die durch ihre großen, hell gezeichneten Herzblätter auffällt.

Die feinen Nadeln

Zimmertanne

Araucaria heterophylla

Zimmertanne

Höhe 1–2 m (bis 3 m)

Standort Hell, aber nicht in der Sonne. Im Sommer bietet sich sogar ein helles Nordfenster an oder im Garten ein Platz im lichten Schatten von Bäumen. Die Zimmertanne liebt kühle Räume, die auch im Winter nicht zu sehr geheizt werden. Je mehr Heizung und damit Lufttrockenheit, desto schlechter. Ab Oktober am besten 5 bis 10 °C warm stellen.

Gießen Nie austrocknen lassen, weder im Sommer noch im Winter. Je kühler der Standort, desto weniger wird gegossen. Im Winter muss meist nur sehr sparsam gegossen werden. Weiches Wasser verwenden.

Nährstoffbedarf Mäßig; im Winter nur sehr schwach düngen. Dafür verwendet man sauer wirkende Dünger (am besten Rhododendron-Dünger).

Erde gute Blumenerde mit pH-Wert um 5

Schädlinge Wollläuse, Spinnmilben

Umtopfen, wenn nötig im Frühjahr

Tipps Bei zu warmem Stand im Winter können die Wedel abfallen. Sie wachsen nicht nach. Zu groß gewordene Exemplare können gekappt werden. Eine straffe Zweigstellung weist auf günstige Standortbedingungen hin. Sind die Zweige hängend, stimmt etwas nicht.

Vermehrung Frisches Saatgut, Abmoosen, Kopfstecklinge mit einem Quirl (schwierig), störende Seitenäste dabei kürzen.

Weitere Namen Norfolktanne, Araukarie

Exquisiter Zimmerbaum für kühlere Plätze und einen Einzelplatz

Zier-Spargel

Zier-Spargel

Asparagus-Arten und Sorten

	Höhe 20–100 cm	pflegeleicht bis mittel	

Die wichtigste Sorte der Art *A. densiflorus* ist 'Sprengeri'. Sie kann stehend auf der Fensterbank oder in der Ampel gepflegt werden. Die eigentlichen Blätter sind Dornen und die scheinbaren Blättchen sind Seitensprosse. Die Pflanzen vertragen fast jede Pflege, mit Ausnahme von Ballentrockenheit und zu dunklem Stand. Eine Anfänger-Pflanze also. Bekannt sind außerdem *A.* 'Meyersii' mit steifen, katzenschwanzähnlichen Trieben und die stark wachsende, kletternde Art *A. falcatus*. Der sehr fein „benadelte" *A. setaceus* (Federspargel) kann hübsche rote Früchte entwickeln, ebenso wie *A. densiflorus*. Beide sind als Schnittgrün geeignet.

Standort Hell ohne volle Sonne mit Sommertemperaturen von etwa 20 °C und winterlichen 10 bis 12 °C. *A. densiflorus* und *A. setaceus* gedeihen im Winter auch um 15 °C noch gut.
Gießen Auf gleichmäßige Bodenfeuchte ist zu achten. Ballentrockenheit wird nicht vertragen und muss vermeiden werden. Besprühen Sie die Pflanze öfter.
Nährstoffbedarf Mäßig; in den Wintermonaten nicht düngen.
Probleme Blattläuse, Spinnmilben, Thripse; bei zu trockenem, warmem und dunklem Platz werden im Winter die Blättchen abgeworfen.
Umtopfen, wenn nötig im Februar/März
Vermehrung Teilung, Aussaat

Anfänger-Pflanzen mit filigranem Blattschmuck für Töpfe und Ampeln; *A. setaceus* und *A. falcatus* mit Klettergerüst

Schusterpalme

Schusterpalme

Aspidistra elatior

Höhe 50–70 cm | pflegeleicht

Der Name Schusterpalme kommt daher, dass diese Art so anspruchslos ist, dass sie selbst in einer Schusterwerkstatt zurechtkommt. Sie verträgt dunkle Plätze, ist unempfindlich gegenüber Staub, Temperaturschwankungen, Zugluft und Lufttrockenheit. Einzig Fußbäder und direkte Sonne werden übel genommen. Die Sorte 'Variegata' besitzt schön weißgrün gestreiftes Laub.

Standort Halbschattig bis schattig, keine direkte Sonne! Die weißgrüne Sorte braucht einen helleren Platz, sonst geht die Blattmusterung verloren. Die Pflanze kann während der Sommermonate nach draußen in den Garten oder auf Balkon und Terrasse, im Winter am besten bei Kalthausbedingungen (3 bis 12 °C) pflegen.

Gießen In der Wachstumsperiode mäßig feucht halten, im Winter wird nur gegossen, wenn die Erde trocken geworden ist. Fußbäder werden nicht vertragen!

Nährstoffbedarf Gering; im Winter nicht düngen.

Schädlinge selten, manchmal Spinnmilben und Thripse

Umtopfen, wenn nötig im Februar/März

Vermehrung Das Rhizom (Wurzel) in Stücke mit mindestens je zwei Blättern teilen.

Weitere Namen Schildblume, Metzgerpalme, Sternschild, Eisenpflanze

Anspruchslose Blattschmuckpflanze, die sogar an dunklen Plätzen zurechtkommt.

Blattschopf des Elefantenfuß

Elefantenfuß

Beaucarnea recurvata
(syn. *Nolina recurvata*)

Höhe 80–100 cm

Gut erkennbar: der typische Elefantenfuß

Der Elefantenfuß ist besonders im fortgeschrittenen Alter eine wirklich exotische Erscheinung: Auf einem verdickten Fuß verjüngt sich der Stamm fast elegant zu einer überhängenden Blattkrone, die einer Palme ähnelt. Der deutsche Name ist auf die Verdickung an der Stammbasis zurückzuführen.

Standort Wählen Sie einen sonnigen bis leicht absonnigen Platz. Im Sommer gerne auch draußen. Im Sommer sind Temperatur um 18 °C gewünscht, im Winter um 10 bis 12 °C. Stehen die Pflanzen im Winter hell genug, können sie auch wärmer stehen. Ein hellgrüner, dünner Austrieb im Winter weist auf zu warmen und dunklen Standort hin.

Gießen Regelmäßig wässern, je kühler der Standort, desto weniger. Im Winter daher nur sehr sparsam gießen.

Nährstoffbedarf Niedrig; von Oktober bis März muss nicht gedüngt werden.

Schädlinge Spinnmilben, Schild- und Wollläuse, Thripse

Umtopfen, wenn nötig Im Februar. Wählen Sie die Topfgröße so aus, dass sie nur wenig größer ist als der verdickte Stamm.

Tipps Es ist normal, dass die unteren Blätter trocken werden.
Ein Stutzen wie bei *Yucca elephantipes* ist möglich (Frühjahr).

Weitere Namen Flaschenbaum, Affenbaum

Ziert durch die Blätter, den verdickten Stamm und den Wuchs

Königs-Begonie

Blatt-Begonie

Begonia-Rex-Cultorum-Gruppe und andere Arten

○	◐	Höhe 20–40 cm	pflege-leicht

Die Blatt-Begonien bringen wunderschöne Blattfarben und -formen auf die Fensterbank. Der deutsche Name Schiefblatt lässt sich übrigens darauf zurückführen, dass die Blätter nicht symmetrisch um eine Mittelader sitzen, sondern schief, also mit einer breiteren und einer schmaleren Seite. Einige Arten, vor allem Königs-Begonien, enthalten giftige (schleimhautreizende) Substanzen.

Die bekanntesten und schönsten sind die Königs-Begonien *(B. rex)* mit interessanten und vielfältigen Farbvariationen. Die Tiger-Begonien *(B. bowerі)* entwickeln gefleckte Blätter, die nicht ganz so groß werden, wie die der Königs-Begonien. *B. masoniana* besitzt eine interessante schwarze Färbung um die Blattadern. Der Rest ist grün.

Standort Ein heller, auch halbschattiger Platz ohne pralle Sonne ist erwünscht. Achten Sie darauf, dass die Pflanzen keine Zugluft bekommen. Die Temperaturen sollten zwischen 15 und 25 °C liegen, nie unter 15 °C. Die Luft sollte nicht zu trocken sein, allerdings dürfen die Pflanzen auch nicht mit Wasser besprüht werden, weil das zu Blattflecken führt. Blatt-Begonien dürfen nicht nach draußen.

Gießen Gleichmäßig feucht halten, Staunässe wird nicht vertragen. Zimmerwarmes

Prächtige Blattschmuckpflanzen mit grün-rotem, grün-schwarzem, grün-rot-schwarzem, grün-weiß-rot-schwarzem Laub und vielen Blattformen

Königs-Begonie

Blattvariation der Königs-Begonie

Blattvariation der Königs-Begonie

Sorte 'Escargot'

Blatt-Begonie

Tiger-Begonie

Wasser verwenden. Von Oktober bis Februar trockener halten, da einige Arten unter Kurztagsbedingungen Ruhephasen haben können.
Nährstoffbedarf Mäßig; von November bis Februar nicht düngen.
Probleme Blattläuse, Thripse, Mehltau
Umtopfen, wenn nötig im Februar/März
Vermehrung Blatt- und Triebstecklinge, Blattteilstecklinge, Teilung von Rhizomen
Weiterer Name Schiefblatt

Glücksbaum

Glücksbaum

Brachychiton rupestris

Höhe
50–200 cm

In seiner australischen Heimat wächst diese immergrüne Pflanze zu einem richtigen Baum heran. Im Topf bleibt der Glücksbaum klein. Er eignet sich für die Bonsai-Kultur. Das Alterslaub ist lang und lanzettlich, bei jungen Pflanzen gefingert. Der ähnliche *B. acerifolius* findet in kühlen und hellen Räumen als eindrucksvoller Baum Verwendung.

Standort Ein sonniger oder sehr heller Platz ist ideal. Die Pflanze kann in den warmen Monaten in die Sommerfrische nach draußen. Vor den ersten Frösten kommt sie in ihren hellen Überwinterungsraum bei maximal 10 °C.

Gießen Der Wasserbedarf ist gering, weil der Stamm als Wasserspeicher dient. Nässe und Staunässe werden nicht vertragen. Im Winter nur sparsam gießen.

Lassen Sie die Erde immer abtrocknen, bevor Sie wieder gießen.

Nährstoffbedarf Mäßig; von November bis Februar nicht düngen.

Probleme Die Erde darf nicht vernässen, weil es ansonsten zu Fäulnis kommen kann; Spinnmilben, Blattläuse.

Umtopfen, wenn nötig im Februar/März

Vermehrung Kopfstecklinge oder Aussaat (Samen allerdings selten im Handel)

Tipp Rückschnitt wird gut vertragen.

Weitere Namen Australischer Flaschenbaum, Flaschenbaum

Interessanter Zimmerbaum, der wegen seines verdickten, flaschenförmigen Stammes auffällt.

Buntwurz

Rot-grüne Sorte

Weiß-grüne Sorte

Buntwurz, Kaladie

Caladium bicolor

Höhe 20–40 cm	anspruchsvoll

Die Blätter der Buntwurz sind auf der Fensterbank unschlagbar. Aber die Art ist nicht ganz einfach zu pflegen und verlangt eine hohe Luftfeuchte, die wir ihr oft nicht geben können. Die Kaladie überwintert in ihrer Wurzelknolle. Der Pflanzensaft enthält giftige (hautreizende) Substanzen.

Standort Sehr hell und luftfeucht, aber nicht in die pralle Sonne stellen. Morgen- und Abendsonne wird vertragen. Wenn die Pflanzen im September/Oktober vollständig eingezogen sind, wird der Topf bei 18 bis 20 °C überwintert (hell oder dunkel).

Gießen Gleichmäßig gut feucht halten, öfter besprühen. Ab August die Wassergaben langsam einschränken und schließlich einstellen, die Pflanze zieht ein.

Nährstoffbedarf Von Austriebsbeginn bis August mäßig; in der übrigen Zeit nicht düngen.

Probleme selten, manchmal Blattläuse

Umtopfen, wenn nötig Im Februar wird die gesäuberte Knolle in frische, durchlässige Blumenerde gesetzt – nicht zu tief. Dann warm stellen (22 bis 26 °C) und feucht halten. Öfter die neuen Blätter besprühen, weil das junge Laub eine hohe Luftfeuchte liebt.

Vermehrung Brutknollen beim Umtopfen abnehmen.

Weitere Namen Buntblatt, Elefantenohr

Eine edle, aber heikle Blattschönheit mit rot-grünem oder weiß-grünem, sehr attraktivem Laub

Korbmaranthe *(Calathea crocata)*

Korbmaranthe

Calathea-Arten

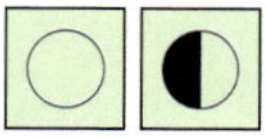

○	◐	Höhe 30–60 cm	mittel bis anspruchsvoll

Korbmaranthen mit ihren rot-grün-weißen bis hin zu ganz dunklen grün-braunen, teilweise sanft gewellten Blättern, sind wirkliche Schönheiten. *C. crocata* entwickelt sogar hübsche, orangegelbe Blütchen, wenn man sie von Oktober bis Dezember geschützt vor Zimmerlampenlicht stellt. Sie dürfen dann nicht mehr Licht bekommen als das Tageslicht. Korbmaranthen sind aber auch heikle Schönheiten, die am besten im geschlossenen Blumenfenster gelingen. Auf der Fensterbank muss man für eine hohe Luftfeuchte sorgen und die Temperaturen dürfen während der Wachstumszeit, auch nachts, nicht unter 20 °C fallen. Eine feuchtwarme Pflege ist Voraussetzung für gutes Gelingen. Folgende Arten werden öfter angeboten:

Die Pfauen-Korbmaranthe *(C. makoyana)* mit hellgrün/dunkelgrünen Blättern, die Zebra-Pfeilwurz *(C. zebrina)* mit hell- und dunkelgrün gestreiften Blättern, *C.* 'Medallion' mit interessanter hellgrüner Blattmusterung und *C. warscewiczii* mit einem Zackenmuster.

Standort Suchen Sie einen hellen Platz, aber schützen Sie die Pflanze vor direkter Sonne. Die Temperatur darf auch im Winter nicht unter 18 °C fallen.

Gießen Regelmäßig wässern, öfter mit Wasser übersprühen. Weiches, zimmerwarmes Wasser verwenden.

Elegante Blattschmuckpflanzen, die einfühlsam gepflegt werden muss.

Pfauen-Korbmaranthe

Calathea orbifolia wächst niedriger als viele andere Arten.

Zebra-Pfeilwurz

Nährstoffbedarf Gering; von November bis Februar schwach düngen.
Probleme An zu dunklen Plätzen kommt es nicht zur typischen Blattmusterung. Weiche Triebe entstehen durch zu viele Nährstoffe und zu nasse Pflege. Blattläuse, Spinnmilben und Thripse möglich
Umtopfen, wenn nötig Im Frühjahr in lockere und humose Substrate in nicht zu tiefe Töpfe.
Tipp Entspitzen Sie die Triebe regelmäßig, damit die Pflanze einene schönen kompakten Wuch behalten und nicht auseinanderfallen.
Vermehrung Stecklinge, in Erde oder in einem Glas mit Wasser bewurzeln (einfach), auch Teilung der Rhizome beim Umtopfen möglich.
Weitere Namen Pfauenpflanze, Kathedralenpflanze

Machen auf Dauer nur Freude, wenn man den richtigen Standort findet.

Golliwog

Callisie, Golliwog

Callisia-Arten

○	◐	Höhe 5–10 cm (30 cm)	pflegeleicht bis mittel

Die Callisie ist nicht ganz so pflegeleicht wie die ähnliche Tradescantie. Golliwoog *(C. repens)* ist für Ampeln sehr zu empfehlen, weil sie kriechend überhängend wächst, kann aber auch als Unterpflanzung verwendet werden. Es gibt verschiedene Sorten, die sich in der Blattform und -farbe unterscheiden. Das Zierliche Schönpolster *(Callisia elegans)* wächst wie die Erstgenannte niederliegend und überhängend, *C. fragans* ist eine aufrechte Art.

Standort Wählen Sie einen hellen bis halbschattigen Platz. Pralle Sonne sollte vermieden werden. Sommertemperaturen von 18 bis 23 °C sind ideal. Das Thermometer sollte auch im Winter nicht unter 16 °C fallen. Die Pflanzen lieben eine höhere Luftfeuchte.

Gießen Wurzelballen immer feucht halten. Ballentrockenheit und Staunässe vermeiden.

Nährstoffbedarf Gering bis mäßig; von November bis Februar schwach düngen.

Schädlinge Blatt-, Schild- und Wollläuse, Thripse

Umtopfen, wenn nötig im Februar/März

Tipp Insgesamt eine robuste Zimmerpflanze, die Pflegefehler nicht gleich übel nimmt, wenn die Luftfeuchte ausreichend ist.

Vermehrung Stecklinge von Frühjahr bis Sommer, die beim Rückschnitt anfallen.

Je nach Sorte und Art einfarbig grün oder hell gestreift, eignet sich für Ampeln oder als Unterpflanzung größerer Topfpflanzen.

Segge

Segge

Carex brunnea

Höhe 10–40 cm | pflegeleicht

Seggen sind hübsche, überhängende Gräser, die Platz um sich herum brauchen, sollen sie voll zur Wirkung kommen. Es gibt mehrere Sorten und Arten im Handel, die sich durch verschiedene Blattfarben in Grün, Gelbgrün, Weißgrün mit teilweise bräunlichen Streifen unterscheiden. Von *C. brunnea* wird meist die weißbunte Sorte 'Variegata' angeboten. Die anderen Arten der Gattung *Carex* sind in der Regel für das Auspflanzen im Garten bestimmt.

Standort Ein heller bis halbschattiger, luftiger Platz ohne Zugluft. Im Winter für deutlich kühlere Temperaturen sorgen. Temperaturen um 10 °C sind in den kalten Monaten ideal.

Gießen Achten Sie auf gleichmäßige Bodenfeuchtigkeit. Nässe und Staunässe werden nicht vertragen.
Ballentrockenheit ist zu vermeiden, auch in den Wintermonaten. Ab und zu mit Wasser besprühen.

Nährstoffbedarf Gering bis sehr gering; von November bis Februar nicht düngen.

Probleme Fäulnis bei zu viel Nässe; Spinnmilben bei zu lufttrocknem Standort möglich.

Umtopfen, wenn nötig im Februar/März in humose, lehmige Erdmischungen

Vermehrung Die Pflanzen werden am besten beim Umtopfen geteilt.

Elegant überhängendes Zimmergras mit grünen, grünweißen, grüngelben oder grün-weiß-braunen Blättern

Leuchterblume

C. sandersonii

Leuchterblume

Ceropegia linearis subsp. *woodii*
(syn. *Ceropegia woodii*)

hängend bis 1 m lang | pflege-leicht

Diese filigrane Blattschmuckpflanze wächst lang überhängend und lässt sich am besten in einer Ampel pflegen. Die fleischfarbenen Blütchen, die an Leuchter oder Kerzen erinnern, erscheinen fast ganzjährig und sind etwas Besonderes. Gelegentlich wird die kletternde *C. sandersonii* angeboten. Ihre Blüten sind größer, die Pflege anspruchsvoller.

Standort Vollsonnig bis hell. Während der Wachstumsperiode sollten die Lufttemperaturen bei 20 °C liegen, in den Wintermonaten etwas niedriger, aber nicht unter 8 °C.

Gießen Sie brauchen etwas Fingerspitzengefühl, weil die Leuchterblume nicht zu viel Wasser bekommen darf. Gießen Sie mäßig viel und warten Sie dann, bis die Erde leicht trockener geworden ist, jetzt wieder sparsamer wässern. Im Winter noch weniger gießen.

Nährstoffbedarf Gering; von Oktober bis Ende Februar nicht düngen.

Schädlinge Blattläuse, Wollläuse

Umtopfen, wenn nötig im Februar/März

Tipp Ein gelegentlicher, starker Rückschnitt ist günstig, da die Pflanzen aus den im Topf befindlichen Knollen gut neu austreiben können.

Vermehrung Die sich in den Blattknoten und im Topf gebildeten Knöllchen abnehmen und wie Samen in sandiges, leicht feuchtes Substrat drücken.

Bekannte Ampelpflanze, die auch von Anfängern erfolgreich gepflegt werden kann.

Die Grünlilie kommt auch mit lichtärmeren Plätzen zurecht.

'Bonnie' mit krausen Blättern

'Mandarin' hat breite Blätter mit rötlicher Mittelrippe.

Grünlilie

Chlorophytum comosum

Höhe 30–40 cm | pflegeleicht

Wer noch gar keine Erfahrungen mit Zimmerpflanzen hat, der sollte mit der Grünlilie beginnen. Diese Pflanze nimmt so leicht nichts übel. Es gibt grüne und weißgrüne Formen, die im Topf oder Ampel gezogen werden. Die Pflanze (Samen) enthält giftige Substanzen.

Standort Die Pflanze kommt fast überall zurecht: an sonnigen und schattigen, an warmen und kühleren Plätzen. Sogar trockene Luft wird vertragen, allerdings sollte man dann ab und zu mit Wasser sprühen.

Gießen Mäßig und gleichmäßig gießen (je nach Lufttemperatur). Staunässe und Ballentrockenheit jedoch vermeiden. Kalkarmes, zimmerwarmes Wasser verwenden.

Nährstoffbedarf Mäßig; im Winter schwach düngen.

Probleme Braune Blattspitzen deuten auf Lufttrockenheit oder Staunässe hin. Wurzelfäule durch Staunässe. Bei zu starker Winterdüngung, zu warmen Wintertemperaturen sowie Licht- und Luftmangel knicken die Blätter ab. Blattläuse sind möglich.

Umtopfen, wenn nötig im Frühjahr bis Herbst

Vermehrung Ausläufer (Stolonen), die sich an den langen Trieben bilden, abtrennen und eintopfen, Teilung möglich.

Weitere Namen Graslilie, Grüner Heinrich, Fliegender Holländer

Eine südafrikanische Blattschmuckpflanze für Anfänger

Känguruwein

Känguruwein

Cissus antarctica

Höhe bis 2 m – je nach Kletterhilfe

Die beliebte, immergrüne Kletterpflanze braucht ein Topfspalier oder wird als dekorative Hängepflanze in einer Ampel gezogen. Sie ist ausgesprochen pflegeleicht und kann auch von Anfängern mit ersten Erfahrungen erfolgreich gezogen werden.

Standort Ein halbschattiger und heller Platz, ohne pralle Sonne und bei Zimmertemperaturen zwischen 18 und 20 °C sind optimal. Dunkle Zimmerecken sind ungeeignet, ebenso zu trockene Luft.

Gießen Auf eine gleichmäßige Bodenfeuchtigkeit achten. Keinesfalls darf man die Blattpflanze zu nass halten, aber auch ein trockener Wurzelballen muss vermieden werden.

Nährstoffbedarf Mäßig; im Winter nur etwa alle sechs Wochen Dünger geben.

Probleme Blatt-, Schild- und Wollläuse, Spinnmilben, Thripse; starke Temperaturschwankungen meiden.

Umtopfen, wenn nötig ab Ende Februar bis Wachstumsbeginn

Tipps Besprühen Sie Ihren Känguruwein öfter mit weichem, kalkarmen Wasser. Die Pflanze verträgt einen Rückschnitt gut.

Vermehrung Stecklinge lassen sich leicht in einem Glas mit Wasser oder in Vermehrungserde bewurzeln.

Weitere Namen Russischer Wein, Klimme, Zimmerrebe

Dekorative Blattpflanze, deren Triebe pro Jahr sogar 1 m wachsen können.

Königswein

Königswein

Cissus rhombifolia

○	◐	Höhe bis 1,5 m – je nach Kletterhilfe	pflegeleicht

Der Königswein gehört mit zu den bekanntesten Blatt- und Kletter- beziehungsweise Hängepflanzen für die Fensterbank. Er braucht ein Topfspalier oder wird als dekorative Hängepflanze in einer Ampel gezogen. Eine dankbare Anfänger-Pflanze, die man fast überall bekommt.

Standort Ein halbschattiger und heller Platz ohne pralle Sonne und bei Zimmertemperaturen zwischen 16 und 20 °C ist optimal. Eine höhere Luftfeuchte ist wichtig.

Gießen Achten Sie auf gleichmäßige Bodenfeuchte. Eine zu nasse Pflege muss man vermeiden, aber auch ein zeitweise trockenerer Wurzelballen ist ungünstig.

Nährstoffbedarf Mäßig; im Winter nur alle sechs Wochen Dünger geben.

Schädlinge Blatt-, Schild- und Wollläuse, Spinnmilben und Thripse können den Königswein befallen.

Umtopfen, wenn nötig zum Wachstumsbeginn Ende Februar bis Anfang März bis in den Sommer hinein

Tipps Besprühen Sie Ihren Königswein öfter mit Wasser. Ein Rückschnitt wird vertragen.

Vermehrung Stecklinge lassen sich leicht in einem Glas mit Wasser oder in Vermehrungserde bewurzeln.

Weitere Namen Königsklimme, Raublättrige Klimme

Dekorative, pflegeleichte Blattpflanze mit mehreren Sorten, zum Beispiel die robuste, kompakt wachsende 'Ellen Danica'

Kroton-Form mit breiterem Blatt

Kroton

Codiaeum variegatum

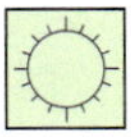 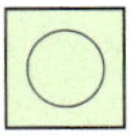 Höhe bis 2 m

Die langen, schlanken bis ahornblattähnlichen Blätter mit wunderbaren Zeichnungen mit gelb, orange über rot auf grünem Grund, machen diese Zimmerpflanze so begehrenswert. Es gibt mittlerweile robuste Neuzüchtungen. Früher ließ sich der Kroton nur im geschlossenen, warmen Blumenfenster pflegen, die neuen Sorten eignen sich auch für die Fensterbank. Die Pflanze enthält giftige Substanzen.

Standort Sonnig, hell, keine pralle Sonne und Lufttemperaturen um die 20 °C sind optimal. Im Winter darf die Lufttemperatur nicht längere Zeit unter 18 °C sinken. Achten Sie darauf, dass es keine großen Temperaturschwankungen gibt. Eine hohe Luftfeuchte ist wichtig.

Gießen Von März bis September gut feucht halten, Staunässe und Ballentrockenheit werden nicht vertragen. Öfter mit Wasser besprühen. Weiches, zimmerwarmes Wasser verwenden. Während der übrigen Monate wird die Erde nur mäßig feucht gehalten.

Nährstoffbedarf Mäßig; von Oktober bis Februar schwach düngen.

Schädlinge Spinnmilben, Woll- und Schildläuse und Thripse

Umtopfen, wenn nötig von Februar bis März

Vermehrung Stecklinge im Spätfrühling (gelingt eher Fortgeschrittenen), Abmoosen

Weiterer Name Wunderstrauch

Bekannte Blattschmuckpflanze, wegen ihrer prächtigen Laubfarben und -formen beliebt

Der Kaffeestrauch hat stark glänzende Blätter.

Kaffeestrauch

Kaffeestrauch

Coffea arabica

Höhe 80–100 cm

Der Kaffeestrauch ist eine prächtige Blattpflanze, die aber auch auf der Fensterbank blühen und fruchten kann. Die Blüten erscheinen im Sommer. Sie sind weiß und duften leicht, die Früchte (Kaffee-Kirschen) sind rot. Allerdings blühen und fruchten die Pflanzen erst, wenn sie eine entsprechende Größe erreicht haben.
Standort Hell, vor praller Sonne geschützt und bei etwa 25 °C, so will das Kaffeebäumchen gerne stehen. Im Winter sollten Sie die Temperaturen auf 16 bis 18 °C absenken, der Platz muss aber sehr hell bleiben. Die Pflanzen lieben eine höhere Luftfeuchte. Am erfolgreichsten kultiviert man den Kaffeestrauch bei gleichmäßigen Bedingungen.
Gießen Immer gut feucht halten, öfter sprühen. Staunässe und Ballentrockenheit werden nicht vertragen. Im Winterhalbjahr nur mäßig feucht halten und auch öfter einmal mit Wasser besprühen. Nur weiches oder kalkarmes Gießwasser verwenden.
Nährstoffbedarf Mäßig; von Oktober bis März wird schwach gedüngt.
Schädlinge Schildläuse im Winter, Wollläuse, Spinnmilben
Umtopfen, wenn nötig im Februar/März, mit Wachstumsbeginn
Vermehrung Stecklinge im Sommer, auch Aussaat möglich
Weiterer Name Kaffeebäumchen

Prächtige Blattschmuckpflanze mit weißen Blüten und roten Früchten

Keulenlilie

Sorte 'Kiwi'

Keulenlilie

Cordyline terminalis (syn. *C. fruticosa*)

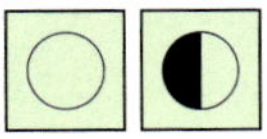
Höhe 20–50 cm

Keulenlilien warten mit einem weiten Farbspiel ihrer Blätter auf. Von Schwarzgrün bis hellgrün mit roten Streifen reicht die Variationsbreite. Da ist für jeden Geschmack etwas dabei. Manche Sorten wachsen eher buschig, andere schießen schlank nach oben. Bekannt sind die Sorten 'Kiwi' (mit rotem Rand) und 'Compacta' in ganz dunklem Grün.
Andere Ansprüche als diese Art hat *C. australis*, die dünne Blätter besitzt und wie ein Palmenschopf aussieht, der anfänglich direkt aus der Erde kommt.

Standort Hell bis halbschattig und warm bei hoher Luftfeuchte – das wäre ideal für die Keulenlilie.

Gießen Mäßig, aber regelmäßig wässern. Immer weiches und zimmerwarmes Wasser verwenden. Ballentrockenheit und Staunässe vermeiden. Öfter mit Wasser einsprühen.

Nährstoffbedarf Mäßig bis hoch; von November bis Februar nur selten düngen.

Probleme Blattbunte Sorten vergrünen an zu dunklen Plätzen. Schildläuse, außerdem sind Spinnmilben möglich. Trockene Luft vermeiden.

Umtopfen, wenn nötig im Februar/März

Vermehrung Stecklinge verlangen eine hohe Bodentemperatur und Luftfeuchte, daher ist eine Wurzelbildung nur im beheizbaren Vermehrungsbeet erfolgreich.

Blattschmuckpflanze in hellem und dunklem Grün, teilweise Schwarzgrün, außerdem mit schönen roten Streifen

Karakabaum mit panaschiertem Laub

Karakabaum

Corynocarpus laevigatus

Es gibt auch eine Form mit grünen Blättern.

Höhe bis 2 m | pflegeleicht bis mittel

Der aufrecht wachsende Karakabaum wird eher selten angeboten, dabei entwickelt er sich im Laufe der Zeit zu einem ansehnlichen Zimmerbaum, der auch gerne einen Einzelplatz für sich beansprucht.

Die gelbgrünen Blüten in langen Rispen erscheinen im Herbst und Winter, aber erst an älteren Exemplaren.

Im Handel gibt es auch eine Sorte mit hübsch gelbgrün gefleckten Blättern. Der Karakabaum enthält giftige Substanzen.

Standort Die Pflanze möchte hell bis halbschattig, aber nicht vollsonnig stehen und kann den Sommer draußen auf Balkon, Terrasse oder im Garten verbringen. Sie zieht kühlere und mäßig warme Temperaturen den wärmeren vor. Hell und kühl bei 5 bis 15 °C überwintern.

Gießen Der Karakabaum hat einen mäßigen Wasserbedarf. Achten Sie darauf, dass die Erde immer feucht ist. Ballentrockenheit, Nässe und Staunässe werden nicht vertragen und sind zu vermeiden. Gegen trockene Zimmerluft ist der Karakabaum weniger empfindlich.

Nährstoffbedarf gering bis mäßig

Schädlinge Spinnmilben

Umtopfen, wenn nötig im Frühjahr bis Sommer

Vermehrung Stecklinge

Immergrüner und pflegeleichter „Zimmerbaum" mit grünen Blättern, die denen des Gummibaumes ähneln.

Ctenanthe (*C. oppenheimiana*)

C. setosa 'Greystar' wird wie die anderen Arten gepflegt.

Ctenanthe

Ctenanthe-Arten

Höhe 60–100 cm

Die Ctenanthe ist eine Pflanze für moderne Räume. Sie entwickelt dekoratives Laub in verschiedenen Blattmusterungen und beansprucht einen Einzelplatz. Die Kammmaranthe *(C. lubbersiana)* entwickelt lang gestielte, große Blätter mit einer schönen, meist gelbgrünen Musterung und wird 60 bis 90 cm hoch. Die Art *C. oppenheimiana* erreicht eine Höhe von 1 m und kann bis zu 40 cm lange Blätter entwickeln, die oberseits dunkelgrün mit silberweißen Bändern und unterseits purpurrot sind. Nachts richten sich die Blätter auf und knacken dabei in den Gelenken an der Blattbasis.

Standort Wählen Sie einen hellen bis halbschattigen Ort für die schmucken Blattpflanzen, an dem von März bis September etwa 20 °C und mehr herrschen. Sonst nicht unter 18 °C fallen. Achten Sie auf hohe Luftfeuchte.

Gießen Geben Sie weiches, zimmerwarmes Wasser und halten Sie die Pflanze gleichmäßig feucht. Öfter einsprühen.

Nährstoffbedarf Gering bis mäßig von März bis September; in den übrigen Monaten nicht düngen.

Erde schwach sauer, humos, grob und durchlässig

Schädlinge Spinnmilben und Thripse, trockene Zimmerluft vermeiden.

Umtopfen, wenn nötig im Frühling

Vermehrung Teilung beim Umtopfen

Architektonisch wirkende Blattpflanze mit grünem, gelbgrünem und weißgrünem Laub

Der Japanische Palmfarn kann im Sommer draußen stehen.

Zamia furfuracea

Japanischer Palmfarn

Palmfarn

Cycas revoluta

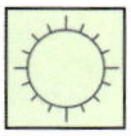 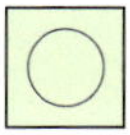 Höhe im Alter bis 2 m 

Der Palmfarn gehört zu den ältesten Gewächsen der Welt. Er erinnert an Palmen, gehört aber zur Familie der Palmfarngewächse. Da die Pflanze nur sehr langsam wächst, sind große Exemplare entsprechend teuer. Mit zunehmendem Alter beansprucht sie viel Platz. Der Palmfarn enthält giftige Substanzen. Ähnlich in der Pflege ist *Zamia furfuracea*, die mit etwas weniger Licht auskommt, aber etwas feuchter gehalten wird.

Standort Wählen Sie einen hellen, sonnigen und luftigen Platz mit Sommertemperaturen von 20 °C. Pralle Sonne vermeiden. Die Wintertemperaturen sollten mit etwa 15 °C etwas niedriger liegen. Zugluft meiden. Im Sommer können die Pflanzen nach draußen auf Balkon, Terrasse oder in den Garten gestellt werden.

Gießen Gießen Sie mäßig, aber regelmäßig. Nässe und Staunässe vermeiden. Im Winter sparsamer und lieber etwas trockener halten.

Nährstoffbedarf Von April bis September mäßig mit Flüssigdünger; während der übrigen Monate muss die Pflanze nicht gedüngt werden.

Schädlinge Spinnmilben

Umtopfen, wenn nötig im Februar/März

Vermehrung Samen, ist schwierig und sollte dem Gärtner überlassen werden; Stammknollen (seitlich) von älteren Pflanzen abnehmen.

Weiterer Name Sagopalme

Palmenähnliche Blattschmuckpflanze mit ananasähnlichem Stamm und urzeitlichem Charme

Zypergras

Zypergras

Cyperus involucratus, C. alternifolius

Höhe 30–200 cm

Das Zypergras gehört mit zu den ungewöhnlichen Pflanzen auf der Fensterbank. Es fällt wegen der Blattrosetten und der sumpfigen Lebensweise auf, aber auch die Blüte ist nicht zu verachten.

Die Blätter sind grün und schmal. Die Sorte 'Variegatus' entwickelt weißgrünes Laub, das bei übermäßiger Düngung vergrünt oder, wenn die Blätter älter sind.

Das Zwerg-Zypergras (*Cyperus gracilis*) bleibt – wie der Name schon sagt – mit 40 cm kleiner, als die erstgenannte Art.

Papyrus (*Cyperus papyrus*) kann beeindruckende 3 m erreichen. Aus dieser Art wurde in Ägypten Papier (Papyrus) gemacht.

Standort Wählen Sie einen sonnigen bis hellen Platz. Zimmertemperaturen sind geeignet, im Winter darf das Thermometer nicht unter 12 °C fallen.

Gießen Stellen Sie die Pflanze in einen mit Wasser gefüllten Untersatz oder Übertopf. Bei niedrigeren Temperaturen müssen Sie für einen niedrigeren Wasserstand sorgen.

Nährstoffbedarf Mäßig; von November bis Februar höchstens einmal pro Monat düngen.

Probleme braune Blattspitzen bei zu trockner Luft, zu saurer oder alkalischer Erde (pH-Wert am besten zwischen 5,5 und 6,5); Spinnmilben, auch Blatt- und Wollläuse möglich

Umtopfen, wenn nötig im Frühjahr

Interessante „Zimmer-Sumpfpflanze“

Papyrus wird zu einer imposanten Zimmerpflanze

Tipps Wenn die Horste im Alter gelb werden, sollte man sie teilen. Die Pflanze darf nicht nach draußen gestellt werden. Sie eignet sich sehr gut für die Hydrokultur.
Vermehrung Teilung beim Umtopfen oder durch Bewurzelung von Blattrosetten.
Dazu eine Blattrosette abschneiden, die Blätter um etwa die Hälfte einkürzen und umgekehrt in ein Glas mit Wasser oder Vermehrungssubstrat stecken. Wenn die neuen Wurzeln erschienen sind, kann der Ableger in einen separaten Topf in normale Blumenerde eingetopft werden.
Zypergras kann auch durch Aussaat vermehrt werden.

Zwerg-Zypergras mit feineren Blättern

Sorten 'Vesuvius', 'Reflector' und 'Tropic Snow' (von links nach rechts)

Dieffenbachie

Dieffenbachia seguine in Sorten

Höhe bis 1 m | pflegeleicht

Die Dieffenbachie stammt aus den Regenwäldern Mittel- und Südamerikas und besitzt attraktive große, grüne oder mit weißer oder gelber Musterung durchzogene Blätter. Aber Achtung, die Pflanze ist in allen Teilen sehr giftig (haut- und schleimhautreizend)! Sie gehört nicht in Haushalte mit kleinen Kindern. Auch Haustiere fernhalten.

Standort Halbschattig, hell und keine pralle Sonne, das sind die besten Voraussetzungen. Von März bis September 20 bis 25 °C, im Winter nie unter 18 °C.

Gießen Mäßig, aber regelmäßig weiches, zimmerwarmes Wasser geben, im Winter sparsamer gießen.

Nährstoffbedarf Mäßig; von Oktober bis Februar schwach düngen.

Probleme Lichtmangel lässt die Blätter vergrünen. Spinnmilben, Schild- und Wollläuse sowie Thripse möglich. Glasige Blattstiele und Nassfäule der Blätter weist auf eine nicht heilbare Bakterienkrankheit hin.

Umtopfen, wenn nötig im Frühjahr bis Sommer in Erden mit pH-Wert von 5,5

Tipps Dieffenbachien entwickeln im Laufe der Jahre einen Stamm. Ist er unten verkahlt, kann man die Pflanze zurückschneiden. Beim Handtieren immer Handschuhe tragen. Danach gut die Hände waschen.

Vermehrung Kopf- und Stammstecklinge

Beliebte, aber giftige Blattschmuckpflanze in vielen Blattmustern und -schattierungen

Dracaena fragrans 'Masangeana'

Grüne Form von *D. fragrans*

Panaschierte Form von *D. fragrans*

D. deremensis

Drachenbaum

Dracaena fragrans in Sorten

○	◐	Höhe bis 1,5 m (2 m)	pflegeleicht

Diese Drachenbaum-Art ist neben *D. deremensis* der bekannteste Vertreter der Gattung *Dracaena*. Sie besticht durch einen dicken Stamm und breite, grüne oder grüngelb beziehungsweise grünweiß gestreifte Blätter.
Der Schmalblättrigere Drachenbaum *(D. deremensis)* wird ähnlich gepflegt und besitzt länglich-lanzettliche, hellgrüne Blätter mit weißem oder gelblichem Rand.
Standort Der beste Platz ist hell bis halbschattig, nicht in der vollen Sonne, ohne Zugluft und bei Zimmertemperatur. Bei halbschattigem Stand wird die Blattmaserung nicht typisch ausgebildet. In den Wintermonaten nicht unter 18 °C halten.
Gießen Mäßig, aber regelmäßig Wasser geben. Ballentrockenheit vermeiden.
In den Wintermonaten muss man weniger gießen.
Nährstoffbedarf Mäßig; von November bis Februar schwach düngen.
Probleme Braune Blattspitzen bei niedriger Luftfeuchte, Ballentrockenheit und Zugluft. Spinnmilben, Thripse, Schild- und Wollläuse kommen vor.
Umtopfen, wenn nötig im Frühjahr bis Sommer
Vermehrung Februar/März durch Kopf- und Stammstecklinge
Weitere Namen Drachenlilie, Drazäne

Beliebter Zimmerbaum, den es auch als Ti-plants (= Kopfbäumchen) gibt, das sind gekappte Stämme, an denen mehrere Blattschöpfe sitzen.

Rotblättrige und gestreifte Sorte des Drachenbaumes

Drachenbaum (*D. marginata*)

Drachenbaum

Dracaena marginata

☼	○	Höhe bis 1,5 m (2 m)	pflegeleicht

Die robuste und pflegeleichte Blattpflanze entwickelt sich im Laufe der Zeit zu einem Zimmerbaum, mit dünnem Stamm und Blattschopf. Die Blätter sind sortenabhängig grün, aber auch wunderbar bunt gestreift.

Standort Sonnig bis hell, nicht in der vollen Sonne, keine Zugluft und Zimmertemperatur, das sind die besten Voraussetzungen für eine erfolgreiche Pflege. Ein halbschattiger Platz wird vertragen, aber die Blattmaserung bildet sich hier nicht typisch aus. In den Wintermonaten nicht längere Zeit unter 16 bis 18 °C halten.

Gießen Mäßig, aber regelmäßig wässern. Ballentrockenheit vermeiden. In den Wintermonaten muss der Drachenbaum weniger gegossen werden.

Nährstoffbedarf Mäßig; von November bis Februar schwach düngen.

Probleme Braune Blattspitzen bei niedriger Luftfeuchte, Ballentrockenheit und Zugluft. Spinnmilben, Thripse, Schild- und Wollläuse.

Umtopfen, wenn nötig im Frühjahr bis Sommer

Vermehrung Kopf- und Stammsteckling im Frühjahr

Weitere Namen Drachenlilie, Drazäne

Weitere Drachenbäume, die alle ähnlich wie *D. marginata* gepflegt werden, sind:

Palmenähnliche Blattschmuckpflanze mit grünen und rot gerandeten Blättern, auch Sorten mit rosa-creme-grünem Laub.

Der Kanarische Drachenbaum ist eine imposante Kübelpflanze.

Drachenlilie (*D. reflexa*)

Niedriger Drachenbaum

Der im Handel angebotene Glücksbambus oder Lucky Bamboo ist kein Bambus, sondern eine *Dracaena sanderiana.*

Der **Kanarische Drachenbaum *(Dracaena drago)*,** der durch seine bis zu 60 cm langen Blätter gefällt. Außerdem bildet diese Art im Laufe der Jahre einen dicken Stamm. Sie muss im Winter bei 10 bis 16 °C stehen.

Die **Drachenlilie *(Dracaena reflexa)*** bleibt kleiner als die meisten Drachenbäume. Die Blätter sind gelbgrün gestreift.

Der **Grün-weiße Drachenbaum *(Dracaena sanderiana)*** erinnert in Blatt und Wuchs entfernt an Bambus. Bekannt ist der Lucky Bamboo, den Unwissende als Bambus bezeichnen, der aber keiner ist.

Der **Niedrige Drachenbaum *(Dracaena surculosa)***, der im Handel auch als *D. godseffiana* angeboten wird, besitzt zugespitzte, elliptische, dunkelgrüne Blätter mit gelben Flecken, die im Alter zusammenlaufen.

Zier-Banane

Japanische Faser-Banane

Zier-Banane, Banane

Ensete ventricosum

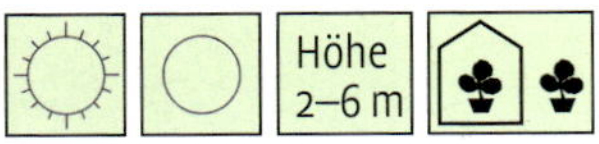

Bananen gefallen durch ihren eindrucksvollen Wuchs, die großen Blätter und den tropischen Charakter. Sie werden schnell groß, zu groß und sind nicht einfach in der Pflege, aber beides tut ihrer Beliebtheit keinen Abbruch. Die dicht stehenden Blattstiele bilden einen Scheinstamm. Durch die unterirdischen Ausläufer entstehen kleine Gruppen. Die Sorte 'Maurelii' mit roten Blättern gilt als besonders robust. Die Japanische Faser-Banane *(Musa basjoo)* bleibt mit 2 bis 4 m kleiner und wird genauso gepflegt.

Standort Bananen lieben einen sonnigen, hellen, warmen Platz bei hoher Luftfeuchtigkeit. In den warmen Monaten auch gerne bis Ende August windgeschützt draußen. Ab Oktober kühler (5 bis 10 °C), aber möglichst hell.

Gießen Der Wasserbedarf ist hoch, Ballentrockenheit ist in jedem Fall zu vermeiden. Verwenden Sie kalkarmes Wasser und sprühen Sie die Blätter öfter ein. In der Winterpause weniger gießen.

Nährstoffbedarf Mäßig bis hoch; in der Ruhepause nur sehr selten und schwach düngen.

Schädlinge Spinnmilben

Umtopfen, wenn nötig im Februar/März

Tipp Wenn Ihre Pflanze zu groß geworden ist, säen Sie eine neue aus.

Vermehrung Aussaat, Kindel

Beliebte Blattschmuckpflanze mit tropischem Charakter für einen Einzelplatz. Schön im kühlen Wintergarten

Efeutute

Altersblattform der Bunten Efeutute

Efeutute

Epipremnum pinnatum

○	◐	●	Höhe bis 3 m – je nach Kletterhilfe	pflegeleicht

Die Efeutute braucht eine Kletterhilfe, Korkstäbe, oder sie wird als Ampelpflanze gezogen. Im Alter können die Triebe eine Länge von 5 bis 6 m erreichen, daher kann man die Pflanze mit einem entsprechenden Gerüst zu einem Raumteiler erziehen. Im Handel wird meistens die Jugendform angeboten. Selten findet man die Altersformen, deren Blätter eine Länge von über 50 cm erreichen können.

Die Bunte Efeutute (*E. aureum)* entwickelt grüngelbe Blätter – man findet sie im Handel auch unter *E. pinnatum* 'Aureum'.

Standort Halbschattig bis hell bei Zimmertemperaturen. Auch ein schattiger Platz wird vertragen, aber die Blattmaserung kann sich abschwächen. Im Winter verträgt die Pflanze Temperaturen bis minimal 16 °C.

Gießen Mäßig, aber regelmäßig wässern. Große Pflanzen haben einen hohen Wasserverbrauch! Bei niedrigeren Temperaturen im Winter muss weniger gegossen werden. Staunässe ist zu vermeiden.

Nährstoffbedarf mäßig

Erde Tonhaltiges Substrat ist vorteilhaft.

Probleme bei zu trockener Luft rollen sich die Blätter ein, Schildläuse

Umtopfen, wenn nötig im Frühjahr

Vermehrung Kopf- und Triebstecklinge wählen, die bereits Luftwurzeln gebildet haben, dann klappt die Vermehrung leicht.

Pflegeleichte Blattschmuckpflanze mit grünem oder grünweißem Laub, die leicht ganze Wände begrünen kann.

Grün-weiß panaschierte Form der Efeuaralie

Efeuaralie

× *Fatshedera lizei*

Form mit reingrünen Blättern

Höhe bis 3 m | pflegeleicht

Die Efeuaralie ist eine Gattungshybride, das heißt eine Kreuzung aus zwei verschiedenen Gattungen: der Zimmeraralie *(Fatsia)* und dem Efeu *(Hedera)*. Daher sind ihre Bedürfnisse auch eine Mischung aus denen ihrer beiden Elternteile.

Standort Halbschattig, auch hell, aber nie zu hell stellen, wobei die buntlaubigen Sorten einen helleren Platz brauchen als die reingrünen. Keine pralle Sonne! Im Sommer auch gerne im Freien an einem geschützten Standort. Zimmertemperaturen oder darunter (bis 15 °C) sind von März bis Oktober erwünscht, danach einen kühleren Platz bei 0 bis 15 °C für die Ruhezeit suchen.

Gießen Von März bis Anfang Oktober mäßig bis leicht feucht halten, in den übrigen Monaten sehr sparsam wässern.
Nässe und Staunässe werden nicht vertragen und sind zu vermeiden.

Nährstoffbedarf Mäßig bis viel von März bis Anfang Oktober; danach nicht mehr düngen.

Schädlinge Blattläuse, Spinnmilben, Schildläuse, Thripse

Umtopfen, wenn nötig im Februar/März

Tipp Um den gewünschten buschigen Wuchs zu behalten, müssen die Triebe immer einmal wieder gestutzt werden.

Vermehrung Stecklinge von Frühjahr bis Sommer, Abmoosen

Dekorative Blattschmuckpflanze in Grün, Weißgrün oder Gelbgrün

Zimmeraralie

Weiß gerandetete Form

Zimmeraralie

Fatsia japonica

Höhe 1–2 m | pflegeleicht

Ältere Exemplare der Zimmeraralie verlangen einen Einzelplatz und dürfen das auch, weil das prächtig glänzende, grüne Laub mit den vielen „Blattfingern" dann erst richtig zur Wirkung kommt. Die Pflanze wächst relativ schnell und verträgt einen großen Topf. In den milden Gebieten Englands trifft man Zimmeraralien in den Blumenbeeten und Rabatten an, wo sie fantastische Nachbarn zu zahlreichen Blütenpflanzen sind. Die Pflanzen enthalten giftige Substanzen.

Standort Halbschattig, hell bis teilweise sonnig, aber keine volle Sonne sind ideale Bedingungen für die Zimmeraralie. Zimmertemperaturen werden von März bis Oktober gewünscht. Ab November ist Ruhezeit bei 5 bis 10 °C.

Gießen Von März bis Oktober mäßig feucht halten, in den übrigen Monaten sparsamer wässern, aber nicht zu trocken werden lassen. Nässe und Staunässe werden nicht vertragen und sind zu vermeiden.

Nährstoffbedarf Mäßig bis viel von März bis Oktober; danach nicht mehr düngen.

Schädlinge Spinnmilben, Thripse, Blatt- und Schildläuse

Umtopfen, wenn nötig im Februar/März vor dem Austrieb

Vermehrung Stecklinge von Frühjahr bis Sommer, Aussaat, Abmoosen

Anfänger-Pflanze mit dekorativen, großen Blättern in Grün, Weißgrün oder Gelbgrün

Birken-Feige

Weißbunte Sorte der Birken-Feige

Birken-Feige, Klein-blättriger Gummibaum

Ficus benjamina

Höhe bis über 2,5 (5) m

Standort Viel Licht, aber keine pralle Sonne bei Zimmertemperatur. Halbschattig nach Anpassung. Wintertemperaturen unter 15 °C vermeiden.
Gießen Mäßig feucht halten, Staunässe führt zu Blattfall. Ballentrockenheit vermeiden. Verwenden Sie zimmerwarmes, abgestandenes, weiches Wasser. Ab und zu mit Wasser besprühen. Von Okt. bis Febr. weniger gießen.
Nährstoffbedarf Mäßig; von Oktober bis Februar nur alle sechs Wochen düngen.
Probleme Bei zu kaltem Stand werden die Blätter silbrig, dann unbedingt wärmer stellen. Schildläuse, Spinnmilben, Thripse und Blattfleckenkrankheiten
Umtopfen, wenn nötig Ende Februar bis August
Tipps Die Birken-Feige wirft leicht ihre Blätter ab: bei Lichtmangel, plötzlichen Temperaturschwankungen, Zugluft (geöffnetes Fenster reicht aus) oder Standortwechsel, zum Beispiel beim Fensterputzen. Daher Lichtmarke am Topf anbringen (Seite 12). Die weißgrünen Sorten sind empfindlicher als die grünen. Teilweiser Blattfall im Winter ist wegen des geringen Lichtangebotes normal. Notwendige Rückschnitte am besten im Frühjahr bis Sommer. Auf die Schnittstellen Zellstoff kleben, damit keine Tropfflecken entstehen.
Vermehrung Stecklinge

Beliebter Zimmerbaum mit hell- oder dunkelgrünen, weiß- oder gelbgrün panaschierten Blättern – je nach Sorte

Gummibaum

Gummibaum

Ficus elastica

Weißbunt panaschierter Gummibaum

○	◐	Höhe bis über 3 m	pflegeleicht

Der Gummibaum ist sicherlich zusammen mit der Birken-Feige *(F. benjamina)* der bekannteste Zimmerpflanzen-Vertreter dieser Gruppe. Er ist pflegeleicht und eignet sich daher auch für Anfänger. Wird er zu groß – eben zu einem Baum –, kann er zurückgeschnitten werden. Es bilden sich dann Seitentriebe, die die Pflanze schön kompakt erscheinen lassen und in Form halten. Neben den grünblättrigen Sorten gibt es auch weißgrüne, die gerne heller und wärmer stehen als die reingrünen und insgesamt etwas empfindlicher auf falsche Pflege reagieren.

Standort Halbschattig, hell und bei Zimmertemperaturen pflegen, pralle Sonne ist zu vermeiden. Von Oktober bis Februar etwas kühler halten – bei etwa 16 °C –, aber nicht kälter.

Gießen Mäßig feucht halten, Staunässe wird nicht vertragen. Verwenden Sie zimmerwarmes und abgestandenes Wasser. Ab und zu mit Wasser besprühen. Im Winter weniger gießen.

Nährstoffbedarf Mäßig; von Oktober bis Februar nur alle sechs Wochen düngen.

Schädlinge Gummibäume können von Schild- und Wollläuse, Thripse und Spinnmilben befallen werden

Umtopfen, wenn nötig von Ende Februar bis Anfang März

Vermehrung Kopf- und Triebstecklinge, Abmoosen

Beliebte, sehr haltbare Blattpflanze mit grünen und weißgrünen Blättern – je nach Sorte

Langblättriger Feigenbaum 'Amstel Queen'

Mistel-Feigenbaum

Geigen-Feige

Weitere Ficus-Arten

Langblättriger Feigenbaum *(Ficus binnendijkii)*
Diese Art gefällt durch ihre fransenähnlichen, schmalen, sattgrünen Blätter, die etwa 25 cm lang werden. Je größer die Pflanze ist, desto imposanter wirkt sie. Eine bekannte Sorte ist 'Amstel King'.

Mistel-Feigenbaum *(Ficus deltoidea)*
Zu den zierlicheren, strauchartigen *Ficus*-Arten gehört der Mistel-Feigenbaum oder die Mistel-Feige. Durch die meist dreieckige Blattform ist er eine wunderschöne, interessante Blattpflanze. Er wächst schnell zu einem Bäumchen mit grazilen Zweigen heran. Aus den geschlossenen, unscheinbaren Blüten entwickeln sich im Laufe der Zeit erbsengroße, gelborange Früchte. Die Mistel-Feige ist sehr robust und auch für beheizte Räume mit wenig Luftfeuchte geeignet.

Geigen-Feige *(Ficus lyrata)*
Von diesem urzeitlich anmutenden *Ficus* mit „Riesenblättern" in Geigenform gibt es im Handel auch neue kompaktere, kleinwüchsige Sorten. Er braucht viel Licht, aber keine pralle Sonne bei Zimmertemperaturen. Kühlere Temperaturen im Winter sind vorteilhaft. Mäßig feucht halten, Staunässe und Ballentrockenheit vermeiden.

Lorbeer-Feige, Indischer Lorbeer *(Ficus microcarpa*, syn. *F. retusa)*
Diese *Ficus*-Art ist wegen ihrer dicken, verzweigten Luftwurzeln und feinen Blättern beliebt. Sie ähnelt dem bekannten *Ficus benjamina* und wird genauso gepflegt. Die Lorbeer-Feige sollte regelmäßig gedüngt werden und verträgt keine Staunässe. Im Sommer kann sie ins Freie gestellt werden, sollte aber mindestens bei 15 °C überwintert werden.

Schmalblättriger Feigenbaum, Fingerpflanze (*Ficus rubiginosa* 'Variegata', syn. *F. australis*)
Diese Sorte wächst verzweigt und niederliegend und entwickelt gelblich weiße, längliche, lederartige Blättchen. Sie eignet sich auch für kühlere Zimmer mit 16 °C im Winter, braucht aber einen sehr hellen Platz. Die grüne Art kommt auch mit 10 °C im Winter zurecht.

Wurzelbildender Feigenbaum (*Ficus sagittata* 'Variegata')
Diese Sorte mit ihren weißbunten Blättern bekommt mit der Zeit dünne, hängende Triebe und kleinere, längliche Blätter, die spitz zulaufen. Sie benötigt einen hellen bis halbschattigen Platz und eine höhere Luftfeuchte.

Form mit grünen Blättern

Kletter-Ficus

Ficus pumila (syn. *F. repens*)

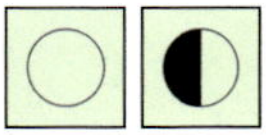

Höhe 5–300 cm, je nach Kletterhilfe

Weiß-grün panaschierte Form

Diese kleinblättrige Kletterpflanze braucht ein Spalier, eine Blumensäule, Korkstab oder Ähnliches, an dem sie emporklimmen kann. Hat sie das nicht, wächst sie flach als Bodendecker und kann so unter höher wachsende Arten gepflanzt werden. Oder man setzt sie als Hängepflanze in eine Ampel.

Standort Auch hier gilt dasselbe wie für die anderen *Ficus*-Arten: viel Licht, aber keine pralle Sonne bei Zimmertemperaturen. Kühlere Temperaturen im Winter sind vorteilhaft und es werden sogar 5 °C noch gut vertragen. Diese Art liebt eine hohe Luftfeuchte.

Gießen Mäßig feucht halten, Staunässe wird nicht vertragen, Ballentrockenheit auch nicht. Verwenden Sie zimmerwarmes und abgestandenes Wasser.

Ab und zu sollten Sie die Pflanze mit Wasser besprühen. Von Oktober bis Februar weniger gießen.

Nährstoffbedarf Mäßig; von Oktober bis Februar nur alle sechs Wochen düngen.

Schädlinge Spinnmilben bei zu trockener Luft im Winter, außerdem Schild- und Wollläuse und Thripse

Umtopfen, wenn nötig Ende Februar bis Anfang August

Vermehrung Stecklinge in einem Glas mit Wasser oder in Vermehrungserde zur Bewurzelung bringen.

Kräftig wachsende Blattpflanze mit grünen oder weiß gerandeten Blättern, auch eine eichenblättrige Sorte ist bekannt.

Fittonie

Fittonie, Silbernetzblatt

Fittonia verschaffeltii

Höhe 5–10 cm

Wenn man mehrere Exemplare zusammenpflanzt, wirken diese kleinen Zimmerpflanzen am schönsten. Eine Pflanze für Vitrinen oder Flaschengärten. Wichtig: Die typische Blattausfärbung wird nur erreicht, wenn die Pflanzen genug Licht bekommen. *F. gigantea* wächst aufrecht und kann bis 50 cm hoch werden.

Standort Hell bis halbschattig, ohne pralle Sonneneinstrahlung. Hohe Luftfeuchtigkeit ist wichtig, ebenso wie Temperaturen von 20 bis 25 °C von März bis Oktober und in den übrigen Monaten kaum unter 18 °C.

Gießen Während der Wachstumszeit mäßig wässern. Von November bis Februar weniger gießen, nicht trocken werden lassen. Wichtig: Weiches, zimmerwarmes, abgestandenes Wasser verwenden. Öfter besprühen.

Nährstoffbedarf Gering; von November bis Februar schwach düngen.

Probleme Blattschäden durch zu trockene Luft; Spinnmilben, Weiße Fliege

Umtopfen, wenn nötig im Februar/März

Tipp Bei Bedarf zurückschneiden, um einen kompakten Wuchs zu erzielen. Nach einigen Rückschnitten ist es besser, wieder neue Pflanzen aus Stecklingen heranzuziehen.

Vermehrung Kopfstecklinge im späten Frühjahr bis Sommer. Jungpflanzen öfter stutzen, damit sich die Pflanze gut verzweigt.

Weiterer Name Mosaikpflanze

Blattpflanze, bei der die Blattadern rötlich oder weiß gefärbt sind und wie ein Netz aussehen.

Australische Silbereiche

Jungpflanzen werden schnell groß.

Australische Silbereiche

Grevillea robusta

Höhe bis 2 m (und mehr)

Diese Zimmerpflanze stammt aus Australien, wo sie eine Höhe von 50 m erreichen kann. Da sie schnell wächst, erreicht sie auch im Zimmer rasch 2 m. Das ist vorteilhaft, weil man nicht lange auf einen Zimmerbaum warten muss. Von Nachteil ist aber, dass man schnell nicht mehr weiß, wohin mit einer solch großen Pflanze.

Standort Wählen Sie einen sonnigen bis hellen Platz. Temperaturen zwischen 10 und 20 °C und von November bis Februar zwischen 5 und 10 °C sind günstig.

Im Sommer sollte die Pflanze nach draußen an einen halbschattigen bis sonnigen Platz gestellt werden.

Gießen Regelmäßig wässern, je größer das Exemplar, desto mehr Wasser wird gebraucht. Von November bis Februar trockener halten, aber nicht austrocknen lassen. Staunässe wird nicht vertragen.

Nährstoffbedarf Mäßig bis hoch von März bis Anfang Oktober. Während der übrigen Monate muss die Pflanze nicht gedüngt werden.

Probleme Ein zu warmer und dunkler Stand im Winter führt zu Blattfall; Spinnmilben.

Umtopfen, wenn nötig im Februar/März in ein Substrat (Erde) mit einem pH-Wert von etwa 5,5

Vermehrung Aussaat im zeitigen Frühjahr

Schnell wachsender Zimmerbaum mit silbrig glänzenden Blättern

Samtpflanze

Samtpflanze

Gynura aurantiaca, G. scandens

○	Höhe 20–30 cm	pflegeleicht

Die Blätter dieser Zimmerpflanzen sehen ein wenig wie grüner oder grünpurpurner Samt aus und fühlen sich auch so an. Der hängende Wuchs macht *G. scandens* zu einer geeigneten Ampelpflanze, allerdings nur für helle Plätze. Die Blüten erscheinen im späten Sommer, riechen nicht sehr angenehm, sehen aber hübsch aus. Die Pflanze enthält giftige Substanzen.

Standort Wählen Sie eine hellen Platz ohne direkte Sonne. Außerdem muss es warm sein. Auch im Winter dürfen Temperaturen von 15 °C nicht unterschritten werden.

Gießen Von März bis Oktober gleichmäßig feucht halten, im Winter sparsamer gießen. Die Blätter nicht benetzen!

Nährstoffbedarf Mäßig; von November bis Februar nicht düngen.

Probleme Blätter vergrünen bei zu wenig Licht. Weiße Fliege, Wollläuse und Spinnmilben kommen vor.

Umtopfen, wenn nötig im Frühjahr, jedoch werden ältere Pflanzen schnell unschön. Daher sollte man lieber alle zwei Jahre neue Pflanzen aus Stecklingen heranziehen.

Tipp Stutzen Sie die Pflanze regelmäßig, das verhindert einen sparrigen Wuchs.

Vermehrung Durch Stecklinge von Frühjahr bis Herbst, die man auch in einem Glas mit Wasser bewurzeln kann.

Weiterer Name Gynure

Interessante Blattschmuckpflanze mit Blättern wie aus Samt

Grünblättrige Efeu-Sorte

'Goldheart' mit panaschiertem Laub

Sorte mit geteiltem Blatt

Weiß gerandete Form

Efeu

Hedera helix in Sorten

Höhe bis 3 m – je nach Kletterhilfe | pflegeleicht

Efeu ist bei uns heimisch und wächst in vielen Gärten als Bodendecker oder Kletterer viele Meter hoch. Im Zimmer werden meist die Jugendformen gepflegt. Man pflanzt sie in Ampeln oder gibt ihr eine Kletterhilfe (Topfspalier, Torfsäule). Auch als Unterpflanzung höher wachsender Topfpflanzen gut verwendbar. Rückschnitte werden vertragen. Die Pflanze (Früchte) enthält giftige Substanzen.

Standort Die grünen Sorten halbschattig, die bunten heller, weil sich die Blattzeichnung ansonsten nicht typisch oder gar nicht ausbildet. keine pralle Sonne. In der Wachstumszeit bei Zimmertemperaturen, im Winter bei etwa 10 °C pflegen. Efeu liebt einen luftfeuchten Standort. Nach gutem Einwurzeln sind die meisten Sorten von *H. helix* winterhart.

Gießen Mäßig feucht, öfter besprühen. Je dunkler und kühler, desto weniger gießen.

Nährstoffbedarf Mäßig; von November bis Februar nicht düngen.

Probleme Fäulnis bei zu viel Nässe; Spinnmilben bei zu trockener Luft, Thripse, Blatt-, Schild- und Wollläuse

Umtopfen, wenn nötig Frühjahr bis Sommer

Vermehrung Kopfstecklinge und nicht verholzte Triebteilstecklinge in einem Wasserglas bewurzeln. Ranken in einen Topf führen, diese an einem Blattknoten in die Erde drücken und befestigen. Nach Bewurzelung abschneiden.

Dankbare Blattschmuck- und Kletterpflanze in wunderschönen Blattvariationen

Punktblume

Form mit dunkelroter Blattzeichnung

Weißbunte Form

Punktblume, Tüpfelblume, Hüllenklaue

Hypoestes phyllostachya

◯	Höhe 10–15 cm

Es gibt Zimmerpflanzen, die bescheiden daherkommen, aber bei näherem Betrachten wunderschön sind. Dazu gehört die Punktblume. Die typische Blattausfärbung wird nur bei genügend Licht erreicht. Die im Handel erhältlichen Exemplare sind meist mit Hemmstoffen behandelt.

Standort Hell bis sehr hell, ohne pralle Sonne. Hohe Luftfeuchte, Temperaturen von 20 bis 25 °C von März bis Oktober und kaum unter 20 °C in den übrigen Monaten.

Gießen Mäßig wässern. Von November bis Februar weniger gießen, nicht trocken werden lassen. Weiches, zimmerwarmes, abgestandenes Wasser verwenden. Öfter besprühen.

Nährstoffbedarf Gering bis mäßig; von November bis Februar schwach düngen.

Probleme welke Blätter bei Nässe und Wurzelschäden, Weiße Fliege, Spinnmilben

Umtopfen, wenn nötig im Februar/März

Tipps Unter winterlichen Kurztagsbedingungen können kleine Blüten entstehen. Der Zierwert der Blätter lässt dann nach, daher muss man die Pflanze zurückschneiden. Da ältere Pflanzen sparrig werden, lieber immer wieder neue aus Stecklingen heranziehen.

Vermehrung Aussaat, Stecklinge von jüngeren, ausgereiften Trieben von Frühjahr bis Sommer; öfter stutzen, wegen einer guten Verzweigung.

Interessante Blätter mit rosa oder weißen Punkten oder Flecken auf grünem Grund

Simse

Simse

Isolepis cernua (syn. *Scirpus cernuus*)

Höhe bis 20 cm

Die Simse stammt aus sumpfigen, ständig feuchten Regionen der Tropen und Subtropen, daher sollte sie immer im Wasser stehen. Die Blätter wachsen erst etwa 20 cm lang aufrecht, danach fangen sie an, filigran überzuhängen. Die Pflanze selbst bildet schnell dichte, frischgrüne „Büsche“. Im Fachhandel wird manchmal eine Röhre um die Pflanze gelegt, so dass oben nur noch der Blätterschopf herausschaut. Eine dekorative Variante, die aber dem natürlichen Wachstum entgegensteht.

Standort Wählen Sie einen hellen Platz ohne direkte Sonneneinstrahlung. Zimmertemperaturen im Sommer und im Winter nicht unter 12 °C werden gewünscht.

Gießen Stellen Sie die Pflanze in einen mit Wasser gefüllten Untersatz.

Nährstoffbedarf Gering; von November bis Februar höchstens einmal düngen.

Probleme Braune Blattspitzen bei zu trockener Luft und Blattläuse sowie Spinnmilben kommen vor.

Umtopfen jedes Jahr ab dem Frühjahr bis zum Sommer

Tipps Wenn die Horste im Alter gelb werden, sollte man sie teilen. Die Pflanze darf nicht nach draußen auf den Balkon, die Terrasse oder in den Garten gestellt werden.

Vermehrung Teilung

Weiterer Name Frauenhaargras

Grasartige Sumpfpflanze, die in Töpfen, aber auch in Ampeln gepflegt wird.

Blüte des Palisanderbaumes

Palisanderbaum

Palisanderbaum

Jacaranda mimosifolia

Höhe 60–150 cm

Der Palisander wirkt mit seinem farn- oder mimosenblattähnlichen Laub sehr elegant und sollte einen Einzelplatz bekommen. Die schönen, blauen Blüten bilden sich erst an viel älteren Bäumen und das vor dem Blattaustrieb. Im Winter verliert die Pflanze oft alle oder fast alle Blätter, was lästig werden kann, treibt aber im Frühjahr wieder willig aus. Die Pflanze wird schnell sehr groß, oft zu groß.

Standort Wählen Sie einen hellen bis sehr hellen Platz, ohne pralle Sonne. Von November bis Februar sollten die Temperaturen nicht unter 14 °C sinken. Ältere Pflanzen brauchen große Kübel und sind am besten in einem warmen bis temperierten Wintergarten aufgehoben.

Gießen Regelmäßig wässern, je größer das Exemplar, desto mehr Wasser wird gebraucht. Von November bis Februar trockener halten, aber nicht austrocknen lassen. Staunässe wird nicht vertragen.

Nährstoffbedarf Mäßig von März bis Anfang Oktober; während der übrigen Zeit nicht düngen.

Schädlinge Spinnmilben, Weiße Fliege

Umtopfen, wenn nötig im Februar/März

Tipp Rückschnitt ist im Frühjahr möglich.

Vermehrung Aussaat im zeitigen Frühjahr, Samen vorher mindestens 24 Stunden einweichen.

Weitere Namen Rosenholzbaum, Jacaranda

Zimmerbaum mit mimosenähnlichen Blättern für temperierte Plätze oder Wintergärten

Katzenohr

Samt-Kalanchoë

Katzenohr, Samt-Kalanchoë

Kalanchoë tomentosa, K. beharensis

☼	○	Höhe 40–100 cm	pflegeleicht

K. tomentosa, mit dem deutschen Namen Katzenohr, entwickelt kleine, graue oder bräunlich behaarte Blättchen, die an Katzenohren erinnern. Bricht ein Blättchen ab und fällt auf die Erde, bewurzelt es dort von alleine. Dadurch muss man sich meistens nicht selbst um die Vermehrung kümmern. Das macht die Pflanze alleine.

Die Samt-, Filz- oder Elefantenohr-Kalanchoë *(K. beharensis)*, besitzt auffällige, große, weiß behaarte Blätter. Sie kann mit 100 cm recht groß werden.

Standort Ein sehr heller bis sonniger Platz im Sommer sowie Winter wird gewünscht. Aber nicht in die pralle Mittagssonne stellen. Ab Oktober kühler, aber nicht unter 10 °C pflegen und weniger gießen.

Gießen Niedriger Wasserbedarf, daher nur mäßig wässern. Staunässe wird nicht vertragen und lässt die Pflanzen eingehen. Ballentrockenheit ist ebenfalls zu vermeiden. Besonders im Winter vorsichtig gießen.

Nährstoffbedarf Gering; ab Oktober bis Februar nicht düngen.

Probleme Fäulnis an Wurzeln und Trieben durch zu viel Nässe

Umtopfen, wenn nötig Frühjahr bis Sommer

Tipp Die Blätter dürfen nicht mit Wasser besprüht werden.

Vermehrung Kopfstecklinge, Blattstecklinge

Interessante Blattschmuckpflanze, die durch ihre samtigen Blätter sehr auffällig ist.

Pfeilwurz

Sorte 'Kerchoveana'

Pfeilwurz

Maranta leuconeura in Sorten

Höhe 10–25 cm

Die Blattmusterungen dieser Pflanze sind einmalig. Die Sorte 'Kerchoveana' gefällt durch braune Flecken zwischen den grünen Adern. Die Sorte 'Fascinator' bezaubert mit hell und dunkelgrün wechselnden Blattflecken und roten Adern.

Standort Ein warmer, luftfeuchter Platz im Halbschatten, das wünscht sich die Pfeilwurz. Achten Sie auf hohe Luftfeuchte! Das ist das Erfolgsgeheimnis bei dieser Pflanze. Die Lufttemperatur sollte bei 20 bis 25 °C liegen, im Winter nicht unter 15 °C pflegen.

Gießen Halten Sie den Ballen gleichmäßig feucht. Ballentrockenheit und Staunässe werden nicht vertragen. Öfter besprühen. Von September bis Februar sparsamer wässern. Nur weiches, zimmerwarmes Wasser verwenden.

Nährstoffbedarf Gering bis mäßig; von September bis Februar wird nur alle sechs Wochen schwach gedüngt.

Probleme Bei zu sonnigem Stand geht die Blattmusterung verloren. Blattflecken bei zu trockener und kalter Luft; Spinnmilben, Thripse

Tipp Zu lange Triebe können gekürzt werden.

Umtopfen, wenn nötig im Februar/März, auf guten Wasserabzug achten (Dränage).

Vermehrung Stecklinge; Teilung älterer Pflanzen. Vorsichtig trennen, dass möglichst wenig Wurzeln verletzt werden.

Weiterer Name Marante

Beliebte, aber nicht ganz einfache Blattpflanze, die nachts ihre Blätter hoch stellt (Schlafbewegung).

Die typischen Fenster

Fensterblatt

Fensterblatt, Monstera

Monstera deliciosa

○	◐	Höhe 1–2,5 m und mehr	pflegeleicht

Die Monstera erreicht selbst im Zimmer eine Höhe von 5 m. Die „Altersform“ kann Blätter mit einen Durchmesser von 50 cm entwickeln. Die Blätter der Jungpflanzen zeigen noch nicht die typischen „Fenster“ und tiefen Einschnitte. Das Fensterblatt wirkt ein wenig wie eine Pflanze aus der Urzeit, besonders, wenn die Luftwurzeln lang geworden sind und über die Fensterbank auf den Boden hängen. Sie sollten nicht abgeschnitten werden, sondern man steckt sie am besten in den Topf. Die Monstera enthält giftige (hautreizende) Substanzen.

Standort Hell, halbschattig und luftfeucht, ohne direkte Sonne. Optimal um die 21 °C; von Okt. bis Febr. bei 16 bis 21, nicht unter 15 °C.

Gießen Gleichmäßig feucht halten, aber nicht nass! Öfter besprühen und die Blätter mit einem nassen Tuch vorsichtig abwischen.

Nährstoffbedarf mäßig; von September bis März gering

Probleme Bei zu viel Sonne verblassen die Blätter; bei zu dunklem Stand und mangelhafter Ernährung verkahlt die Pflanze und die Blätter werden kleiner. Bei zu nasser Pflege schwarze Blattränder.

Umtopfen, wenn nötig im Frühjahr, die Luftwurzeln dabei nicht verletzen.

Vermehrung Kopfstecklinge (günstig mit Wurzelansatz) von Frühjahr bis Sommer, Aussaat, Abmoosen

Urzeitlich anmutende Zimmerpflanze, die groß wird und viel Platz braucht.

Mühlenbeckie

Mühlenbeckie

Muehlenbeckia complexa

Höhe je nach Topfspalier | pflege-leicht

Die Mühlenbeckie, ein Knöterichgewächs aus Neuseeland, ist eine Kletterpflanze, die entweder ein Topfspalier zum Emporwachsen bekommt oder als Ampelpflanze gepflegt wird. Sie entwickelt kleine, rundliche Blättchen an langen, schnell wachsenden Trieben.

Standort Wählen Sie einen sonnigen bis hellen Platz. Die Luft sollte nicht zu trocken sein. Im Sommer entwickelt sich die Pflanze auch sehr gut im Freien und kann milde Winter ausgepflanzt überstehen, verliert dabei allerdings ihr Laub.

Die Zimmertemperatur im Winter sollte bei 5 bis 10 °C liegen, an hellen Standorten auch wärmer.

Gießen Hoch; wässern Sie regelmäßig, denn Ballentrockenheit ist zu vermeiden. Genauso wenig wird allerdings Staunässe vertragen.

Nährstoffbedarf Mäßig; von Oktober bis Februar muss nicht gedüngt werden.

Probleme Blattfall und Spinnmilben bei zu dunklem und warmem Stand im Winter

Umtopfen, wenn nötig im Februar/März bei Wachstumsbeginn

Tipp Zu lange oder unerwünschte Triebe können jederzeit zurückgeschnitten werden.

Vermehrung Stecklinge von Frühjahr bis Sommer

Weitere Namen Drahtstrauch, Frauenhaarwein

Schnell wachsender Kletterer für Ampeln und Topfspaliere, oder als Hängepflanze für Ampeln

Glücksklee ist ein beliebtes Silvestergeschenk.

Glücksklee

Oxalis tetraphylla
(syn. *Oxalis deppei*)

Dreieckiger Glücksklee

Höhe 10–20 cm | pflegeleicht

O. tetraphylla ist der bekannteste Glücksklee, der ausschließlich vierblättrige Kleeblätter entwickelt. Daher ist es die Pflanze für Silvester/Neujahr, die dann landauf, landab verkauft wird. Diese „Silvesterpflanzen" sind meist mit Hemmstoffen behandelt, damit die Blattstiele kurz bleiben.

Der Dreieckige Glücksklee (*O. triangularis)* ist nur dreiblättrig und entwickelt grünes oder rotbraunes Laub.

Standort Ein heller und nicht zu warmer Platz – ganzjährig auf der Fensterbank – ist für *O. triangularis* ideal. *O. tetraphylla* verträgt im Winter nach dem Kauf keine Temperaturen über 15 °C. Im Sommer kommt diese Art nach draußen. Im Herbst holt man die Pflanze nach drinnen und überwintert sie trocken, das Laub wird dann abgestoßen. Im Frühjahr neu in Schalen und Töpfen auslegen oder in Beete (ähnlich Dahlienknollen) einpflanzen.

Gießen Geringer bis mäßiger Wasserbedarf. Ballentrockenheit wird jedoch nicht vertragen, genauso wenig wie Staunässe.

Nährstoffbedarf Mäßig; im Winter wird *O. triangularis* schwach gedüngt, *O. tetraphylla* gar nicht.

Probleme Bei zu dunklem Wuchs können die Triebe lang und weich werden und umfallen.

Vermehrung Brutknöllchen, die man kaufen kann oder den eigenen Töpfen entnimmt.

Vierkleeblättriger Glücksbringer für besondere Gelegenheiten

Als Jungpflanze hat Pachira noch auf der Fensterbank Platz.

Pachira wird oft mit geflochtenen Stämmen angeboten.

Pachira

Pachira aquatica

Höhe 1–1,5 m

Die aparte Pachira ist insofern etwas Besonderes, weil oft mehrere Pflanzen in der Jugend miteinander zu einem Stammzopf geflochten werden. Oben entwickeln sich schöne, handförmig geteilte Blätter.

Leider behindern sich die eng zusammenstehenden Exemplare mit zunehmendem Alter gegenseitig, so dass durchaus eine oder mehrere Pflanzen absterben können.

Standort Wählen Sie einen hellen Platz ohne direkte Sonneneinstrahlung. Zimmertemperaturen sind gewünscht, im Winter sollte das Thermometer nicht unter 12 °C fallen. In den warmen Monaten kann die Pflanze nach draußen auf den Balkon oder die Terrasse gestellt werden. Suchen Sie einen Platz, der vor Wind und Regen geschützt ist.

Gießen Mäßig feucht halten, der Wasserbedarf ist nicht sehr hoch. Im Winter trockener halten.

Nährstoffbedarf Mäßig; von November bis Februar nicht düngen.

Probleme Trockene Luft kann Blattfall verursachen; Spinnmilben, Thripse.

Umtopfen, wenn nötig im Februar/März

Tipp Zu groß gewordene Exemplare werden im Februar/März bis Juli zurückgeschnitten und in Form gebracht.

Vermehrung Aussaat oder Kopfstecklinge im Frühling bis Sommer

Urzeitlich wirkende Blattschmuckpflanze oft mit geflochtenem Stamm

Blüte von *P. lamerei*

Madagaskarpalme

Madagaskarpalme

Pachypodium lamerei

Höhe bis 1 m | pflegeleicht

Die Madagaskarpalme bildet einen säulenförmigen, bedornten, sukkulenten Stamm, der lange, schmale Blätter trägt. Sie enthält giftige Substanzen.

Standort Wählen Sie einen sonnigen oder hellen Platz. Im Sommer kann die Pflanze auch an einen sehr geschützten Platz mit Regenschutz nach draußen. Von März bis September werden Temperaturen sogar über 30 °C vertragen. Während der übrigen Monate kann die Pflanze kühler stehen (nicht unter 15 °C), muss aber nicht. Die Madagaskarpalme verträgt sogar die trockene Heizungsluft im Winter.

Gießen Lassen Sie die Erde immer wieder oberflächlich abtrocknen, bevor Sie erneut gießen. Wenn die Blätter gelb werden, beginnt die Ruhezeit. Von jetzt bis zum Frühjahr wird nur sehr sparsam gegossen.

Nährstoffbedarf Wenig Kakteen-Dünger geben; in der Ruhezeit nicht düngen.

Probleme Die Blätter verfärben sich schwarz oder sterben ab, wenn die Pflanze zu viel gegossen oder gedüngt wird; Spinnmilben. Vorsicht, die Pflanzen reagieren empfindlich auf ölhaltige Pflanzenschutzmittel.

Umtopfen, wenn nötig im Februar/März

Tipp Die Pflanze speichert viel Wasser in ihrem Stamm, daher geht sie nicht gleich ein, wenn man das Gießen einmal vergisst.

Vermehrung Aussaat

Interessante Pflanze, die wie eine Mischung zwischen Kaktus und Palme aussieht.

Weiß gestreifte Form des Schraubenbaums

Schraubenbaum

Pandanus veitchii

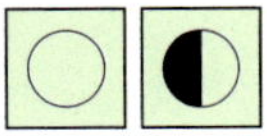

Höhe 1–1,5 m

Diese Zimmerpflanze findet man im Handel eher selten und genauso selten auf der Fensterbank. Sie braucht im Alter viel Platz, der dann oft nicht zur Verfügung steht.
Der Schraubenbaum entwickelt im fortgeschrittenem Alter einen kurzen Stamm und „Stelzwurzeln", die den Stamm zusätzlich abstützen. Sie heben die Pflanze etwas aus dem Topf, das ist aber natürlich, da die Pflanze aus den Mangrovenwäldern stammt.

Standort Der Schraubenbaum möchte einen hellen bis halbschattigen Platz und ohne pralle Sonne. Die Temperatur sollte nicht unter 18 °C fallen, auch nicht im Winter.

Gießen Der Wasserbedarf ist mäßig. Achten Sie auf gleiche Bodenfeuchte. In den kalten Monaten bei niedrigen Temperaturen auch weniger gießen.

Nährstoffbedarf Mäßig; von November bis Februar schwach düngen.

Schädlinge Spinnmilben, Thripse und Wollläuse können auftreten.

Umtopfen, wenn nötig im Februar/März. Beim Umtopfen nur so tief setzen, wie die Pflanze vorher gestanden hat.
Achtung: Verletzungsgefahr wegen der bedornten Blattschöpfe. Besonders bei älteren Pflanzen vorsichtig hantieren.

Vermehrung Durch Kindel, die sich am Wurzelansatz bilden.

Drachenbaumähnliche Blattschmuckpflanze mit schraubenartig gedrehtem Laub, die ausladend wächst und mit der Zeit viel Platz braucht.

Peperomia maculosa gehört zu den grünblättrigen Arten.

P. rotundifolia

P. caperata

Peperomia mit Blüte

Zwergpfeffer, Peperomie, Zierpfeffer

Peperomia-Arten

○	◐	Höhe 10–30 cm	pflegeleicht

Peperomia argyreia, *P. clusufolia* oder *P. obtusifolia*, *P. caperata* und *P. griseo-argentata* – es gibt viele Zwergpfeffer-Arten. Genauso vielfältig sind die Blattfarben in reinem Grün, Weißgrün, Gelbgrün, Rot, Rotbraun oder mit silbernen Streifen und die Blattstrukturen: fleischig oder dünn, gerunzelt oder glatt. Auch im Wuchsverhalten können Sie alles finden: aufrecht, kriechend oder hängend.

Standort Wählen Sie für die buntblättrigen Sorten helle Plätze, die grünen kommen auch an halbschattigen zurecht. Keine pralle Sonne. Ganzjährig nicht unter 18 °C. Dünn- und weichblättrige Arten verlangen eine höhere Luftfeuchtigkeit als die mit fleischigen Blättern. Aber alle brauchen eine hohe Luftfeuchte, daher sind sie gut in geschlossenen Blumenfenstern oder Vitrinen aufgehoben.

Gießen Mäßig, aber regelmäßig, keine Ballentrockenheit, Nässe oder Staunässe.

Nährstoffbedarf Gering bis mäßig; von November bis Februar nur insgesamt ein- oder zweimal düngen.

Probleme Vergrünen der buntblättrigen Sorten an zu dunklen Plätzen. Fäulnis an Stängeln und Blättern bei zu tiefen Temperaturen und zu nasser Erde; Spinnmilben.

Umtopfen, wenn nötig Februar bis August

Vermehrung Kopfstecklinge von Frühjahr bis Sommer; Blattstecklinge bei einigen Arten

Vielseitige und dankbare Blattschmuckpflanzen in zahlreichen Farben, Musterungen und Strukturen

Baum-Philodendron

Philodendron

Philodendron-Arten

Höhe bis 1 m – je nach Kletterhilfe	pflegeleicht

Viele Vertreter der Gattung *Philodendron* sind Lianen aus den Regenwäldern von Süd- und Mittelamerika. Diesen Urwaldcharakter tragen sie auch auf unsere Fensterbank. Es gibt viele verschiedene Blattformen: ganzrandig und eingeschnitten, herzförmig oder pfeilartig, groß oder klein. Außerdem unterscheiden sich die Jugend- und Altersblätter. Man kann fast das Gefühl bekommen, man hätte zwei verschiedene Pflanzen vor sich. Großes und tief eingeschnittenes Laub entwickeln erst die älteren Exemplare. Der Kletternde Philodendron (*P. scandens*) enthält giftige (hautreizende) Substanzen. Man unterscheidet kletternde und nicht kletternde Arten. Zu den kletternden Arten, die eine Kletterhilfe brauchen oder in eine Ampel gepflanzt werden, gehören: Der **Rotblättrige Philodendron *(P. erubescens)*** mit länglichen Blättern. Sproß und Blattstiele haben einen rötlichen Schimmer. Die Sorten 'Red Emerald' und 'Burgundy' besitzen sogar komplett rotes Laub.

P. scandens mit dunkelgrünen, herzförmigen Blättern wird oft angeboten, auch in Ampeln.

Der **Fünflappige Philodendron oder Geigenblatt-Philodendron *(P. bipennifolium)*** besitzt olivgrüne Blätter, die schon in der Jugend am Rand eingeschnitten sind.

Zu den nicht kletternden Arten zählen: Der aufrecht mit gedrungenem Spross wachsende

Pflegeleichte Blattschmuckpflanzen mit Urwaldcharakter

Philodendron 'Xanadu'

Rotblättriger Philodendron

Philodendron 'Tuxtlanum'

P. scandens

Baum-Philodendron *(P. bipinnatifidum)* mit großen, geschlitzten, glänzenden Blättern auf kräftigen Stielen.

P. cannifolium mit ganzrandigen Blättern ist ein Epiphyt, also eine Aufsitzerpflanze. Die Art findet man nur selten im Handel.

Standort Wählen Sie einen hellen bis halbschattigen und luftfeuchten Platz ohne direkte Sonneneinstrahlung. Zimmertemperaturen in der Wachstumsperiode und nicht unter 16 °C von November bis Februar, sind wünschenswert. Bodenwärme ist vorteilhaft.

Eine Ausnahme ist *P. bipinnatifidum*. Diese Art möchte im Winter gerne bei 12 bis 14 °C gepflegt werden und kann im Sommer an geschützter Stelle sogar im Freien stehen.

Gießen Gleichmäßig wässern, Nässe, Staunässe und Ballentrockenheit werden nicht vertragen. Öfter besprühen.

Nährstoffbedarf Gering bis mäßig; im Winterhalbjahr nur schwach düngen.

Probleme Braune Blattränder und -flecken durch Bodentrockenheit oder Nässe, Wurzelfäule durch nasses Erdreich oder kalten Fuß; Spinnmilben, Thripse, Schild- und Wollläuse.

Umtopfen, wenn nötig im Frühjahr

Tipp Lange Triebe werden gestützt.

Vermehrung Kopf- und Triebstecklinge, Abmoosen, einige durch Aussaat

Weitere Namen Baumfreund, Baumlieb

Es gibt kletternde und nicht kletternde Arten.

Pilea libanensis

Pilea microphylla

Pilea depressa

Kanonierblume

Pilea-Arten

Höhe 10–30 cm | pflegeleicht

Kanonierblumen haben eine witzige Eigenart: Sie schleudern ihre Pollen wie kleine Kanonen weit weg von der Mutterpflanze. Daher stammt auch der deutsche Name. Sie sind dankbare, kleine Blattschmuckpflanzen, die wenig Platz brauchen und daher gerne in Pflanzschalen verwendet werden. Die unscheinbaren Blüten erscheinen im Frühling und Frühsommer, bei einigen Arten auch zu anderen Zeiten. Mehrere Arten mit ihren Sorten sind für den Zimmergärtner interessant:

P. cadierei entwickelt ovale Blätter mit vier silbrigweißen Streifen zwischen den Adern.

P. crassifolia entwickelt eine riffelige (runzelige) Blattstruktur und grünrotes Laub.

P. depressa wächst bodendeckend oder hängend.

P. involucrata ist wegen der blasenartigen Ausstülpungen auf den grünen bis kupferroten Blättern interessant.

P. libanensis mit kleinen, silbrigen Blättern ist neu im Sortiment.

P. microphylla ist ein Bodendecker mit kleinen fleischigen Blättern.

Standort Hell, ohne direkte Sonne, luftig, eher kühl (10 bis 15 °C), so sollte der Platz, an dem sich Kanonierblumen wohlfühlen, aussehen. Auch im Winter darf die Lufttemperatur – je nach Art – nicht unter 10 bis 12 °C fallen und im Sommer nicht über 24 °C steigen. *P. involu-*

Kanonierblume (*Pilea crassifolia*)

crata braucht immer Temperaturen, die über 17 °C liegen.

Gießen Mäßig feucht halten, aber nicht austrocknen lassen. Keine Staunässe. Im Winter sparsamer gießen – je nach Lufttemperatur. Einige Arten der Gattung lieben eine höhere Luftfeuchte.

Nährstoffbedarf Gering; von November bis Februar schwach düngen.

Umtopfen, wenn nötig Februar/März; es wird empfohlen, jährlich neue Pflanzen aus Stecklingen heranzuziehen.

Vermehrung Kopfstecklinge mit zwei bis drei Blattpaaren zu fünft in einen 6 bis 8 cm Topf stecken. Einige Arten wie *P. involucrata* auch durch Aussaat

Pisonie 'Variegata'

Pisonie

Pisonia umbellifera in Sorten

Sorte 'Aurea'

Höhe 1–1,5 m

Die Art besitzt reingrüne Blätter, ist im Handel jedoch nicht zu finden. Dafür gibt es die beliebte Sorte 'Variegata', die mit weiß gefleckten Rändern an die weißbunten Gummibäume erinnert. Das Laub kann eine Länge von 40 cm erreichen und ist sehr dekorativ.

Standort Ein heller Platz, ohne pralle Sonneneinstrahlung, ist für die Pisonie ideal. Außerdem sind Zimmertemperaturen – nicht unter 16 °C – sowie eine höhere Luftfeuchte erwünscht.

Gießen Die Pflanze besitzt einen mäßigen Wasserbedarf, achten Sie auf gleichmäßige, leichte Bodenfeuchte. Ballentrockenheit und Staunässe vermeiden.

Nährstoffbedarf Gering bis mäßig; von November bis Februar nur alle sechs Wochen düngen.

Probleme Wurzelfäulnis ist die Folge von niedriger Bodentemperatur und Staunässe. Blätter vergrünen bei zu dunklem Stand. Blattschäden und Laubfall bei zu trockener Luft. Außerdem treten Schild- und Blattläuse an den Pflanzen auf.

Umtopfen, wenn nötig von Februar bis März möglich

Vermehrung Abmoosen oder Kopfstecklinge die man bei hohen Bodentemperaturen bewurzeln lässt.

Weiterer Name Vogelfangbaum

Kleiner Baum oder Strauch mit gummibaumähnlichen Blättern

Weihrauchpflanze mit weißbuntem Laub

Harfenstrauch

Plectranthus-Arten

Höhe 5–50 cm | pflegeleicht

Blüte der Weihrauchpflanze

Die bekannteste Art war früher der so genannte Mottenkönig (*P. fruticosus*), den man heute im Handel nur noch selten findet, auf vielen Fensterbänken allerdings schon noch. Eher gibt es heute die Weihrauchpflanze (*P. forsteri* 'Marginatus'), deren Blätter beim Zerreiben intensiv duften. Sie wird mit Trieben bis zu 1 m Länge auch für Balkonkästen angeboten. Oder *P. oertendahlii* mit kleinen, weiß geäderten Blättern und hellen Blütenständen im Frühjahr und Spätsommer.

Standort Ein sonniger oder heller, luftiger Platz ist ideal, im Sommer, am besten auf Balkon und Terrasse oder im Garten. Im Winter sollte die Temperatur nicht unter 10 bis 12 °C sinken, bei *P. oertendahlii* nicht unter 12 bis 14 °C.

Gießen Auf gleichmäßige Bodenfeuchte achten. Im Winter sparsamer wässern. Ballentrockenheit und Staunässe muss man unbedingt vermeiden.

Nährstoffbedarf Mäßig; von November bis Februar nur alle sechs Wochen düngen.

Probleme Blattfall bei zu warmem und dunklem Stand im Winter; Weiße Fliege, Spinnmilben, Blattläuse

Umtopfen, wenn nötig im Februar/März

Tipp Mehrfacher Rückschnitt wird vertragen.

Vermehrung Kopfstecklinge, am besten jährlich neu anziehen.

Pflegeleichte Ampelpflanzen oder Bodendecker, auch für den Wintergarten

Zimmerbambus

Zimmerbambus

Pogonatherum paniceum

Höhe 30–40 cm

Der Zimmerbambus ist einer der wenigen Gräser für die Fensterbank. Die zarten Einzelblättchen an langen Trieben und der überhängende Wuchs älterer Pflanzen machen ihn interessant. Geben Sie der Pflanze Platz um sich herum. Besonders vor weißem Hintergrund sehr zu empfehlen.

Standort Sonnig bis hell, warm und luftfeucht – so sieht der Platz aus, den der Zimmerbambus mag. Im Sommer darf er nach draußen an einen geschützten Standort gebracht werden. Im Winter werden Temperaturen unter 15 bis 18 °C gewünscht.

Gießen Immer reichlich wässern, Ballentrockenheit wird nicht vertragen, meistens erholt sich die Pflanze davon nicht mehr. Staunässe ist zu vermeiden. Besprühen Sie die Pflanze öfter einmal mit zimmerwarmen, kalkarmen Wasser.

Nährstoffbedarf Gering bis mäßig; von November bis Februar nur schwach düngen.

Probleme Braune Blätter sind bei zu trockener Pflege möglich. Außerdem können dann Spinnmilben auftreten.

Umtopfen, wenn nötig im Februar/März bei Wachstumsbeginn

Vermehrung Teilung der Mutterpflanze oder Wurzelausläufer abtrennen, außerdem ist Aussaat möglich.

Weitere Namen Katzengras, Bambusgras

Ein „Bambus" für die Fensterbank mit zierlichen, im Alter überhängenden Trieben

P. scutellaria

Fiederaralie

Polyscias-Arten

		Höhe 80–150 cm	anspruchs-voll

Fiederaralie

Die Art *P. scutellaria* entwickelt hübsche, weißgrüne oder reingrüne, runde Blätter. Die anderen Arten, die angeboten werden, haben fiederartiges Laub, wie es der deutsche Name schon andeutet: *P. filicifolia, P. guilfoylei* und *P. fruticosa*.

Auffällig sind die Stammformen, die es im Handel zu kaufen gibt.

Standort Ein heller oder halbschattiger Platz ohne pralle Sonneneinstrahlung ist ideal. Zugluft wird nicht vertragen. Außerdem sollte das Thermometer ganzjährig 18 °C oder mehr anzeigen – und das tags und nachts. Hohe Luftfeuchte ist für eine erfolgreiche Pflege sehr wichtig. Geschlossene Blumenfenster sind daher besonders gut für die Pflege dieser Pflanzen geeignet.

Gießen Achten Sie auf gleichmäßige Bodenfeuchte. Ballentrockenheit, aber auch Staunässe werden nicht vertragen. Weiches, zimmerwarmes Wasser verwenden. Öfter besprühen.

Nährstoffbedarf Mäßig; von November bis Februar nur schwach düngen.

Probleme Blattfall zeigt an, dass die Pflege nicht stimmt (zu nass, zu kalt, zu trockene Luft). Spinnmilben, Thripse sowie Schild- und Wollläuse können auftreten.

Umtopfen, wenn nötig im Februar/März

Vermehrung Kopfstecklinge bei hoher Boden- und Lufttemperatur (schwierig)

Attraktiv sind besonders die Stammformen, die wie Bonsai aussehen.

Pseuderanthemum

Pseuderanthemum

Pseuderanthemum atropurpureum

Höhe bis 80 cm

Das Pseuderanthemum hat leider einen fast unaussprechlichen Namen, der seiner wirklichen Schönheit aber keinen Abbruch leistet. Die Blätter zeigen sich in vielen Farben: weiß, mit metallischem Glanz, hellgrün, gelblich oder auch mit rosa oder violetten Flecken. Attraktiv ist die Sorte 'Tricolor' mit violett, cremeweiß und rosa gemustertem Laub.

Im Handel sind die Pflanzen manchmal mit Hemmstoffen behandelt. Diese Exemplare wachsen später auf der Fensterbank stärker in die Höhe.

Standort Ein heller bis halbschattiger Platz ohne Sonne ist ideal. Die Pflanze braucht Wärme, daher dürfen die Temperaturen auch im Winter nachts nicht unter 18 °C sinken. Eine hohe Luftfeuchtigkeit ist erwünscht.

Gießen Achten Sie auf gleichmäßige Bodenfeuchte. Staunässe vermeiden, Ballentrockenheit auch. Öfter besprühen. Weiches, zimmerwarmes Wasser verwenden.

Nährstoffbedarf Mäßig; von November bis Februar nur alle sechs Wochen düngen.

Schädlinge Weiße Fliege, Spinnmilben

Umtopfen, wenn nötig im Februar/März

Tipp Ein Rückschnitt fördert die Verzweigung.

Vermehrung Durch Kopfstecklinge von Frühjahr bis Sommer bei Temperaturen von etwa 25 °C. Am besten zieht man die Pflanzen alle ein bis zwei Jahre neu heran.

Aufrecht wachsende Blattschmuckpflanze, die durch weiße, gelbliche, hellgrüne Farbe und rosa oder violette Blattflecken etwas Besonderes ist.

Zimmeresche

Zimmeresche

Radermachera sinica

◯	Höhe bis 1,50 m

In die schöne Zimmeresche kann man sich leicht verlieben. Sie wächst schnell zu einem dekorativen „Zimmerbusch" mit attraktiven, glänzenden Blättern heran, der recht gesund ist und gerne einzeln steht. Im Handel erhältliche Pflanzen sind meist mit Hemmstoffen behandelt, daher verlieren sie später auf der Fensterbank ihren kompakten Wuchs und wachsen mehr in die Länge.

Standort Wählen Sie einen hellen Platz ohne direkte Mittagssonne. Im Winter steht die Zimmeresche etwa 18 °C warm und liebt auch hier frische Luft.

Gießen Im Sommer muss gleichmäßig und regelmäßig gegossen werden. Im Winter sparsamer wässern (der Zimmertemperatur anpassen). Staunässe und Ballentrockenheit sind zu vermeiden.

Nährstoffbedarf Mäßig; von Oktober bis Februar schwach düngen.

Probleme Blattfall bei zu trockener Pflege oder bei schlecht belüfteten Räumen; außerdem können Spinnmilben, Thripse und Wollläuse auftreten.

Umtopfen, wenn nötig im Frühling

Tipp Zu große Pflanzen werden in den oberen Bereichen im Frühjahr (!) zurückgeschnitten.

Vermehrung Frisch importierte Samen aussäen (schwierig, daher besser dem Gärtner überlassen).

Eleganter Zimmerbaum mit glänzenden, verzweigten Blättern, der einen Einzelplatz braucht.

Kapwein 'Evergreen Grapewine'

Rhoicissus digitata

Kapwein

Rhoicissus capensis

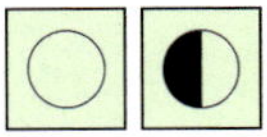

Höhe bis 2 m – je nach Kletterhilfe | pflegeleicht

Die beliebte Kletterpflanze braucht ein Topfspalier oder wird als dekorative Ampelpflanze gezogen. Sie steht gerne etwas kühler, daher eignet sie sich für Treppenhäuser und Eingangsbereiche. Im Sommer kann die Pflanze nach draußen in den Garten oder auf den Balkon gestellt werden. *R. digitata* hat gefingerte Blätter und wird wie *R. capensis* gepflegt.

Standort Ein halbschattiger und heller Platz, ohne pralle Sonne und nicht zu hohe Temperaturen, sind ideal. Im Winter darf die Temperatur nicht über 15 °C steigen, die Pflanze kommt sogar noch mit 5 °C zurecht.

Gießen Auf gleichmäßige Bodenfeuchtigkeit achten. Keinesfalls darf man diese Blattpflanze zu nass halten, aber auch ein trockener Wurzelballen muss vermieden werden. Weiches, zimmerwarmes Wasser dankt der Kapwein mit gutem Wachstum.

Nährstoffbedarf Mäßig; von November bis Februar nicht düngen.

Probleme Blattflecken und Laubfall bei zu kaltem Gießwasser. Blattläuse und Spinnmilben sind möglich.

Umtopfen, wenn nötig vom Frühling bis Sommer möglich

Tipp Wählen Sie eine stabile Kletterhilfe für die Pflanze.

Vermehrung Stecklinge, Aussaat

Weitere Namen Sumachwein, Königswein

Schnell wachsende Blattschmuckpflanze mit schönem „Weintrauben-Laub“

Bogenhanf

Sorte des Bogenhanfes

Sansevieria cylindrica 'Skyline'

Bogenhanf, Sansevierie

Sansevieria trifasciata

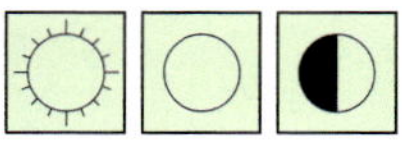

Höhe 10–80 cm | pflegeleicht

Es gibt mehrere Sorten mit grünen Blättern oder grüne mit weißem beziehungsweise gelbem Rand. Im Wuchsverhalten kann man zwei verschiedene Typen kaufen: mit langen, lanzettlichen Blättern und mit kurzen, rosettenartigen. Ältere Exemplare können duftende Blüten entwickeln. *S. cylindrica* 'Skyline' gefällt wegen ihrer langen, dolchartigen Blätter. Empfehlenswert ist auch *S. pinguicula*.

Standort Sonnig, aber auch halbschattig. Temperaturen bis 30 °C werden vertragen. Im Winter kühler, aber nicht unter 15 °C pflegen.

Gießen Nicht zu nass halten. Wässern Sie, wenn die Erde oberflächlich abgetrocknet ist. Im Winter sparsam gießen.

Nährstoffbedarf Gering bis mäßig, im Winter nicht düngen.

Erde Keine zu torfhaltige Erde, pH-Wert um 6, auf eine gute Dränage achten.

Probleme Blattflecken bei starken Licht-, Temperatur- oder Feuchtigkeitsschwankungen, Fäulnis bei zu nasser, kalter Pflege; Woll- und Schildläuse

Umtopfen, wenn nötig Im Frühjahr oder Sommer; wenn zu selten umgetopft wird, können die Rhizome sogar die Töpfe sprengen.

Vermehrung Teilung und Blattstecklinge. Bei den gelb gerandeten Sorten verschwinden die gelben Streifen, daher diese nur teilen.

Weiterer Name Schwiegermutterzunge

Interessante Blattschmuckpflanze mit senkrecht aufstrebenden, spitzen Blättern.

Hängender Steinbrech

Hängender Steinbrech

Saxifraga stolonifera

hängend bis 40 cm | pflegeleicht

Blüten von *S. stolonifera*

Die rosettenartig wachsende Hängepflanze ist pflegeleicht und lässt sich zudem noch sehr einfach über ihre „hängenden" Ausläufer vermehren. Einen schönen Kontrast bilden die grünen oder auch sortenabhängig weißgrünen Blätter an den rötlichen, fadenartigen Trieben. Die jungen Blätter sind meist an den Rändern leicht rötlich, was besonders gut zu den Trieben passt.

Standort In einer Ampel an einem halbschattigen bis hellen Platz.

Von Oktober bis Februar sind in der Ruhezeit Lufttemperaturen zwischen 8 und 12 °C vorteilhaft und bewirken eine attraktive Blüte ab dem Frühjahr.

Gießen Mäßig wässern und Staunässe vermeiden. Das Wasser muss ablaufen können, daher für eine gute Dränage sorgen.

Nährstoffbedarf Mäßig; von Oktober bis Februar wird nicht gedüngt.

Probleme An zu schattigen Plätzen bleichen die Blätter aus und die Pflanze kommt nicht zur Blüte, Blattläuse möglich.

Umtopfen, wenn nötig im Frühjahr bis Sommer; alte Pflanzen, die geblüht haben, werden entfernt und nur die neu durch Ausläufer gebildeten werden eingetopft und auf der Fensterbank weitergepflegt.

Vermehrung Ausläufer

Weiterer Name Judenbart

Wird wegen ihres Blattschmuckes und des Wuchses gepflegt.

Weiß-grüne Form der Strahlenaralie

Grünblättrige Form

Strahlenaralie

Schefflera arboricola

Höhe 80–150 cm

Die Strahlenaralie ist eine beliebte Blattschmuckpflanze, die im Sommer auch nach draußen an einen hellen, nicht vollsonnigen und geschützten Platz ohne Zugluft gestellt werden kann. Ihre Heimat ist Taiwan, wo sie eine Höhe von 40 m erreicht und durch ihre weißlichen Blüten gefällt. Auf der Fensterbank bleibt die Pflanze kleiner. Es gibt viele Sorten, auch mit weißbunten Blättern. Enthält giftige (haut- und schleimhautreizende) Substanzen.

Standort Ein heller bis sonniger Platz, ohne intensive Sonne, ist wünschenswert. Von Oktober bis Februar braucht die Strahlenaralie einen sehr hellen Platz mit Temperaturen nicht unter 15 °C (panaschierte Sorten bei 18 °C). Steht sie zu kühl, kommt es zum Blattabwurf.

Gießen Mäßig feucht halten, Staunässe unbedingt vermeiden. Öfter besprühen. Während der lichtarmen Jahreszeit weniger wässern.

Nährstoffbedarf Mäßig; in den Wintermonaten schwach düngen.

Schädlinge Thripse, Schild- und Wollläuse, Spinnmilben

Umtopfen, wenn nötig Frühjahr bis Sommer

Tipp Ältere Exemplare können im Frühjahr kräftig zurückgeschnitten werden.

Vermehrung Kopf- und Triebteilstecklinge, die nicht zu stark verholzt sind.

Weitererr Name Lackblatt, Schefflera

Dekoraktive Blattschmuckpflanze mit strahlenförmig angeordneten Blättern

Fingerartige Blätter

Fingeraralie

Schefflera elegantissima
(syn. *Dizyogotheca elegantissima*)

Höhe 1–1,5 m

Fingeraralie

Die Fingeraralie ist eine dekorative Blattpflanze mit feinen, schmalen, gefingerten Blättern. Erst sehr alte Exemplare bekommen große, weniger gefingerte Blätter. Enthält giftige (haut- und schleimhautreizende) Substanzen.

Standort Wählen Sie einen sonnigen bis hellen und luftfeuchten Platz. Intensive Hochsommersonne verträgt diese Pflanzenart nicht. Zimmertemperaturen genügen, sie kann aber auch wärmer stehen. Im Winter darf das Thermometer nicht unter 18 °C fallen. Zugluft ist unbedingt zu vermeiden. Bekommt die Pflanze „kalte Füße", besonders im Winter, und wird sie dazu noch zu viel gegossen, wird man die längste Zeit Freude mit ihr gehabt haben.

Gießen Mäßig, aber regelmäßig, zu nass darf die Fingeraralie nicht gehalten werden. Verwenden Sie stets abgestandenes und zimmerwarmes Wasser. Öfter besprühen.

Nährstoffbedarf Mäßig von Apr. bis Sept. sonst schwach düngen.

Schädlinge Schildläuse, Thripse und Spinnmilben, besonders bei zu trockener Luft und Sonne, Blattläuse an Neutrieben

Umtopfen, wenn nötig im Frühling vor dem Austrieb

Tipp Ein Rückschnitt ist von Frühjahr bis Sommer möglich.

Vermehrung Kopfstecklinge im Frühjahr, besser aber Aussaat mit frischem Saatgut

Elegante Blattschmuckpflanze für fortgeschrittene Anfänger

Die Gefleckte Efeutute eignet sich auch als Bodendecker im Wintergarten.

Gefleckte Efeutute

Scindapsus pictus

Gefleckte Efeutute

○	◐	Höhe je nach Kletterhilfe	anspruchs-voll

Die Gefleckte Efeutute ist so etwas wie die anspruchsvollere Ausgabe der Efeutute (*Epipremnum,* Seite 173). Sie besitzt sehr schöne smaragdgrüne „Herzblätter“, die von vielen silberweißen Punkten übersät sind. Die Sorte 'Argyalus' hat zudem einen dekorativen weißen Blattrand. Die Kletterpflanze braucht eine Kletterhilfe, zum Beispiel Korkstäbe oder ein Topfspalier, und kann hier bis zu 10 m hoch wachsen. Oder man pflegt sie in einer Ampel. Wegen ihres Wunsches nach hoher Luftfeuchte und viel Wärme eignet sich die Pflanze für geschlossene Blumenfenster. Die Gefleckte Efeutute enthält giftige Substanzen.

Standort Ein heller oder halbschattiger Platz bei ganzjährig 18 bis 22 °C ist ideal. Hohe Luftfeuchte ist wichtig.

Gießen Mäßig, aber regelmäßig wässern. Ballentrockenheit und Staunässe werden nicht vertragen. Verwenden Sie zimmerwarmes, weiches Wasser – zum Gießen und Besprühen.

Nährstoffbedarf Mäßig; von November bis Februar alle vier Wochen leicht düngen.

Umtopfen, wenn nötig im Frühjahr oder Sommer

Vermehrung Kopf- und Triebstecklinge mit ein oder zwei Blättern. Nach der Wurzelbildung stutzen, um die gewünschte Verzweigung zu erhalten.

Weiterer Name Buntes Herzblatt

Anspruchsvolle Blattschmuckpflanze, die nicht überall gedeiht.

Bubiköpfchen

Nahaufnahme der Blätter

Bubiköpfchen

Soleirolia soleirolii

Höhe 5–15 cm | pflegeleicht

In seiner Heimat Korsika und Sardinien wächst das Bubiköpfchen an halbschattigen und sogar schattigen Plätzen zwischen Mauerfugen, Steinen und Felsen. Auf der Fensterbank wirkt es besonders schön in einem bauchigen Übertopf. Es sieht dann ein wenig wie ein Kopf mit grünem Haar aus, eben ein Bubikopf. Im Handel gibt es mittlerweile verschiedene Sorten mit silbergrauen oder gelbgrünen Blättchen.

Standort Das Bubiköpfchen kommt an hellen, halbschattigen aber auch schattigen Stellen zurecht. Es verträgt warme Temperaturen, aber auch kühlere bis 5 °C, besonders im Winter, wenn die kühleren Temperaturen für die Pflanze sogar günstiger sind. Wenn Sie die Pflanze im Winter warm stellen, dann rücken Sie sie ans Fenster, weil sie jetzt möglichst viel Licht braucht.

Gießen Auf gleichmäßige Bodenfeuchte achten. Damit es nicht zur Fäulnis kommt, sollte man über den Untersatz wässern. Nach zehn Minuten abgießen. Im Winter bei niedrigeren Temperaturen weniger gießen.

Nährstoffbedarf Mäßig; im Winter nicht düngen.

Probleme Steht die Pflanze zu warm oder zu dunkel, kommt es zum Vergeilen der Triebe.

Umtopfen, wenn nötig im Frühjahr

Tipp Idealer Bodendecker im Wintergarten

Vermehrung Teilung, Stecklinge

Pflegeleichte Blattpflanze mit rasenartigem Wuchs

Gelbgrüne Form der Buntnessel

Rotblättrige Form

Rote Form mit grünem Rand

Buntnessel

Solenostemon scutellarioides (syn. *Coleus scutellarioides*)

Höhe 30–60 cm | pflegeleicht

Die Buntnessel wird nicht wegen ihrer unscheinbaren Blüten, sondern der Blätter wegen gepflegt. Es gibt viele Sorten mit den ungewöhnlichsten Blattfarben – von Gelb über Hell- und Dunkelgrün bis Orange, Rot und Braun. Außerdem können Sie zwischen vielen Blattformen und -strukturen wählen. Es sieht besonders schön aus, wenn verschiedene Typen zusammenstehen. Enthält giftige Substanzen.

Standort Sonnig bis hell. In den warmen Monaten stehen die Pflanzen am besten im Freien in Schalen, Töpfen, Kübeln oder ausgepflanzt im Beet. Vor den ersten Frösten kommen sie in einen hellen Überwinterungsraum bei etwa 10 °C.

Gießen Auf gleichmäßige Wasserversorgung achten, Ballentrockenheit oder Staunässe vermeiden.

Nährstoffbedarf mäßig

Probleme Blattfall bei zu dunklem, warmem Stand im Winter; Blattläuse, Spinnmilben, Weiße Fliege

Umtopfen, wenn nötig im Frühjahr; am besten ist es aber, wenn man die Pflanzen jährlich neu anzieht.

Vermehrung Durch Aussaat von Februar bis Juni, auch Stecklinge. Nicht vergessen, die Jungpflanzen mehrmals zu stutzen, damit sie sich schön verzweigen.

Einmalig in ihrer Farbenvielfalt; Blattschmuckpflanze in Gelb, Orange, Rot, Grün und Braun

Die wunderschöne Blüte der Zimmerlinde

Zimmerlinde

Sparmannia africana

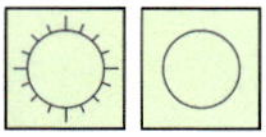

Höhe bis 2 m (3 m)

Die Zimmerlinde kann sich bei guter Pflege zu einem echten Zimmerbaum entwickeln. Die hübschen Blüten erscheinen von Dezember bis März und sind weiß mit roten und gelben Staubgefäßen. Interessant ist, dass sich die Staubgefäße (Staubblätter) nach außen bewegen, wenn man die Blütenmitte berührt. Bei Staunässe oder zu warmer Überwinterung blüht der Zimmerbaum nicht. Die Zimmerlinde enthält giftige (hautreizende) Substanzen.

Standort Sonnig bis hell und nicht zu warm, nie in der prallen Sonne. Im Sommer auch gerne draußen, dann aber windgeschützt. Überwintert wird hell, bei 10 bis 12 °C. Auch 5 °C werden vertragen.

Gießen Hoher Wasserbedarf, vor Ballentrockenheit und Staunässe schützen. Im Winter bei niedrigeren Temperaturen weniger gießen.

Nährstoffbedarf Hoch; von Oktober bis Februar nur alle sechs Wochen düngen.

Erde lockere, durchlässige, kräftige, möglichst schwach lehmhaltige Erde mit viel Humus

Probleme Blattfall bei zu dunklem, warmem oder trockenem Stand. Blattläuse, Spinnmilben, Weiße Fliege und Thripse können die Pflanze befallen.

Umtopfen, wenn nötig von Frühling bis Herbst

Tipp Nach der Blüte kann die Pflanze zurückgeschnitten werden. Verliert sie viele Blätter,

Beliebter Zimmerbaum für einen Einzelplatz, der im Winter seine schönen Blüten zeigt

Die Zimmerlinde wächst zu einem imposanten Baum heran.

kann man sie im März/April kräftig zurücknehmen.

Vermehrung Kopfstecklinge von kurzen Seitentrieben, die nach dem Stutzen des Haupttriebes anfallen. Die Bewurzelung findet nur bei hoher Luftfeuchte statt (unter Folie). Störende und zu große Blätter können bis auf die Hälfte verkleinert werden.

Stromanthe

Stromanthe

Stromanthe-Arten

○	Höhe 50–150 cm je nach Art	anspruchsvoll

Die Stromanthe ist nicht ganz einfach zu pflegen, daher sollten sich Anfänger erst einmal nicht an ihr versuchen. Zwei Arten sind für die Zimmerkultur interessant: Die etwas kleinere *S. amabilis*, die nun den aktuellen Namen *Ctenanthe amabilis* trägt und die größere *S. sanguinea*. Von jeder Art kann man verschiedene Sorten käuflich erwerben, die sich durch unterschiedliche Blattfarben und -formen unterscheiden.

Standort Suchen Sie einen hellen Platz, aber schützen Sie die Pflanze vor direkter Sonne. Die Temperatur sollte im Sommer bei 22 bis 30 °C liegen und darf im Winter nicht unter 18 °C fallen. Hohe Luftfeuchte ist wichtig. Die Stromanthe lässt sich deshalb am erfolgreichsten im geschlossenen Blumenfenster pflegen, aber das besitzt natürlich nicht jeder.

Gießen Regelmäßig wässern und stets gut feucht halten. Öfter übersprühen. Weiches, zimmerwarmes Wasser verwenden.

Nährstoffbedarf Gering; von November bis Februar schwach düngen.

Probleme An zu dunklen Plätzen kommt es nicht zur typischen Blattmusterung; Spinnmilben, Thripse

Umtopfen, wenn nötig Im Frühjahr, am besten in niedrige Töpfe mit weitem Durchmesser setzen.

Vermehrung Rhizomteilung beim Umtopfen

Blattschmuckpflanze für Fortgeschrittene mit schön gefärbtem und gezeichnetem Laub

Purpurtute

Schöne Blattmusterung

Purpurtute

Syngonium podophyllum

Höhe je nach Kletterhilfe

Die Purpurtute gehört zu den bescheideneren Zimmerpflanzen, die beim näheren Betrachten viele Vorteile hat. Man kann sie als schöne Ampelpflanze pflegen oder an einem Spalier oder Topfstab hochleiten. Sie ist pflegeleicht und überrascht in der Jugend mit pfeilförmigen, ganzrandigen, im Alter mit geteilten und gelappten Blättern. Ältere Pflanzen entwickeln grüne Blütenkolben mit rötlich gefärbtem Hochblatt. Die im Handel erhältlichen Exemplare sind oft mit Hemmstoffen behandelt worden und verlieren später auf der Fensterbank ihren kompakten Wuchs.

Standort Ein heller Platz, ohne pralle Sonneneinstrahlung, wird gewünscht. Eine hohe Luftfeuchtigkeit ist wichtig, ebenso wie ganzjährige Raumtemperaturen von 18 bis 25 °C.

Gießen Während der Wachstumszeit mäßig wässern.

Wichtig: Weiches, zimmerwarmes, abgestandenes Wasser verwenden. Öfter mit besprühen und die Blätter mit einem feuchten Tuch abwischen.

Nährstoffbedarf Gering bis mäßig; im Winter höchstens einmal düngen.

Probleme Bei Staunässe faulen die Wurzeln.

Umtopfen, wenn nötig im Februar/März

Vermehrung Am einfachsten durch Stecklinge, da sich oft an den Wachstumsknoten bereits erste Wurzeln gebildet haben.

Blattschmuckpflanze mit grünem oder silbrig-grün-weiß panaschiertem Laub

Kastanienwein

Kastanienwein

Tetrastigma voinierianum

◐	●	Höhe je nach Kletterhilfe	pflegeleicht

Diese Kletterpflanze braucht ein Topfspalier. Die kräftigen Ranken können eine Länge von 4 m und mehr erreichen. Ältere Pflanzen brauchen daher sehr viel Platz. Die Blätter können drei- oder fünfflappig sein.

Standort Halbschattig, auch schattig, ohne pralle Sonne und Zimmertemperaturen. 10 °C sollten nicht unterschritten werden, auch nicht in den Wintermonaten oder nachts. Dunkle Zimmerecken sind ungeeignet.

Gießen Auf gleichmäßige Bodenfeuchtigkeit achten. Keinesfalls darf man die Blattpflanze zu nass halten, aber auch ein trockener Wurzelballen muss vermieden werden. In den Wintermonaten wird weniger gegossen. Wassergaben sind dann der Temperatur und Helligkeit anzupassen.

Nährstoffbedarf Mäßig bis hoch; im Winter nur alle sechs Wochen Dünger geben. Je weniger man düngt, desto langsamer wächst die Pflanze.

Schädlinge Thripse

Umtopfen, wenn nötig Ende Februar bei Wachstumsbeginn

Tipps Trockenere Zimmerluft wird vertragen. Bei Bedarf zurückschneiden, da die Pflanze sehr stark wächst.

Vermehrung Teiltriebstecklinge von Frühjahr bis Sommer. Auf hohe Luftfeuchte achten.

Weiterer Name Tonkingwein

Stark wachsende Blattpflanze, die durch ihre großen, kastanienartigen Blätter auffällt.

Henne mit Küken

Henne mit Küken

Tolmiea menziesii

Die „Küken“ sitzen über den größeren Blättern.

Höhe 15–20 cm | pflegeleicht

Der deutsche Name deutet es schon an: Diese Zimmerpflanze besteht aus einer Mutterpflanze, die sich schnell mit vielen Küken, also Tochterpflanzen, umgibt. Die zarten, herzförmigen Blätter sind teilweise schön weiß-grün panaschiert. Auch schön als dekorative Ampelpflanze verwendbar.

Standort Hell bis halbschattig, ohne direkte Sonne und eher kühl, so möchte die Huckepack-Pflanze gerne stehen. Im Winter sollten die Temperaturen allerdings nicht unter 10 °C fallen.

Gießen Mäßig, je kühler die Pflanze steht, desto weniger muss gegossen werden. Staunässe wird vertragen.

Nährstoffbedarf Mäßig; von Oktober bis Februar wird nicht gedüngt.

Probleme Bei zu sonnigem Stand sind braune Blätter möglich. Außerdem kommen Weiße Fliege, Spinnmilben und Blattläuse vor.

Umtopfen, wenn nötig im Frühjahr oder Sommer

Vermehrung Durch die Tochterpflanzen mit dem Mutterblatt, an dem sie wachsen. Stellen Sie einen Topf mit Erde direkt unter ein solches Blatt. Das Blatt muss die Erde berühren. Die Bewurzelung erfolgt so von alleine.

Weitere Namen Huckepack-Pflanze, Tausendmütterchen, Kindchen in Mutters Schoß, Kindchen im Schoß

Tradeskantien sind schöne Ampelpflanzen

Rosa-bunte Sorte der Tradeskantie

Tradescantia spathacea

Dreimasterblume, Tradeskantie

Tradescantia-Arten

hängend 20–60 cm | pflegeleicht

Die Blätter dieser Anfänger-Pflanze sind vielfältig grün-, weiß, gelb- oder rosa gestreift und mit reingrüner, roter oder bräunlicher Blattunterseite. Die weißen Blüten sind unscheinbar und zeigen sich im Spätwinter und Frühjahr. Bekannte Arten sind: *T. fluminensis* (syn. *T. albiflora*) und *T. pallida* (syn. *Setcreasea pallida*). *T. spathacea* (syn. *Rhoeo discolor)* entwickelt bis 30 cm lange und unterseits auffällig purpurrot gefärbte Blätter.

Standort Hell aber ohne direkte Sonne. Die Temperatur darf im Winter nicht unter 10 °C fallen, besser sind etwa 15 °C.

Gießen Regelmäßig wässern, ab und zu besprühen, eine höhere Luftfeuchte ist günstig.

Nährstoffbedarf Gering; von November bis Februar schwach düngen.

Probleme An zu dunklen Plätzen kommt es nicht zur typischen Blattfarbe und -musterung. Weiche Triebe entstehen durch zu viele Nährstoffe und zu nasser Pflege. Blattläuse sind möglich. Bei *T. spathacea* auch Spinnmilben und Thripse bei zu trockener Luft.

Umtopfen, wenn nötig im Frühjahr

Tipps Entspitzen Sie die Triebe regelmäßig, damit die Pflanze schön kompakt bleibt. Die langtriebigen Arten werden am besten jährlich neu aus Stecklingen angezogen.

Vermehrung Stecklinge in Erde oder in einem Glas mit Wasser bewurzeln (einfach).

Für Anfänger zu empfehlende Blattschmuckpflanze mit vielfältiger Laubfärbung

Zebrakraut

Zebrakraut

Tradescantia zebrina var. *zebrina*
(syn. *Zebrina pendula, Tradescantia pendula*)

○	hängend bis 50 cm	pflegeleicht

Das hängende Zebrakraut ist eine echte Anfänger-Pflanze, die sich zudem noch sehr einfach vermehren lässt. Es gibt mehrere Sorten, zum Beispiel 'Discolor' mit dunklem Mittelstreifen und 'Quadricolor' mit silbrig-rosa-cremefarbenen Streifen.

Standort Suchen Sie einen hellen bis sehr hellen Platz, aber schützen Sie die Pflanze vor direkter Sonne. Die Temperatur darf im Winter nicht unter 15 °C fallen.

Gießen Stets mäßig feucht halten und mit weichem Wasser gießen. Sehr nasses Erdreich und Staunässe werden nicht vertragen und müssen vermieden werden. Im Winter weniger Wasser geben, aber nicht austrocken lassen.

Nährstoffbedarf Gering; von November bis Februar nicht düngen.

Probleme Faulende Blätter bei Staunässe; Blätter vergrünen an zu dunklen Standorten und verblassen an zu hellen. Außerdem kommen Blattläuse vor.

Umtopfen, wenn nötig von Frühjahr bis Sommer möglich

Tipp Entspitzen Sie die Triebe regelmäßig, damit die Pflanze schön kompakt und buschig wächst. Am besten zieht man die Pflanzen jährlich neu aus Stecklingen heran.

Vermehrung Stecklinge schneiden und in Erde oder einem Glas mit Wasser bewurzeln lassen (einfach).

Pflegeleichte Blattpflanze mit dekorativ gestreiftem Laub und purpurroter Blattunterseite

Yucca

Zu lange Stämme treiben nach dem Rückschnitt neu aus.

Yucca, Riesen-Palmlilie

Yucca elephantipes

Höhe bis zur Zimmerdecke und höher | pflegeleicht

Die Yucca gehört zu den unkomplizierten Zimmerpflanzen, die auch von völligen Anfängern erfolgreich gepflegt werden können. Die dicken, robusten Stämme mit den dunklen Blattschöpfen haben etwas Palmenartiges an sich. Man kann je einen Stamm pro Topf oder auch mehrere zusammenpflanzen. Leider erreichen diese Pflanzen irgendwann einmal die Zimmerdecke und müssen dann abgesägt werden, was man sich fast nicht traut. Leider geht es nicht anders und in der Regel treiben die Pflanzen wieder willig aus.

Standort Sonnig oder hell, luftig und während der warmen Monate am liebsten draußen an der frischen Luft. Im Winter werden Zimmertemperaturen vertragen, aber auch ein kühlerer Platz bei 5 bis 10 °C.

Gießen Mäßig, aber regelmäßig. Im Winter trockener halten.

Nährstoffbedarf Mäßig; wenn die Pflanzen von November bis Februar unter 10 °C stehen, wird nicht gedüngt, ansonsten alle sechs Wochen.

Schädlinge Spinnmilben, Schild- und Wollläuse

Umtopfen, wenn nötig im März/April

Vermehrung Kopfstecklinge und Stammstücke bewurzeln von Frühjahr bis Sommer bei 25 °C. Die Schnittstellen müssen vorher mit Wundmitteln verschlossen werden.

Beliebte und bekannte Blattschmuckpflanze und gute Alternative zu Palmen

Zamioculcas liebt einen hellen Platz.

Zamioculcas

Zamioculcas

Zamioculcas zamiifolia

○	◐	Höhe 30–60 cm	pflegeleicht

Seit die Zamioculcas 1996 wieder eingeführt wurde, erfreut sie sich ständig wachsender Beliebtheit. Als Grünpflanze ist sie bereits seit 1828 bekannt, geriet aber in der Zwischenzeit in Vergessenheit. Zwei Bedingungen stellt die Zamioculcas: nicht zu kalt und nicht zu nass. Man kann die Blattfarbe und die Größe durch die Helligkeit beeinflussen. Je heller desto wuchsfreudiger die Pflanze und heller die Blätter. Enthält giftige Substanzen.

Standort Ein heller bis halbschattiger Platz, ohne pralle Sonne, wird gewünscht. Und es muss warm sein, auch im Winter sollten die Temperaturen möglichst über 18 °C liegen. Trockene Zimmerluft wird gut vertragen.

Gießen Lieber ein wenig zu trocken, als zu feucht. Man kann das Wässern schon einmal vergessen, da die Pflanze in ihrem fleischigen Rhizom Wasser speichert.

Nährstoffbedarf Gering bis mäßig; von November bis Februar schwach düngen.

Probleme Zu nasser Stand führt zum Vergilben der unteren Blätter und Fäulnis.

Umtopfen, wenn nötig im März/April

Vermehrung Teilung beim Umtopfen oder durch einzelne Fiederblätter, die man von den Blättern abgenommen hat. Man steckt sie senkrecht in durchlässige Erde. Es kann Monate dauern, bis sich der Austrieb aus dem Rhizom zeigt, das sich in der Erde entwickelt hat.

Pflegeleichte Blattschmuckpflanze für Blumenfreunde mit wenig Zeit

Fächerpalmenblatt

Palmen

Wenige Pflanzen verkörpern so sehr das Flair von Exotik, Dschungel und Urlaub wie die Palmen. Ihre Heimat sind die tropischen und subtropischen Regionen der Erde. Die Pflanzen besiedeln die unterschiedlichsten Lebensräume, vom Meeresstrand über Regenwälder bis in Wüsten und Bergregionen.

Es gibt einige sehr pflegeleichte Palmen, die auch von Anfängern im Zimmer erfolgreich gepflegt werden können. Die meisten brauchen im Laufe der Zeit viel Platz und am besten einen Einzelplatz, um gut zur Geltung zu kommen. Die Kokospalmen mit der großen Nuss im Topf, die man vielerorts kaufen kann, sehen wunderschön aus, sind aber leider in der Pflege sehr heikel. Meistens gehen sie über kurz oder lang ein.

Viele Palmen sind in ihrer Heimat wichtige Nutzpflanzen. Man kultiviert sie wegen ihrer Früchte (Datteln, Kokosnüsse), zur Gewinnung von Palmöl, junge Triebe mancher Palmen werden wie Gemüse verwendet (Palmherzen) und das Mark der Sagopalme liefert das bekannte Geliermittel Sago. Die Rattanpalme, die übrigens mit einer Höhe von über 200 m die längste Palme der Welt ist, wächst lianenförmig und wird zur Herstellung von Korb- und Flechtmöbeln verwendet. Und schließlich dienen ausgehöhlte Stämme als Boote und die Blätter als Dachbaumaterial.

Betelpalme

Chamaedorea metallica wird oft als Areca-Palme verkauft.

Betelpalme

Areca catechu

Höhe bis 2 m

Die Betelpalme ist nicht ganz einfach zu pflegen. Die verlangte hohe Luftfeuchtigkeit kann in unseren Wohnräumen meistens nicht erreicht werden. Daher ist die Kultur am erfolgversprechendsten im warmen Gewächshaus oder Wintergarten. Junge Pflanzen entwickeln ungeteilte Blätter mit einer V-förmigen Spitze. Es dauert einige Jahre, bevor sich die typischen Fiederblätter entwickeln.
Insgesamt wächst die Betelpalme langsam und erreicht erst nach Jahren eine Höhe von 1,5 bis 2 m.

Standort Ein heller bis halbschattiger Platz bei ganzjährigen Temperaturen von 20 bis 24 °C, mindestens jedoch 18 °C, ist ideal. Für hohe Luftfeuchte sorgen. Vermeiden Sie Zugluft.

Gießen Achten Sie auf gleichmäßige, gute Bodenfeuchte. Der Wasserbedarf ist hoch. Ballentrockenheit wird nicht vertragen. Die Blätter häufig besprühen. Zimmerwarmes Wasser verwenden.

Nährstoffbedarf Gering; von Oktober bis Februar wird nicht gedüngt.

Schädlinge Spinnmilben, Thripse, Schild- und Wollläuse

Umtopfen, wenn nötig im März/April

Vermehrung Aussaat bei etwa 25 °C (zwei bis drei Monate Keimdauer)

Weiterer Name Betelnusspalme

Langsam wachsende Palme für luftfeuchte Plätze – für fortgeschrittene Zimmergärtner

Die Blätter sind wie ein Fischschwanz geteilt.

Fischschwanzpalme

Fischschwanzpalme

Caryota mitis

Höhe bis 3 m

Der deutsche Name leitet sich von der Blattform ab, die an einen Fischschwanz erinnert. Die Pflanze selbst wirkt wegen der Blätter nicht palmentypisch und ist wegen der gewünschten hohen Luftfeuchte nicht ganz einfach zu pflegen.

Sie entwickelt mehrere Stämme mit aufrechten und schlanken Trieben.

Standort Ein heller Platz bei ganzjährigen 20 bis 25 °C, mindestens jedoch 16 °C (auch nachts und im Winter) ist Voraussetzung für eine erfolgreiche Pflege. Sorgen Sie für eine möglichst hohe Luftfeuchtigkeit (Sprühen oder im warmen Gewächshaus oder Wintergarten kultivieren).

Gießen Achten Sie auf gleichmäßige, gute Bodenfeuchte. Der Wasserbedarf ist mäßig bis hoch. Ballentrockenheit wird nicht vertragen, genauso wenig wie Staunässe. Häufig besprühen. Weiches, zimmerwarmes Wasser verwenden.

Nährstoffbedarf Mäßig; im Winter nur alle vier bis sechs Wochen düngen.

Schädlinge Schildläuse, Thripse, außerdem Spinnmilben

Umtopfen, wenn nötig im März/April

Vermehrung Seitensprosse abtrennen und neu eintopfen; außerdem Aussaat

Weiterer Name Buschige Fischschwanzpalme

Hübsche Palme mit außergewöhnlichen, palmenuntypischen Blättern

Bergpalme

Blattdetail

Bergpalme

Chamaedorea elegans

Höhe bis 1 m und mehr | pflegeleicht

Die Bergpalme gehört zu den pflegeleichten Palmen. Sie besitzt filigrane Wedel, die leicht überhängen. Blüten können sich schon an jungen Pflanzen entwickeln. *C. elegans* ist zweihäusig, das heißt, dass es männliche und weibliche Pflanzen dieser Artegibt.

Standort Wählen Sie einen hellen bis halbschattigen Platz bei Lufttemperaturen um 20 °C, im Sommer auch gerne draußen. Direkte Sonne vermeiden. Von Oktober bis Februar darf das Thermometer 12 bis 15 °C anzeigen. Hohe Luftfeuchte ist wünschenswert.

Gießen Hoher Wasserbedarf, das Erdreich darf nicht austrocknen, sondern muss immer gut feucht gehalten werden. Staunässe wird nicht vertragen. Im Winter etwas sparsamer gießen. Die Blätter werden öfter besprüht, da hohe Luftfeuchte gewünscht wird.

Nährstoffbedarf Mäßig bis hoch; von Oktober bis Februar nur alle vier bis sechs Wochen düngen.

Schädlinge Spinnmilben und Thripse können auftreten.

Umtopfen, wenn nötig im März/April

Vermehrung Aussaat (Keimdauer kann mehrere Monate betragen), außerdem Abmoosen

Weitere Namen Mexikanische Bergpalme, Zierliche Bergpalme

Robuste Zimmerpalme, die im Sommer gerne im Kübel draußen gepflegt werden will.

Europäische Zwergpalme

Im Sommer steht die Zwergpalme gerne draußen.

Europäische Zwergpalme

Chamaerops humilis

Höhe 1–2 m | pflegeleicht

Die Zwergpalme gefällt durch ihre großen, fächerartigen, tief geschlitzten Blätter und braucht einen Einzelplatz, um richtig zur Geltung zu kommen.
Im Alter bildet die Pflanze kurze Stämme, die von braunen Fasern umgeben sind. Erst ältere Pflanzen blühen in gelben oder orangeroten Blütenständen. Das passiert allerdings auf der Fensterbank nur selten.

Standort Ein sonniger bis heller Platz, der im Sommer warm, im Winter zwischen 8 bis 12 °C kühl ist. Im Sommer steht die Palme am besten auf Balkon und Terrasse oder im Garten. Im Winter reicht auch ein halbschattiger Platz, wenn die Temperaturen unter 10 °C liegen.

Gießen Das Erdreich muss in der Wachstumszeit immer gut feucht gehalten werden. Ballentrockenheit, Nässe oder Staunässe werden nicht vertragen. Sorgen Sie für eine gute Dränage im Topf.
Öfter die Blätter besprühen. Im Winter sparsamer gießen.

Nährstoffbedarf Mäßig; von Oktober bis Februar wird nicht gedüngt.

Schädlinge Schildläuse, Spinnmilben

Umtopfen, wenn nötig im März/April in kräftige, lehmig-humose Erde

Vermehrung Aussaat im März (Keimung dauert lange)

Weiterer Name Zwergpalme

Robuste Palme mit schönen Fächerblättern, die sich für Anfänger eignet.

Jungpflanze mit ungefiederten Blättern

Goldfruchtpalme mit ihren feinen Fiederblättern

Goldfruchtpalme

Chrysalidocarpus lutescens

Höhe 1,5–2,5 m

Die Goldfruchtpalme wächst in Gruppen von dünnen Stämmchen mit den palmentypischen Blattwedeln.

In ihrer Heimat erreicht die Art eine Höhe von über 15 m, bei uns bleibt sie mit bis zu 2,5 m deutlich kleiner. Die Blätter wachsen dicht nebeneinander und hängen im oberen Teil elegant über.

Standort Ein heller Platz, ohne pralle Sonne bei ganzjährigen 20 bis 24 °C, mindestens jedoch 16 °C (auch nachts und im Winter) ist Voraussetzung für eine erfolgreiche Pflege. Sorgen Sie für eine möglichst hohe Luftfeuchtigkeit (sprühen oder im warmen Gewächshaus oder Wintergarten halten).

Gießen Achten Sie auf gleichmäßige, gute Bodenfeuchte. Der Wasserbedarf ist hoch. Ballentrockenheit wird nicht vertragen, genauso wenig wie Staunässe. Häufig besprühen. Weiches, zimmerwarmes Wasser verwenden.

Nährstoffbedarf Gering; von November bis Februar nur schwach düngen.

Schädlinge Thripse, Spinnmilben

Umtopfen, wenn nötig im März/April in leicht saure Erde (pH-Wert bei 6)

Vermehrung Aussaat (Keimung dauert mindestens einen Monat) oder Ausläufer abtrennen und neu eintopfen.

Weitere Namen Arecapalme, Madagaskar-Goldfruchtpalme

Elegante und üppig wachsende Palme für einen Einzelplatz in größeren Räumen

Kokospalmen

Kokosnüsse werden nur in den Tropen angesetzt.

Kokospalme

Cocos nucifera

Höhe 1–3 m | anspruchsvoll

Wer Erfolg mit dieser Pflanze haben möchte, der muss im Winter für Zusatzlicht sorgen und durch geeignete Methoden (Besprühen, warmes Gewächshaus oder Wintergarten) die Luftfeuchtigkeit ganzjährig hoch halten. Leider ist das oft nicht möglich und die Kokospalme geht in vielen Zimmern innerhalb der ersten beiden Jahre ein.

Eine klein bleibende Sorte der Art ist 'Malayan Dwarf'.

Standort Ein heller bis sehr heller Platz ohne pralle Sonneneinstrahlung bei 20 bis 24 °C im Sommer und etwa 18 °C im Winter, wenn es hell genug ist. Im Winter wird es diesen Palmen in unseren Breiten zu dunkel, daher ist für ein gesundes Wachstum eine Zusatzbeleuchtung erforderlich.

Gießen Für gleichmäßige Bodenfeuchte sorgen. Der Wasserbedarf ist hoch. Ballentrockenheit wird nicht vertragen, genauso wenig wie Staunässe. Die Blätter häufig besprühen. Weiches und zimmerwarmes Wasser verwenden.

Nährstoffbedarf Mäßig; von November bis Februar nur alle sechs Wochen düngen.

Schädlinge Spinnmilben, Thripse, außerdem Schildläuse

Umtopfen, wenn nötig im März/April, für eine gute Dränage sorgen

Vermehrung durch vorgekeimte Kokosnüsse möglich

Nicht ganz einfach zu pflegende Palme, die hohe Ansprüche an Licht und Luftfeuchtigkeit stellt.

In den Tropen blüht die Assaipalme.

Assaipalme

Assaipalme

Euterpe edulis

◯	Höhe bis 2 m	anspruchs-voll

Auch die Assaipalme liebt – wie viele der anderen hier besprochenen Palmen auch – eine hohe Luftfeuchtigkeit, für die mit geeigneten Maßnahmen (Besprühen, warme Gewächshaus- oder Wintergartenkultur, geschlossene Blumenfenster) gesorgt werden muss. Außerdem werden hohe Temperaturen verlangt. Das ist besonders in den kalten Monaten im Zimmer ein Problem. Ist die Luftfeuchte zu niedrig, wird die Pflanze auf Dauer eingehen. Diese Palme braucht im Alter viel Platz.

Standort Ein heller und warmer Platz bei ganzjährigen 20 bis 24 °C, mindestens jedoch 18 °C – auch im Winter und nachts – ist ideal. Für hohe Luftfeuchte sorgen.

Gießen Achten Sie auf gleichmäßige, gute Bodenfeuchte. Der Wasserbedarf ist bei dieser Art hoch.
Ballentrockenheit wird keinesfalls vertragen. Häufig besprühen. Zimmerwarmes Wasser verwenden.

Nährstoffbedarf Gering bis mäßig; von Oktober bis Februar schwach düngen.

Schädlinge Schildläuse, Spinnmilben und Thripse kommen vor.

Umtopfen, wenn nötig im März/April

Vermehrung Aussaat; Keimung dauert über einen Monat.

Weitere Namen Jucarapalme, Kohlpalme, Acai

Schöne, aber heikle Palme mit elegant überhängenden Fiederblättern

Blattdetail

Kentiapalme

Kentiapalme

Howea forsteriana

○	◐	Höhe 2–3 m (7 m)	pflegeleicht

Die Kentiapalme gehört mit zu den bekannteren und robusten Palmenarten. Sie kommt auch an einem schattigen Platz zurecht, zumindest eine Zeit lang, und nimmt auch ansonsten nicht gleich jeden Pflegefehler gleich übel.

Im Angebot ist außerdem die Bogige Kentiapalme *(H. belmoreana)* mit steil nach oben stehenden Blattwedeln.

Standort Ein heller bis halbschattiger Platz bei ganzjährigen 20 bis 24 °C, mindestens jedoch 18 °C (auch im Winter und nachts), ist wünschenswert. Sehr große Pflanzen können im Winter auch etwas kühler stehen. Im Sommer darf die Pflanze nach draußen, aber nur dann, wenn sie schon älter ist. Für hohe Luftfeuchte sorgen.

Gießen Achten Sie auf gleichmäßige, leichte Bodenfeuchte. Der Wasserbedarf ist mäßig. Staunässe und Ballentrockenheit werden nicht vertragen. Häufig besprühen. Weiches, zimmerwarmes Wasser verwenden, am besten Regenwasser.

Nährstoffbedarf Mäßig; von Oktober bis Februar nur alle vier bis sechs Wochen düngen.

Schädlinge Thripse, Spinnmilben, außerdem Schildläuse

Umtopfen, wenn nötig März bis August

Vermehrung Aussaat im Frühjahr

Weitere Namen Howeia, Howeapalme

Klassiker, schöner aufrecht wachsende Palme, deren große Fiederblätter leicht überhängen

Latanie

Latanie

Latania lontaroides (syn. *L. borbonica*)

○	◐	Höhe bis 2,5 m	anspruchs- voll

Die Latanie, die in ihrer Heimat bis 10 m hoch werden kann, gefällt wegen ihrer großen, tief eingeschnittenen Fächerwedel. Leider ist die Pflege schwierig und im „normalen" Zimmer oft nicht erfolgreich. Im ganzjährig warmen Gewächshaus oder Wintergarten gelingt die Kultur schon eher.

Teilweise findet man die Blaue Latanie *(Latania loddigesii)* und die Gelbe Latanie *(Latania verschaffeltii)* im Angebot der Gartenfachgeschäfte.

Standort Ein heller bis halbschattiger Platz bei ganzjährigen 20 bis 24 °C, mindestens jedoch 18 °C (auch im Winter und nachts), wird verlangt. Für hohe Luftfeuchte sorgen.

Gießen Achten Sie auf gleichmäßige, gute Bodenfeuchte. Der Wasserbedarf dieser Art ist hoch.

Staunässe und Ballentrockenheit werden nicht vertragen. Häufig besprühen. Weiches, zimmerwarmes Wasser verwenden, am besten Regenwasser.

Nährstoffbedarf Mäßig; von Oktober bis Februar nur alle vier bis sechs Wochen düngen.

Schädlinge Thripse, Spinnmilben

Umtopfen, wenn nötig im März/April in lockere, leichte Erde

Vermehrung Aussaat im Frühjahr (Keimung erst nach etwa zwei Monaten)

Weiterer Name Rote Latanpalme

Schöne, aber heikle Palme für Fortgeschrittene mit warmem Wintergarten oder Gewächshaus

Rundblättrige Livingstonpalme

Australische Livingstonpalme

Rundblättrige Livingstonpalme, Livistonie

Livistona rotundifolia

Höhe 2–4 m (7 m)

Diese Palmen-Art gefällt durch ihre eher rundlichen Blätter. Die Australische Livingstonpalme *(L. australis)* besitzt wunderschöne, große Fiederblätter, die an den Blattstielen bewehrt sind – Vorsicht Verletzungsgefahr. Ähnlich in Pflege und Aussehen ist die Chinesische Livingstonpalme *(L. chinensis)*.

Standort Wählen Sie einen sonnigen bis hellen Platz bei 18 bis 24 °C. Im Winter darf es mit 13 bis 15 °C etwas kühler sein – für *L. australis* und *L. chinensis* reichen sogar 10 °C aus. Die Pflanze kann im Sommer an einen warmen, geschützten Standort im Freien. Und sie gehört zu den Palmen, die auch trockenere Zimmerluft vertragen.

Gießen Achten Sie auf gleichmäßige, leichte Bodenfeuchte. Der Wasserbedarf ist mäßig. Im Winter etwas sparsamer gießen. Staunässe und Ballentrockenheit werden nicht vertragen. Häufig besprühen. Weiches, zimmerwarmes Wasser verwenden, am besten Regenwasser.

Nährstoffbedarf Mäßig; von Oktober bis Februar nur alle vier bis sechs Wochen düngen.

Schädlinge Schildläuse, Thripse

Umtopfen, wenn nötig im März/April in kräftige Erde mit etwas Lehm

Vermehrung Aussaat (Keimdauer bis zu vier Monate)

Weitere Namen Livingstonpalme und Waldpalme

Eindrucksvolle Palme mit schönen tief geteilten, glänzenden Fiederblättern

Die feinen Fiederblättchen

Kokospälmchen

Kokospälmchen

Microcoelum weddelianum (syn. Lytocaryum weddelianum)

○	Höhe 80–100 cm	anspruchsvoll

Auch das Kokospälmchen gehört zu denjenigen Palmen, die eine hohe Luftfeuchtigkeit und viel Wärme verlangen. Bekommen sie die nicht, gehen die Pflanzen über kurz oder lang ein. Eine erfolgreiche Pflege ist beim Kokospälmchen daher nur im warmen Gewächshaus, im Wintergarten oder einem geschlossenen Blumenfenster gewährleistet.

Standort Ein heller Platz ohne direkte Sonneneinstrahlung wird gewünscht. Die Temperaturen sollten im Sommer bei 20 bis 24 °C (auch höher) liegen, im Winter auch bei Kalthausbedingungen.

Gießen Achten Sie auf gleichmäßige, gute Bodenfeuchte. Ballentrockenheit wird nicht vertragen. Auf hohe Luftfeuchtigkeit achten, daher mindestens täglich besprühen.

Nährstoffbedarf Gering; von Oktober bis Februar nur alle acht Wochen düngen.

Probleme Braune Fiederspitzen kommen von Zugluft oder trockener Luft. Schildläuse, Spinnmilben und auch Thripse können an den Pflanzen vorkommen.

Umtopfen, wenn nötig Im März/April in Erden mit pH-Wert von etwa 5. Achtung: Die Wurzeln dürfen nicht verletzt werden.

Vermehrung Aussaat im Frühjahr (Keimdauer zwei bis drei Monate)

Kleinbleibende Palme für warme Wintergärten und Gewächshäuser oder geschlossene Blumenfenster

Kanarische Dattelpalme

Zwerg-Dattelpalme

Dattelpalme, Kanarische Dattelpalme

Phoenix canariensis

Höhe 1–2,5 m | pflegeleicht

Die Dattelpalme gehört zu den bekanntesten Palmen überhaupt. Ihre Robustheit und Pflegeleichtigkeit macht sie für Anfänger zur idealen Einsteiger-Palme. Die etwas schwieriger zu pflegende Zwerg-Dattelpalme *(P. roebelenii)* bleibt mit höchstens 1,5 m kleiner, braucht im Winter Temperaturen von 18 °C und kommt im Sommer nicht nach draußen. Die Echte Dattelpalme *(P. dactylifera)* ist eine nahe Verwandte, wächst etwas sparriger mit nicht so dicht angeordneten Fiedern.

Standort Sonnig bis hell im Sommer warm. Ab Oktober in einen kühlen Überwinterungsraum bei 5 bis 12 °C stellen. Gerne im Sommer draußen.

Gießen Das Erdreich muss in der Wachstumszeit immer leicht feucht sein. Ballentrockenheit, Nässe oder Staunässe werden nicht vertragen. Sorgen Sie für eine gute Dränage im Topf. Im Winter sparsamer gießen.

Nährstoffbedarf Gering; von Oktober bis Februar nicht düngen, außer *P. roebelenii*, die im Winter alle sechs Wochen schwach gedüngt wird.

Schädlinge Schildläuse, Spinnmilben, Thripse

Umtopfen, wenn nötig im März/April

Vermehrung Aussaat (drei Monate Keimdauer), der Samen muss bis zum völligen Eintrocknen an der Jungpflanze verbleiben.

Weiterer Name Phoenixpalme

Pflegeleichte Palme, die auf Dauer viel Platz braucht und dann besser als Kübelpflanze gepflegt wird.

Niedere Steckenpalme

Hohe Steckenpalme

Hohe Steckenpalme

Rhapis excelsa

Höhe 1–2 m | pflegeleicht

Diese Palme bildet vielstämmige Gruppen und erinnert ein wenig an den Bambus.
Die Niedere Steckenpalme *(R. humilis)* bleibt kleiner, die Fiedern sind zierlicher, aber zahlreicher. Die Pflege unterscheidet sich nicht von der oben genannten Art.
Standort Ein heller bis halbschattiger Platz, der während der Wachstumszeit etwa 20 °C warm ist. Gerne im Sommer auch an einem geschützten Standort auf Balkon und Terrasse oder im Garten.
Im Winter zwischen 5 bis 12 °C kühl kultivieren. Ist der Winterstandort hell, kann die Palme bei 18 °C gepflegt werden. Zugluft wird nicht vertragen.
Gießen Das Erdreich muss in der Wachstumszeit immer feucht sein. Ballentrockenheit, Nässe oder Staunässe werden nicht vertragen. Sorgen Sie für eine gute Dränage im Topf. Im Winter sparsamer gießen, die Pflanze darf aber nicht austrocknen.
Nährstoffbedarf Gering bis sehr gering; von November bis Februar nicht düngen.
Probleme Schildläuse und Thripse können vorkommen.
Zugluft möglichst vermeiden.
Umtopfen, wenn nötig im Februar/März
Vermehrung Ausläufer abtrennen und eintopfen, Aussaat, Teilung.
Weitere Namen Rutenpalme, Steckenpalme

Robuste, aufrechte Palme mit Bambus-Charme

Zwerg-Palmettopalme

Sabalpalme

Sabal-Arten

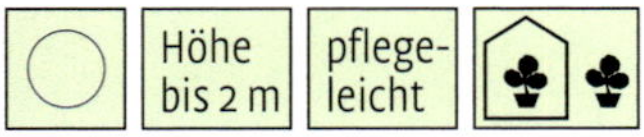

Zwei Arten sind im Gartenfachhandel zu finden Die Zwerg-Palmettopalme *(S. minor)* erreicht in der Höhe maximal 2 m. Die Blätter entwickeln sich direkt aus einem unterirdischen Stamm. Die Gewöhnliche Palmettopalme *(S. palmetto)* bildet einen oberirdischen Stamm, auf dem ein dichter, gedrungener Blattschopf sitzt.

Standort Wählen Sie einen hellen bis sehr hellen, warmen Platz, aber ohne pralle Sonneneinstrahlung. Gerne im Sommer auch auf Balkon und Terrasse oder im Garten, dort geschützt und besser halbschattig. Im Winter sind Temperaturen zwischen 8 bis 12 °C gewünscht.

Gießen Das Erdreich muss in der Wachstumszeit immer gut feucht sein. Ballentrockenheit, Nässe oder Staunässe werden nicht vertragen. Sorgen Sie für eine gute Dränage im Topf. Im Winter sparsamer gießen. Aber auch jetzt darf der Ballen nicht austrocknen.

Nährstoffbedarf Gering; von Oktober bis Februar nicht düngen.

Schädlinge Schildläuse, Spinnmilben, Thripse, Wollläuse

Umtopfen, wenn nötig Im März oder April, Wurzeln dürfen dabei nicht verletzt werden.

Vermehrung Aussaat (Keimung dauert länger)

Weiterer Name Palmettopalme

Hanfpalme

Wagners Hanfpalme

Hanfpalme

Trachycarpus fortunei (syn. *Chamaerops excelsa, C. fortunei*)

Höhe 2–3 m (12 m) | pflegeleicht

Die Hanfpalme bildet einen dicken Stamm, der mit braunen Fasern eindrucksvoll überzogen ist – so wie man sich das bei Palmen vorstellt. Sie wächst sehr langsam, daher sollte man sich nicht zu kleine Exemplare zulegen. Ihre Anspruchslosigkeit und Pflegeleichtigkeit macht sie zur geeigneten Anfänger-Palme. Die Pflanze kann auch bei uns von Juni bis Juli in etwa 30 cm langen Rispen blühen und später im Jahr fruchten.

Wagners Hanfpalme *(T. wagnerianus)* ist durch etwas kleinere, steifere Blätter gekennzeichnet. Diese Art wächst auch etwas langsamer.

Standort Diese Palme gedeiht an sonnigen Plätzen genauso gut wie an hellen bis halbschattigen. Im Winter sollte die Temperatur nicht über 10 °C steigen und der Standort muss so hell wie möglich gewählt werden.

Gießen Halten Sie das Erdreich in der Wachstumsperiode immer gut feucht. Im Überwinterungsraum wird sparsamer gegossen, aber austrocknen darf der Ballen nie.

Nährstoffbedarf Gering; von Oktober bis Februar wird nicht gedüngt.

Schädlinge Schildläuse und Thripse können vorkommen.

Umtopfen, wenn nötig im März/April

Vermehrung Aussaat (ist aber schwierig)

Weiterer Name Chinesische Hanfpalme, Chusanpalme

Robusteste Palme für unsere Breitengrade, wird in wintermilden Gegenden sogar draußen überwintert.

Die feinen Fäden am Blatt sind typisch für *W. robusta.*

Kalifornische Washingtonpalme

Kalifornische Washingtonpalme

Washingtonia filifera

Höhe 2–3 m (7 m)

Diese schnell wachsende Art wird für die Fensterbank rasch zu groß und eignet sich hervorragend für helle Treppenhäuser oder Eingangshallen, die allerdings ohne Zugluft sind. *W. filifera* entwickelt auffällige Bastfäden an den Blättern, die einer verwandten Art, der Mexikanischen Washingtonpalme *(W. robusta)*, oft ganz fehlen.

Standort Wählen Sie einen hellen, warmen Platz, aber ohne pralle Sonneneinstrahlung. Gerne im Sommer auch an einem geschützten Standort auf Balkon und Terrasse oder im Garten. Im Winter sind Temperaturen zwischen 8 bis 12 °C gewünscht. Zugluft vermeiden.

Gießen Das Erdreich muss in der Wachstumszeit immer gut feucht sein. Ballentrockenheit, Nässe oder Staunässe werden nicht vertragen. Sorgen Sie für eine gute Dränage im Topf. Im Winter sparsamer gießen. Aber auch jetzt darf der Ballen nicht austrocknen.

Nährstoffbedarf Gering; von Oktober bis Februar nicht düngen.

Schädlinge Schildläuse, Thripse, außerdem Spinnmilben, besonders, wenn es im Winter zu warm und dunkel ist.

Umtopfen, wenn nötig im März/April

Vermehrung Aussaat (Keimung dauert länger)

Weitere Namen Priesterpalme, Washingtonie, Petticoatpalme

Beliebte, dekorative Palme mit interessanten Blättern und raschem Wachstum für einen Einzelplatz

Schwertfarn

Farne

Farne gehören zu den ältesten Pflanzengruppen überhaupt. Es gab sie schon, als die Erde noch von Dinosauriern bevölkert wurde. Sie kommen auf allen Kontinenten vor und bevorzugen feuchte, schattige Lebensräume. So vielfältig wie die Lebensräume sind auch die Wuchsformen. Es gibt baumhohe Vertreter, die Baumfarne, andere, wie Geweihfarne, sind Aufsitzer (Epiphyten) und wachsen auf Bäumen. Wieder andere bleiben klein und bilden filigranes Laub auf glänzenden Stielen.

Farne sind botanisch gesehen eine eigene Pflanzenklasse. Sie unterscheiden sich von den höheren Pflanzen dadurch, dass sie sich nicht durch Samen, sondern durch Sporen vermehren. Diese kann man bei vielen Arten auf der Blattunterseite erkennen.

Einige Farne leben epiphytisch – sie sitzen auf Stämmen oder Holz und brauchen keine Erde. Andere sind terrestrisch lebende Vertreter, die im Topf mit meist saurer Erde gepflegt werden.

Frauenhaarfarn

Adiantum raddianum

Höhe bis 50 cm

Die fein gefiederten, rundlichen bis fast dreieckigen Wedel mit dünnen, schwarz glänzenden Stielen sind eine echte Zierde für die Fensterbank.
Der Fächer-Frauenhaarfarn *(Adiantum tenerum)* ist eine weitere hübsche Art mit fächerförmigen Wedeln und einer Höhe von bis zu 100 cm.
Standort Ein halbschattiger, luftfeuchter Platz bei ganzjährigen 20 bis 25 °C ist erwünscht, dabei nächtliche Temperaturabsenkung auf 15 °C möglich. Zugluft wird nicht vertragen. Am besten im geschlossenen Blumenfenster, in Flaschengärten oder Glaskugeln pflegen oder auf ein feuchtes Kiesbett stellen.
Gießen Halten Sie die Pflanze gut feucht. Ballentrockenheit wird nicht vertragen! Es darf nur weiches, zimmerwarmes Wasser verwendet werden. Öfter besprühen.
Nährstoffbedarf Gering; von Oktober bis Februar nicht düngen. Am besten Rhododendron-Dünger geben.
Schädlinge Blattläuse und Spinnmilben können vorkommen.
Umtopfen, wenn nötig im Frühjahr in leicht saures Substrat
Vermehrung Teilung oder Sporenaussaat bei hoher Bodenwärme
Weitere Namen Venushaar, Dreieckiger Frauenhaarfarn

Hübscher Farn mit locker-leichten Wedeln

Nestfarn

Nestfarn

Asplenium nidus

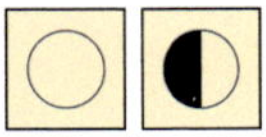

Höhe über 1 m

Von ganz anderem Aussehen als der links gezeigte Frauenhaarfarn ist der Nestfarn mit langen Blättern und einer trichterförmigen Rosette. Verwenden Sie kein Blattspray, weil es die Pflanze nicht verträgt.

Der Nestfarn kann in Erde oder als Epiphyt (Aufsitzerpflanze) zum Beispiel auf einem Epiphytenstamm (Holz), gepflegt werden. Es gibt viele Sorten, zum Beispiel 'Fimbriatur'. Eine weitere Art, die man im Gartenfachhandel bekommt, ist *A. antiquum*, sie kann im Winter etwas kühler stehen und liebt eine höhere Luftfeuchtigkeit.

Standort Wählen Sie einen hellen bis halbschattigen, warmen Platz. Auch im Winter und nachts darf die Temperatur nicht unter 18 °C fallen. Hohe Luftfeuchte wird verlangt.

Gießen Auf gleichmäßige und gute Bodenfeuchtigkeit achten. Nur weiches, zimmerwarmes Wasser verwenden. Öfter besprühen.

Nährstoffbedarf Sehr gering bis gering; von Oktober bis Februar nur alle acht Wochen düngen.

Schädlinge Schildläuse, Spinnmilben, Thripse

Umtopfen, wenn nötig im Frühjahr in schwach saures Substrat

Vermehrung Sporenaussaat im Frühjahr bei einer Bodenwärme von etwa 20 °C (nicht ganz einfach)

Weiterer Name Vogel-Nestfarn

Bekannter und beliebter Farn mit glänzenden, ungeteilten Blättern

Rippenfarn

Rippenfarn

Blechnum gibbum

Höhe bis 1 m

Der Rippenfarn gehört nicht zu den bekannteren Farnen und ist ein terrestrischer (in Erde wachsender) Vertreter dieser Gruppe.
Die schönen Wedel erinnern an Palmen. Sie entwickeln sich aus einem stammähnlichen Rhizom, stehen dicht zusammen und hängen leicht über.

Standort Wählen Sie einen hellen bis halbschattigen Platz, ohne pralle Sonneneinstrahlung. Im Sommer wird eine Temperatur um 23 °C gewünscht, im Winter sollte die Temperatur nicht unter 18 °C fallen. Eine höhere Luftfeuchte ist ideal.

Gießen Achten Sie auf eine gleichmäßige, gute Bodenfeuchte. Ballentrockenheit, aber auch Staunässe ist zu vermeiden. Nicht mit Wasser besprühen.

Nährstoffbedarf Gering; von Oktober bis Februar wird nicht gedüngt.

Probleme empfindlich gegen einen „kalten Fuß"; Blatt-, Schild- und Wollläuse, Spinnmilben, Thripse

Umtopfen, wenn nötig Im Frühjahr bis Sommer in Erde mit pH-Wert um 5. Nehmen Sie einen eine Nummer größeren Topf und düngen Sie die Pflanze danach sechs Monate lang nicht.

Vermehrung durch Sporen bei etwa 22 °C Bodenwärme

Weiterer Name Höckeriger Rippenfarn

Interessanter Farn, dessen Wedel an Palmenblätter erinnern

Davallie

Davallie

Davallia-Arten

○	◐	Höhe 20–30 cm

Werden Davallien richtig gepflegt, kann man sich lange an den Pflanzen erfreuen. In ihrer Heimat leben diese Farne in Felsspalten und epiphytisch (als Aufsitzer) auf Bäumen. Wir können daher die Pflanze auch als Aufsitzerpflanze auf Holz oder Rinde pflegen. Werden die Pflanzen im Topf kultiviert, wächst das Rhizom oft aus dem Topf heraus.

Standort Wählen Sie einen hellen bis halbschattigen und warmen Platz ohne direkte Sonneneinstrahlung. Auch im Winter und nachts darf die Temperatur nicht unter 15 °C fallen.

Hohe Luftfeuchte ist günstig für ein gutes Wachstum.

Gießen Auf gleichmäßige und gute Bodenfeuchtigkeit achten. Von Oktober bis Februar etwas sparsamer gießen. Weiches, zimmerwarmes Wasser verwenden. Öfter besprühen.

Nährstoffbedarf Sehr gering bis gering; von Oktober bis Februar nicht düngen.

Schädlinge Thripse (selten), Spinnmilben bei trockener Luft

Umtopfen, wenn nötig Im März bis August in schwach saures Substrat, die Rhizome werden auf der Substratoberfläche fixiert.

Vermehrung Rhizomteilung im Frühjahr

Weitere Namen Spinnenbeinfarn, Schuppenfarn, Ballfarn, Krugfarn und Hasenpfotenfarn

Vielseitige Artengruppe

Schwertfarn (*N. exaltata*)

N. cordifolia

Sorte 'Plumosa'

Schwertfarn

Nephrolepis exaltata, N. cordifolia

○	◐	Höhe 20–50 cm	pflegeleicht

Der Schwertfarn bildet dichte Horste und eignet sich wegen seines überhängenden Wuchses hervorragend für Ampeln. In seiner Heimat wächst er epiphytisch (als Aufsitzerpflanze auf Bäumen). Sie können das im Zimmer auch versuchen. Binden Sie die Pflanze auf Rinde oder Holz. Im Fachhandel finden Sie viele Sorten in unterschiedlichen Höhen und Blattformen. Beispiele sind 'Plumosa', 'Duffii', 'Teddy Junior', 'Bostoniensis' und 'Bormstedt'.

Standort Hell bis halbschattig, luftfeucht und warm. Auch im Winter nicht unter 18 °C.

Gießen Gleichmäßig leicht feucht. Staunässe und Ballentrockenheit werden nicht vertragen. Verwenden Sie weiches, zimmerwarmes Wasser. Öfter besprühen. Viele Pflanzen vertragen nach der Eingewöhnung auch eine mittlere Luftfeuchte, aber die Sorten reagieren unterschiedlich. Je stärker die Fiederung, je luftfeuchter sollte es sein!

Nährstoffbedarf Gering bis mäßig; von Okt. bis Febr. nur alle vier bis sechs Wochen düngen.

Schädlinge Spinnmilben, Wollläuse

Umtopfen, wenn nötig im März/April in durchlässiges Substrat (pH-Wert um 5,5)

Vermehrung Durch fadenförmige Ausläufer im Sommer, an denen sich kleine Pflanzen ausbilden. Teilung und Sporenaussaat.

Weitere Namen Nierenschuppenfarn, Schlanker Schwertfarn, Aufrechter Schwertfarn

Bekannter Farn mit Wedeln, die je nach Sorte auch gekräuselt, gedreht oder gewellt sein können.

Pellefarn

Pellefarn

Pellaea rotundifolia

Höhe 10–15 cm

Diese Farn-Art, die auch als Ampelpflanze angeboten wird, gefällt wegen ihren rundlichen, kleinen, glänzenden Blättchen und eignet sich auch für Anfänger. Eine weitere bekannte Art ist der Purpur-Klippenfarn *(P. atropurpurea)* mit rotbraunem Laub und purpurbraunen Stielen.

Standort Ein heller bis halbschattiger Platz, ohne pralle Sonneneinstrahlung, ist gewünscht, im Sommer auch gerne an einem geschützten Platz im Freien. Ganzjährig werden Zimmertemperaturen empfohlen, in den Wintermonaten auch leicht kühler (12 bis 15 °C). Eine mittlere Luftfeuchte ist günstig.

Gießen Im Sommer auf gleichmäßige, leichte Bodenfeuchte achten. Im Winter sparsamer gießen, aber nicht austrocknen lassen. Ballentrockenheit und Staunässe vermeiden. Nach Möglichkeit sollten die Blätter nicht besprüht oder benetzt werden.

Nährstoffbedarf Gering; von Oktober bis Februar nicht düngen.

Probleme Blattfall bei zu warmem und dunklem Stand im Winter; Spinnmilben, Schildläuse

Umtopfen, wenn nötig im März/April in Erde mit einem pH-Wert von 6 bis 7

Vermehrung Teilung der Rhizome bei Wachstumsbeginn, Aussaat von Sporen (schwierig)

Weitere Namen Knopffarn, Rundblättriger Zwergfarn, Klippenfarn

Hübscher, niedriger Farn, mit runden Blättern, die fast wie poliert wirken.

Tüpfelfarn

Tüpfelfarn

Phlebodium aureum

Höhe 30–50 (100) cm

Die eigentümlichen, vielgestaltigen Blätter wachsen aus dem kriechenden Rhizom und erreichen durchaus eine Länge von 60 cm. Das Rhizom kann auch über den Topfrand hinauswachsen und erinnert dann ein wenig an Hasenpfoten. Im Handel können Sie verschiedene Sorten, zum Beispiel 'Cristatum' und 'Glaucum crispum' erwerben.

Standort Wählen Sie einen hellen bis halbschattigen, warmen, luftfeuchten Platz ohne direkte Sonneneinstrahlung. Im Sommer sind Zimmertemperaturen um 20 °C empfehlenswert, im Winter etwa 15 °C.

Gießen Auf gleichmäßige und gute Bodenfeuchtigkeit achten. Ballentrockenheit und Staunässe werden nicht vertragen. Wasser ffünf Minuten nach dem Gießen aus dem Untersetzer abgießen. Weiches, zimmerwarmes Wasser verwenden. Öfter besprühen. Der Tüpfelfarn liebt eine hohe Luftfeuchte, kommt aber nach einer Anpassungsphase auch mit etwas trockenerer Luft aus.

Nährstoffbedarf Sehr gering bis gering; von Oktober bis Februar nicht düngen.

Schädlinge Schildläuse, Spinnmilben

Umtopfen, wenn nötig im März/April in Erde mit pH-Wert von etwa 5,5

Vermehrung Teilung des Rhizoms, Aussaat von Sporen mit viel Bodenwärme

Weiterer Name Hasenfußfarn

Weniger bekannter Farn mit urzeitlichem Flair

Platycerium grande mit imposanter Laubkrone

Geweihfarn *(Platycerium bifurcatum)* als Ampelpflanze

Geweihfarn

Platycerium bifurcatum

Höhe 20–40 cm

Die geweihartigen, sporentragenden, grünen Blätter mit weißem Filz geben diesem Farn einen urzeitlichen Charakter. Die braunen Nischenblätter sind nicht fruchtbar (tragen also keine Sporen) und dienen als Halteorgan sowie zur Wasser- und Nährstoffaufnahme. Diese Farn-Art lebt als Epiphyt (Aufsitzerpflanze) auf Holz oder Rindenstücken, auf denen er festgebunden wird. Schön auch in einer Ampel. *P. grande* bildet grüne Nestblätter, die an der Spitze elchgeweihartig auswachsen.

Standort Der Geweihfarn braucht einen festen Platz. Hell bis halbschattig und warm soll es sein, außerdem luftfeucht. Nach der Eingewöhnung wird auch eine mittlere Luftfeuchte (50 %) gut vertragen. Im Winter sind Temperaturen von 12 bis 15 °C günstig.

Gießen Geben Sie weiches, zimmerwarmes Wasser in die Nischenblätter oder tauchen Sie die Pflanze einmal pro Woche. Bei kühlem Stand im Winter trockener halten. Nicht mit Wasser besprühen!

Nährstoffbedarf sehr gering bis gering

Erde bei Topfkultur Orchideen-Substrat

Schädlinge Schildläuse

Umtopfen Vorsichtig mit neuem Substrat versorgen, die braunen Nischenblätter nicht entfernen!

Tipp Staunässe in jedem Fall vermeiden!

Vermehrung Aussaat, Seitentriebe

Farn mit urzeitlichem Charme und bis zu 1 m langen, überhängenden Blättern

Sichelfarn

Sichelfarn

Polystichum falcatum (syn. *Cyrtomium falcatum*)

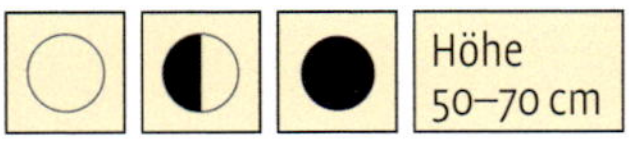

Höhe 50–70 cm | pflegeleicht bis mittel

Der Sichelfarn gefällt wegen seiner ungewöhnlichen, einfach gefiederten Wedel, die an die Blätter einer Stechpalme *(Ilex)* erinnern.
Er gehört zu den pflegeleichten Farnen und eignet sich auch für Farn-Anfänger. Er zählt zu den Erdfarnen und ist ideal für kühle Wintergärten.
Standort Wählen Sie einen hellen bis halbschattigen, auch schattigen Platz. Pralle Sonne ist zu vermeiden! Der Sichelfarn liebt es eher kühl und ist damit eine Ausnahme zu den anderen hier besprochenen Farnen. Im Winter bei etwa 10 °C pflegen.
Gießen Halten Sie die Pflanze immer gut feucht, Nässe und Staunässe werden nicht gewünscht. Zwischen dem Gießen ist ein leichtes Antrocknen des Substrates günstig.
Öfter besprühen. Im Winter sparsamer gießen. Weiches, kalkarmes, zimmerwarmes Wasser verwenden.
Nährstoffbedarf Gering; von Oktober bis Februar wird nicht gedüngt.
Schädlinge Schild-, Wollläuse und Spinnmilben können die Pflanzen befallen.
Umtopfen, wenn nötig im März/April in Erde mit pH-Wert um 5,5
Vermehrung Aussaat; ältere Rhizome können geteilt und einzeln eingetopft werden.
Weitere Namen Ilexfarn, Mondsichelfarn

Wenig bekannte, pflegeleichte Pflanze mit glänzenden, für einen Farn großen Einzelblättern

Der Flügelfarn wird in vielen Formen angeboten.

Weiß-grün gestreifte Form

Flügelfarn-Sorte

Flügelfarn, Kretischer Saumfarn

Pteris cretica

Höhe 10–25 cm	mittel bis anspruchsvoll

Wenn man manche Sorten dieser Art das erste Mal sieht, kann es passieren, dass man sie nicht als Farn erkennt. Teilweise sind die Blätter dünn, lang gestreckt und verzweigen sich erst an der Blattspitze. Andere gefallen durch ihre typischen Fiederblätter. Es gibt weißgrüne und gelbgrüne Sorten und solche mit krausen Blattspitzen.

Standort Panaschierte (bunte) Sorten sollten sehr hell stehen, reingrüne kommen noch im Halbschatten gut zurecht. Alle lieben einen luftfeuchten Platz, ohne direkte Sonneneinstrahlung. Im Sommer werden Temperaturen von etwa 20 °C empfohlen, im Winter um 15 °C, nachts auch niedriger. Vitrinen, Flaschengärten und geschlossene Blumenfenster sind sehr geeignet.

Gießen Das Substrat muss leicht feucht gehalten werden. Aber auch im Winter nicht austrocknen lassen. Verwenden Sie weiches, zimmerwarmes Wasser. Häufig besprühen.

Nährstoffbedarf Sehr gering bis gering; von Oktober bis Februar nicht düngen.

Probleme Empfindlich gegen Zugluft und trockener Luft, besonders die bunten Sorten, Staunässe führt zu Fäulnis. Thripse, Spinnmilben.

Umtopfen, wenn nötig im März/April in schwach saure Erde (pH-Wert um 6)

Vermehrung Sporen bei etwa 22 °C Bodenwärme aussäen, Teilung der Rhizome.

Dekorativer, kleiner, haltbarer Zimmerfarn, der gut zu blühenden Topfpflanzen passt.

Verschiedene Arten des Mooskrauts

Mooskraut

Selaginella apoda, S. kraussiana, S. martensii

◐	●	Höhe 5–20 cm

Einige dieser zierlichen Pflänzchen wachsen kriechend, andere aufrecht. Sie haben grüne, hellgelbe, gelb- oder weißgrüne Blätter, teilweise mit weißen Spitzen. Der Wiesen-Moosfarn *(S. apoda)* wird 8 cm hoch, Marten's Mooskraut *(S. martenssii)* bis 20 cm. Beide Arten wachsen bodendeckend. Der Feingliedrige Moosfarn *(S. kraussiana)* entwickelt sich rasenartig und wächst nur wenige Zentimeter in die Höhe. Die ungewöhnlichen, schuppenartigen Blättchen, die an verzweigten Trieben sitzen, geben der Pflanze ihr moosartiges Aussehen. Das Laub ist hell- oder dunkelgrün, außerdem gibt es mittlerweile schöne panaschierte Sorten. Das Mooskraut ist vielseitig verwendbar. Es passt in Schalen zwischen höher wachsende Pflanzenarten, in Ampeln, in Vitrinen oder Flaschengärten. Auch im Wintergarten als Bodendecker wird er gerne gepflanzt.

Standort Im Halbschatten, auch am Nordfenster, fühlen sich diese Pflanzen wohl. Direkte Sonne wird nicht vertragen. Wählen Sie für den Sommer einen eher kühlen Platz bei 15 bis 18 °C, im Winter bei 8 bis 10 °C. Sorgen Sie unbedingt für eine hohe Luftfeuchte!

Gießen Gleichmäßig leicht feucht halten und am besten über den Untersetzer gießen. Staunässe und Ballentrockenheit werden nicht vertragen. Im Winter muss man nur selten zur Gießkanne greifen.

Filigrane Blattschmuckpflanze für Ampeln, zur Unterpflanzung oder als Bodendecker

Marten's Mooskraut

Feingliedriger Moosfarn

Wiesen-Moosfarn

Verwenden Sie immer weiches und zimmerwarmes Wasser.
Nährstoffbedarf Niedrig bis sehr niedrig; von Oktober bis Februar nicht düngen.
Schädlinge Blattälchen (rotbraune, eingerollte Blätter)
Umtopfen, wenn nötig im März/April bei Austriebsbeginn in ein Torf-Sand-Gemisch
Tipp Stellen Sie die Pflanzen nie zu warm auf, sie fallen sonst in sich zusammen.
Vermehrung *S. apoda* durch Teilung, *S. kraussiana* und *S. martensii* durch Ausläufer oder Zweigstecklinge
Weiterer Name Moosfarn

Verschiedene Sukkulenten

Sukkulenten und Kakteen

Diese oft bizarr und ungewöhnlich aussehenden Pflanzen haben sich ganz an das Leben in Regionen angepasst, die durch intensive Sonneneinstrahlung, Trockenperioden und hohe Temperaturen gekennzeichnet sind. Als Wüstenbewohner greifen sie tief in die Trickkiste der Natur, da werden Blätter zu Dornen umgebildet, um sich gegen Fraßfeinde zu schützen, die Triebe sind verdickt, um Wasser einzulagern, und manche Arten bedecken sich sogar mit einem wolligen Filz gegen heiße Winde und starke Sonneneinstrahlung.

Als Sukkulenten bezeichnet man alle Pflanzen, die sich an das Leben in den Trockengebieten angepasst haben, zum Beispiel durch ledrige, fleischige Blätter oder Triebe. Es gibt Vertreter, die dabei ganz auf Blätter verzichten, wie manche Euphorbien, oder deren Blätter eher wie Kieselsteine aussehen, wie die Vertreter der Gattung *Lithops*. Viele Sukkulenten haben ausgesprochen attraktive Blüten, andere gefallen durch ihre ungewöhnliche Wuchsform.

Viele Kakteen schmücken sich mit im Verhältnis zur Pflanze riesigen Blüten, in allen Farben des Regenbogens, außer Blau. Manche öffnen ihre Blütenpracht nur bei Nacht, andere nur für einen einzigen Tag. Aber auch die vielfältigen Wuchsformen, ob kugelig, säulenförmig, hängend oder aufrecht, machen die bedornten Mitbewohner zu interessanten Zimmerpflanzen.

Sukkulenten

Crasssula arborescens

Wüstenrose, auch schön als Gruppe

Wüstenrose in Rosa

In Weiß mit rosa Rand

Wüstenrose

Adenium obesum

Höhe 30–80 cm | pflegeleicht

Die kräftig gefärbten Blüten machen die Wüstenrose zu einem Schmuckstück auf der sonnigen Fensterbank. Die Blüten und Blätter sitzen auf einem dicken Stamm, der Wasser speichern kann und die Pflanze so unempfindlich gegen Trockenperioden macht. In den warmen Monaten darf die Wüstenrose nach draußen. Die Pflanze enthält giftige Substanzen (Milchsaft). Die meisten im Handel angebotenen Pflanzen sind auf eine Oleander-Unterlage veredelt.

Standort Ein sonniger, warmer Platz wird gewünscht, im Winter auch kühler bei 15 °C.

Gießen Nur geringer Wasserbedarf, daher sollten Sie das Erdreich immer abtrocknen lassen, bevor wieder gegossen wird. In den Wintermonaten nur sehr sparsam wässern, meist reicht es, einmal im Monat zu gießen.

Nährstoffbedarf Gering; von Sept. bis Febr. nicht düngen. Kakteen-Dünger verwenden.

Erde durchlässiges Substrat, am besten Kakteen-Erde

Probleme Fäulnis bei zu viel Bodennässe, Blattläuse

Umtopfen, wenn nötig von Febr. bis März

Vermehrung Stecklinge im Sommer

BLÜTENFARBE

mit weißlicher Mitte

BLÜTEZEIT

Jan Feb März **April Mai Juni Juli Aug Sept** Okt Nov Dez

A. arboreum 'Schwarzkopf'

Dickblatt

Aeonium arboreum

A. arboreum 'Luteovariegatum'

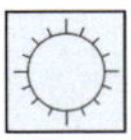

Höhe 10–150 cm, je nach Art

pflegeleicht

Das Dickblatt bildet einen Stamm aus, der sich mit grünen, rosettenartigen Blattschöpfen schmückt. Heimat ist der Mittelmeerraum, wo die Pflanze sogar in 1000 m Höhe noch wachsen kann. Blattschöne Kultur-Varietäten (Sorten) bringen Abwechslung. Die strauchartige *A. haworthii* und *A. lindleyi* sowie die nicht stammbildende *A. tabuliforme* sind genau wie die oben genannte Art pflegeleicht. Schädlinge und Krankheiten sind selten. Insgesamt nehmen Dickblätter Pflegefehler nicht gleich übel. Ausnahme: Vernässung. Dadurch sind sie ideale Pflanzen für Zimmerpflanzen-Anfänger.

Standort Wählen Sie einen sonnigen, warmen Platz, am besten am Südfenster. Auch wärmere Temperaturen werden vertragen, allerdings sollte das Thermometer nicht unter 10 °C sinken – auch im Winter nicht.

Gießen Mäßig, aber regelmäßig. Lassen Sie die Erde immer abtrocknen, bevor Sie erneut gießen. Nässe oder Staunässe vermeiden. Von Oktober bis Februar wird nur ganz sparsam gewässert. Die Pflanzen müssen allerdings so viel Wasser bekommen, dass sie nicht schrumpfen. Greifen Sie lieber einmal zu wenig zur Gießkanne als einmal zu viel.

BLÜTENFARBE

BLÜTEZEIT

Jan Feb **März** **April** **Mai** **Juni** Juli Aug Sept Okt Nov Dez

A. tabuliforme

A. arboreum 'Schwarzkopf'

A. haworthii

A. arboreum 'Atropurpureum'

Nährstoffbedarf Gering bis mäßig, mit Kakteen-Dünger; von Sept. bis Febr. nicht düngen.
Erde durchlässiges Substrat, Kakteen-Erde
Schädlinge Blatt-, Woll- und Schmierläuse, vor allem im Winter
Umtopfen, wenn nötig im Februar/März oder nach der Blüte
Vermehrung Kopf- und Triebstecklinge im Frühjahr in feuchtem, warmem Sand bewurzeln. Nachdem sich Wurzeln gebildet haben, trockener pflegen.

Königs-Agave

Agave

Agave-Arten

Höhe 20–200 cm | pflegeleicht

Die wahrscheinlich bekannteste Agave ist die Amerikanische Agave *(A. americana)* mit zahlreichen Varietäten, die man allerdings höchstens in der Jugend auf der Fensterbank pflegen kann. Sie erreicht danach eine Größe, die sie, gepaart mit ihrer starken Blattbewehrung, für die Wohnung unattraktiv werden lässt. Interessanter sind Königs-Agaven *(A. victoriae-reginae)* und Faden-Agaven *(A. filifera)*, die mit 20 bis 50 cm deutlich kleiner bleiben. Letztere gefällt durch ihre langen Haare, die sich an den Blatträndern bilden. Erstere hat auffällige, dreieckige Blätter mit weißem Rand. Vorsicht beim Umtopfen und Hantieren mit dieser Pflanze. Tragen Sie Handschuhe. Man kann sich an der Blattbewehrung leicht verletzen. Stachellos und damit in dieser Richtung ungefährlich ist die Drachenbaum-Agave *(A. attenuata)*. Vorsicht: Der Pflanzensaft aller Arten kann Hautreizungen hervorrufen!

Standort Ein Platz in der vollen Sonne ist genau das Richtige, aber auch ein heller Stand wird akzeptiert. Über Sommer bringt man die Töpfe am besten nach draußen und holt sie vor den ersten Winterfrösten wieder ins Haus. Dort stellt man sie kühl – bei Temperaturen um 10 °C.

Gießen Die Blätter können Wasser speichern, was sie unempfindlich gegenüber Trockenperioden macht. Lassen Sie die Erde nach jedem

Unkomplizierte Blattschmuckpflanzen, teilweise mit Blattbewehrung

A. americana 'Variegata'

A. macroacantha mit bläulichen Blättern und langen, schwarzen Stacheln an der Blattspitze

Die Drachenbaum-Agave wird gerne gepflegt, weil sie stachellos ist.

Faden-Agave

Wässern abtrocknen, bevor Sie wieder Wasser geben. Staunässe wird nicht vertragen. Im Winter nur sparsam gießen.
Nährstoffbedarf Gering; von Oktober bis Februar nicht düngen.
Erde durchlässig, Kakteen-Erde
Probleme An sich haben die Pflanzen wenig Probleme mit Schädlingen und Krankheiten. Achten Sie jedoch auf die Wassergaben. Fäulnis an den Wurzeln kann besonders im Winter auftreten, wenn zu viel gegossen worden ist.
Umtopfen, wenn nötig Im Februar/März; vorsichtig sein und Handschuhe tragen.
Vermehrung Kindel

Echte Aloe (*A. vera*)

Aloe arborescens, die Baumartige Aloe

Blühende *A. mitriformis*

Aloe

Aloe-Arten

Höhe 5–100 cm | pflegeleicht

Die Echte Aloe *(Aloe vera)* wird wegen ihrer gesundheitsfördernden Inhaltsstoffe geliebt. Die Kap-Aloe *(A. ferox)*, gefällt durch ihre dekorativen Rosetten auf einem kräftigem Stamm. Eine fast unverwüstliche Art ist die Baumartige Aloe *(A. arborescens)*. *A. variegata*, mit den schönen deutschen Namen Tiger-Aloe oder Papageien-Aloe, gefällt durch ineinandergeschobene Blätter mit heller Musterung. Die Bebänderte Aloe *(A. aristata)* besticht durch kompakten, rosetten-artigen Wuchs. *A. humilis* hat kürzere, schmälere Blätter und entwickelt lange Blütenstiele mit roten Blüten mit gelben Spitzen. *A. mitriformis* und *A. saponaria* sind dankbare Blüher.

Standort Aloen stehen gerne sonnig und bei Zimmertemperaturen, im Winter kühler.
Gießen Der Wasserbedarf ist gering. Nässe und Staunässe vermeiden. Bei kühleren Temperaturen im Winter sparsamer gießen.
Nährstoffbedarf Gering; von Nov. bis Febr. nicht düngen. Kakteen-Dünger verwenden.
Erde Kakteen-Erde, den Topf oben mit 2 bis 5 cm Sand abdecken, dann kann man verhindern, dass Stamm oder Blätter faulen.
Probleme Fäulnis bei zu viel Bodennässe; Blatt- und Wurzelläuse
Umtopfen, wenn nötig im Februar/März
Vermehrung Seitensprosse können abgenommen und neu eingetopft werden.

Vielseitige und pflegeleichte Blattschmuckpflanzen, die auch für Anfänger geeignet sind.

Crassula perfoliata var. *minor*

Schmidts-Dickblatt

Feuer-Dickblatt

Sichelblatt

Crassula perfoliata var. *minor*

Höhe 30–100 cm | pflegeleicht

Das Sichelblatt ist wegen seiner Wuchsform und Blütenfarbe fast unübersehbar auf der Fensterbank. Die steifen Blätter stehen in einem Winkel von 90° symmetrisch angeordnet am Trieb. Die Pflege ist denkbar einfach.
Eine ähnliche Blattfärbung hat die kleinwüchsige, meist nur 10 cm hohe *Crassula*-Hybride 'Morgans's Beauty' mit rosafarbenen, duftenden Blüten.
Zuweilen findet man auch das rot blühende Feuer-Dickblatt *(C. coccinea)* und das weiß und rosarot bis karminrot blühende Schmidts-Dickblatt *(C. schmidtii)*.

Standort Wählen Sie einen sonnigen bis hellen Platz. Im Winter (Oktober bis Februar) müssen die Pflanzen bei 5 bis 10 °C gepflegt werden, damit die Blüte angeregt wird.
Gießen Das Sichelblatt kommt mit wenig Wasser aus. Nässe und Staunässe werden nicht vertragen.
Nährstoffbedarf Gering; von Okt. bis Febr. nicht düngen. Kakteen-Dünger verwenden.
Erde durchlässig, Kakteen-Erde wählen
Umtopfen, wenn nötig im Februar/März
Vermehrung Stecklinge im Juni, nach dem Schneiden eine Woche antrocknen lassen

BLÜTENFARBE

auch gefleckt

BLÜTEZEIT

Jan Feb **März April Mai Juni Juli Aug** Sept Okt Nov Dez

Pfennigbaum

Blüte des Pfennigbaumes

C. ovata 'Coral'

Pfennigbaum, Geldbaum

Crassula ovata

Höhe 50–150 cm | pflegeleicht

Diese Sukkulente besitzt viele ungewöhnliche Namen, die fast alle mit ihren Blättern zu tun haben. Sie sind zahlreich (Geld), silbrig glänzend (speckig) und sehen aus wie Münzen (Pfennige). Die Blütezeit hängt vom Standort ab und zieht sich vom Spätherbst bis in den Frühsommer. Achten Sie auf einen festen Stand und schweren Topf, weil die Pflanze im fortgeschrittenen Alter leicht kippen kann.

Standort Sonnig ohne zu pralle Sonneneinstrahlung hinter der Fensterscheibe. Über Sommer steht der Pfennigbaum gerne draußen im Garten. Ab August sollte er nahezu trocken und etwas kühler (bei 15 °C) stehen, damit die Pflanze zur Knospenbildung angeregt wird.

Gießen Sparsam, denn der Pfennigbaum speichert viel Wasser in seinen Blättern. Von November bis Februar am kühlen Platz fast trocken halten.

Nährstoffbedarf Gering bis mäßig; von November bis Februar nicht düngen.

Erde Kakteen-Erde

Schädlinge Der Pfennigbaum kann von Blatt- und Wollläusen sowie von Spinnmilben befallen werden.

Umtopfen, wenn nötig Im Frühjahr

Vermehrung Durch Stecklinge, vor dem Stecken leicht antrocknen lassen.

Weitere Namen Deutsche Eiche, Dickblatt, Elefantenbaum, Speckeiche, Jadestrauch

Unkomplizierter Zimmerbaum, der nicht jeden Pflegefehler sofort übel nimmt.

Verschiedene Echeverien

Echeverie

Echeveria-Arten und Sorten (Hybriden)

Höhe 5–25 cm | pflegeleicht

Diese Pflanzen gehören zu den Dickblattgewächsen, die Wasser speichern können und gegenüber Trockenheit nicht empfindlich sind. Alle sind dankbare Zimmerbewohner, die Pflegefehler nicht gleich krumm nehmen. Vorsicht beim Hantieren mit den Töpfen. Die Blättchen können leicht abbrechen.

Standort Echeverien lieben sonnige bis helle Plätze, die in den warmen Monaten auch ruhig draußen sein können. Im Winter sollten Sie sie etwas kühler bei 5 bis 10 °C aufstellen.

Gießen Der Wasserbedarf ist gering. Lassen Sie das Erdreich oberflächlich abtrocknen, bevor Sie wieder zur Gießkanne greifen. Im Winter nur ganz sparsam wässern, am besten fast trocken halten. Nicht in die Rosette gießen.

Nährstoffbedarf Gering; von Oktober bis Februar nicht düngen. Kakteen-Dünger verwenden.

Erde durchlässig, Kakteen-Erde

Schädlinge selten, manchmal Blattläuse an den Blüten

Umtopfen, wenn nötig im Februar/März

Vermehrung Blattstecklinge oder Tochterpflanzen (Seitenrosetten) abnehmen und neu eintopfen.

BLÜTENFARBE

auch mehrfarbig

BLÜTEZEIT

Jan Feb März April Mai Juni Juli Aug Sept Okt Nov Dez

Von links nach rechts vordere Reihe: *E. mammillaris, E. obesa, E. resinifera* von links nach rechts hintere Reihe: *E. milii* var. *longifolia, E. bubalina, E. horrida*

Euphorbie

Euphorbia-Arten

☼	Höhe je nach Art bis 3 m	pflegeleicht

Der bekannteste Vertreter der Gattung *Euphorbia* ist der Weihnachtsstern (siehe Seite 64). Die auf diesen beiden Seiten genannten Euphorbien werden wegen ihres Blattschmuckes beziehungsweise ihres auffälligen Wuchses gepflegt. Es sind sukkulente Arten, also Arten, die in ihren Blättern oder Trieben Wasser speichern können und daher auch einmal mit wenig Wasser auskommen können. Die Bleistift-Euphorbie *(Euphorbia tirucali)* fällt durch ihren bizarren Wuchs der bleistiftdünnen Triebe auf.

Die Dreikantige Wolfsmilch *(Euphorbia trigona)* entwickelt einen schönen dicken Stamm, der mit rotbraunen Dornen und zahlreichen, kleinen, eiförmigen Blättchen geschmückt ist. Die Kaktus-Wolfsmilch *(E. ingens)* erinnert mit ihrem geraden, bedornten Stamm sehr an einen Kaktus. Nur wenig Platz brauchen die Kugel-Euphorbien, wie zum Beispiel *E. meloformis* und *E. obesa*.

Alle Euphorbien enthalten einen sehr giftigen Milchsaft. Daher sollten diese Pflanzen nicht in Haushalten mit Kindern gepflegt werden.

Standort Wählen Sie einen sonnigen Platz. Zimmertemperaturen sind erwünscht, in der Ruhezeit kann es ruhig kühler sein, aber das Thermometer darf nicht unter 10 °C sinken.

Gießen Der Wasserbedarf ist nicht sehr hoch. Von September bis Februar sparsamer gießen.

Kakteenähnliche Pflanzen, die durch Blattschmuck und bizarren Wuchs gefallen.

Bleistift-Euphorbie

Dreikantige Wolfsmilch

E. obesa

Nährstoffbedarf Gering bis mäßig; von September bis Februar nicht düngen.
Erde durchlässig, Kakteen-Erde
Probleme Selten, aber darauf achten, dass das Erdreich nicht zu nass gehalten wird.
Umtopfen, wenn nötig im Februar/März

Tipp Tragen Sie bei Schnittmaßnahmen und Umtopfen Handschuhe – nicht nur wegen der Verletzungsgefahr durch die Dornen, sondern weil kein Körperteil mit dem Milchsaft in Berührung kommen sollte.
Vermehrung Stecklinge oder Aussaat

Christusdorn

Christusdorn-Blüte in Rot

Christusdorn-Blüte in Weiß

Christusdorn

Euphorbia milii var. *milli*

	Höhe bis 1,5 m	pflege-leicht

Vom Christusdorn gibt es viele Neuzüchtungen, die reichblütiger sind und das Laub besser halten. Die Art enthält hautreizende Substanzen im Milchsaft.

Standort Je heller und sonniger diese Pflanze steht, desto besser, auch im Winter. Achten Sie auf warmes Erdreich.
Zimmertemperaturen sind günstig, im Winter zur Blütenbildung bei 15 bis 18 °C etwas kühler stellen.

Gießen Regelmäßig gießen, besonders während der Blüte. Trockenheit wird vertragen, kann aber zu Blattfall führen.

Nährstoffbedarf Gering; im Winter nicht düngen.

Probleme Laubfall durch Gießfehler

Umtopfen, wenn nötig im März

Tipps Der Milchsaft ist giftig, daher bei Schnittmaßen oder beim Umtopfen Handschuhe tragen. Achtung: Verletzungsgefahr wegen der Dornen.

Vermehrung Stecklinge aus älteren, festen Triebstücken, in warmes Wasser tauchen, damit der Milchsaftfluss aufhört. Dann einen Tag abtrocknen lassen und anschließend in Kakteen-Erde stecken.

BLÜTENFARBE

umgeben von weißen, gelben, lachsfarbenen, roten Hochblättern

BLÜTEZEIT

Jan	Feb	März	April	Mai	Juni	Juli	Aug	Sept	Okt	Nov	Dez

Gasterie

Gasterie

Gasteria-Arten und Sorten

	Höhe 15–20 cm	pflege-leicht	

Gasterien werden nur selten angeboten und man findet sie auch ebenso selten auf der Fensterbank. Sie besitzen glatte, grüne Blattoberflächen. Es gibt aber auch warzige und marmorierte Formen. Die meist roten, oft mit grünen Spitzen und dabei röhrenförmigen, am Grunde bauchigen Blüten sitzen in lockeren Rispen oder Trauben. Sie erscheinen vorwiegend im Frühjahr.

Standort Ein heller, auch sonniger Platz ist ideal. In den warmen Monaten ist ein Freilandaufenthalt möglich, allerdings an einem geschützten und warmen Standort. Im Winter sollten Sie die Pflanzen kühler, bei 10 bis 15 °C pflegen, es geht aber auch wärmer.

Gießen Nur geringer Wasserbedarf, daher nur gießen, wenn das Erdreich oberflächlich abgetrocknet ist. Nässe und Staunässe werden nicht vertragen und sind zu vermeiden. Nicht in die Rosette gießen.

Nährstoffbedarf Gering; von Oktober bis Februar nicht düngen. Kakteen-Dünger verwenden.

Erde durchlässig, Kakteen-Erde

Probleme Fäulnis kann b ei zu feuchter Pflege auftreten

Umtopfen, wenn nötig von Februar bis März

Vermehrung Seitentriebe (Kindel) abnehmen und in durchlässige Erde neu eintopfen.

Selten angebotene, pflegeleichte Anfängerpflanze für alle mit wenig Zeit

Haworthien stehen im Sommer gerne draußen.

H. attenuata

H. attenuata var. *clariperla*

Haworthie

Haworthia-Arten und Hybriden

○	◐	Höhe 15–20 cm	pflegeleicht

Die Haworthie gefällt durch ihre dicken Blätter, die mit Warzen beziehungsweise Höckerchen und am Rand mit „Zähnchen“ ausgestattet sind. Am häufigsten wird die Zebra-Haworthie *(H. attenuata*, syn. *H. fasciata)* angeboten, bei der die weißen Erhebungen auf den Blattaußenseiten zu Querstreifen (Zebrastreifen) zusammengewachsen sind.
Ebenso pflegeleicht und blühwillig ist die Art *H. cuspidata*. Interessante Formen zeigen *H. picta* und *H. truncata*. Die vorwiegend weißen Blütchen auf hoch über dem Laub stehenden Blütenständen erscheinen im Frühjahr.

Standort Hell, ohne pralle Mittagssonne. Im Winter sollten Sie die Pflanzen kühler, bei 10 bis 15 °C pflegen, es geht aber auch wärmer.

Gießen Geringer Wasserbedarf, daher nur gießen, wenn die Substratoberfläche abgetrocknet ist. Nässe und Staunässe sind zu vermeiden. Nicht in die Rosette gießen.

Nährstoffbedarf Gering; von Oktober bis Februar nicht düngen. Kakteen-Dünger verwenden.

Erde durchlässig, Kakteen-Erde

Probleme Fäulnis bei zu feuchter Pflege

Umtopfen, wenn nötig von Februar bis März

Vermehrung Tochterrosetten abnehmen und in durchlässige kakteen-Erde neu eintopfen. Außerdem Blattstecklinge.

Anfänger-Pflanze mit ungewöhnlichen Blättern und durchaus sehenswerten Blütenständen

Flaschenpflanze

Flaschenpflanze

Jatropha podagrica

Höhe 50–70 cm

Die Flaschenpflanze bildet einen dicken, flaschenförmigen, sukkulenten Stamm aus, der große, feigenähnliche Blätter trägt. Die kleinen, roten Blüten erscheinen am langen Stiel von März bis September. Teilweise können sie vor den Blättern erscheinen. Die Pflanze enthält giftige Substanzen.

Standort Wählen Sie einen hellen oder halbschattigen Platz. Von März bis September sind 20 bis 25 °C erwünscht. Während der übrigen Monate kühler bei 16 bis 20 °C pflegen.

Gießen Lassen Sie die Erde immer erst einmal oberflächlich abtrocknen, bevor Sie wieder zur Gießkanne greifen. Im Winter wird nur sehr sparsam, eher gar nicht gegossen.

Nährstoffbedarf Wenig Kakteen-Dünger geben. Von September bis Februar nicht düngen.

Umtopfen, wenn nötig von Februar bis März

Tipp Im Herbst kann es zum Blattfall kommen, das ist normal. Die Pflanze beginnt ihre Ruhezeit.

Vermehrung Aussaat, die Pflanzen setzen teilweise selbst Samen an.

Weiterer Name Rhabarber von Guatemala

BLÜTENFARBE

BLÜTEZEIT

*Jan Feb **März April Mai Juni Juli Aug Sept** Okt Nov Dez*

Brutblatt

Die rosafarbenen Blüten

Am Blattrand sitzen die kleinen Tochterpflanzen, die „Brut".

Brutblatt

Kalanchoë-Arten

Höhe 10–80 cm je nach Art	pflegeleicht		

Viele Arten werden in dieser Gruppe zusammengefasst. *K. daigremontiana*, die Schwiegermutterpflanze *(K. pinnatum)*, *K. scandens*, *K. serrata* und das Röhrenblütige Brutblatt *(K. delagoensis)*. Die Vermehrungsart der Brutblätter macht selbst den völligen Anfängern Spaß, geht sie doch fast von alleine. An den Blättern bilden sich Ableger, die schon dort Wurzeln bilden können. Sie fallen von selbst ab und wurzeln – wenn sie auf Erde fallen – schnell und entwickeln sich rasch zu neuen Pflänzchen.

Standort Sonnig, hell, auch pralle Mittagssonne wird vertragen. Gerne stehen die Brutblätter im Sommer draußen – hier an einem geschützten Platz. Schön auch im Steingarten, allerdings müssen die Pflanzen vor den ersten Nachtfrösten nach drinnen in einen hellen und frostfreien Raum gebracht werden.

Gießen Der Wasserbedarf ist niedrig. Wenn Sie einmal das Gießen vergessen, nehmen die Pflanzen das nicht übel, weil sie in ihren Blättern Wasser speichern. Im Winter trocken halten und nur äußerst sparsam gießen.

Nährstoffbedarf Gering; von Oktober bis Februar nicht düngen.

Erde durchlässig, Kakteen-Erde

Umtopfen, wenn nötig im Februar/März

Vermehrung Ableger

Weitere Namen Goethepflanze, Bryophyllum

Pflegeleichte Anfänger-Sukkulente, die durch ihre interessante Vermehrungsart auffällt.

Lebende Steine

L. lesliei

L. karasmontana

Lebende Steine, Lebende Kiesel

Lithops-Arten

☼	Höhe bis 10 cm	mittel bis anspruchsvoll

Ihren deutschen Namen haben diese kleinen Mittagsblumengewächse bekommen, weil sie mit ihren dicken, miteinander verbundenen Blattpaaren in der Masse wie nebeneinander liegende Steine aussehen. Im Frühjahr bilden die Pflanzen jährlich ein neues Blattpaar aus, das alte vertrocknet. Die hübschen Blüten öffnen sich mittags für einige Stunden.

Standort sehr sonnig, warm mit frischer Luft und Tempereraturen um 20 °C . Im Winter bei etwa 7 bis 15 °C .

Gießen In Abständen kräftig gießen, am besten von unten. Zwischen den Wassergaben lässt man das Substrat unbedingt abtrocknen. In der Ruhezeit im Winter dürfen die Pflanzen (bei 7 bis 15 °C) kein Wasser bekommen. Ist es wärmer und sonniger, sollte man das Substrat ab und zu anfeuchten. Erst wieder gießen, wenn das alte Blattpaar eingetrocknet ist.

Nährstoffbedarf Gering, von Oktober bis Februar nicht düngen.

Probleme Fäulnis bei zu nassem Stand; Woll- und Wurzelläuse, Spinnmilben, Trauermücken

Umtopfen, wenn nötig im März oder August in durchlässiges Erdreich (Kakteen-Erde)

Vermehrung durch Aussaat

BLÜTENFARBE

BLÜTEZEIT

Jan Feb März April Mai Juni Juli Aug ***Sept Okt*** *Nov Dez*

Ampel-Fetthenne

Fetthennen

Sedum-Arten

Oktober-Fetthenne

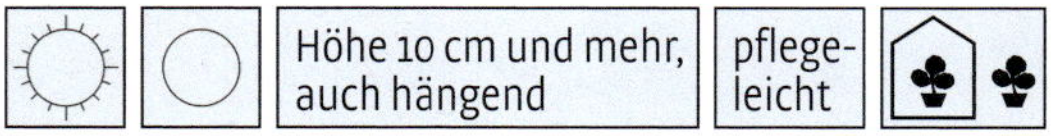

Höhe 10 cm und mehr, auch hängend | pflegeleicht

Die Fetthennen sind eine vielfältige Gruppe innerhalb der sukkulenten Pflanzen. Da gibt es die Affenschaukel *(S. morganianum)*, die sich hervorragend für Ampeln eignet. Die kleinen Blütchen erscheinen am Ende der hängenden Triebe. Die Ampel-Fetthenne *(Sedum rubrotinctum)* entwickelt bei viel Sonne eine auffallende, rötliche Blattfarbe. *Sedum sieboldii*, mit den hübschen deutschen Namen Theresienkraut, Oktoberle oder Oktober-Fetthenne, muss kühl überwintert werden und kann sogar in wintermilden Gebieten mit Winterschutz draußen bleiben.

Weitere empfehlenswerte Arten sind *S. adolphii* und *S. pachyphyllum*. Letztere trägt wegen der blassgrünen Blättchen mit roter „Nase" den deutschen Namen Schnapsnäschen. Im Handel findet man außerdem *S. palmeri*, *S. stahlii* und *S. treleasei*.

Standort Wählen Sie einen sonnigen oder sehr hellen Platz, im Sommer auch gerne draußen. Die Affenschaukel *(S. morganianum)* sollte „ruhig" stehen, da die Blättchen beim Herumtragen oder auch Hantieren sogar an Nachbarpflanzen leicht abbrechen können. Vor den ersten Frösten müssen Fetthennen in ihren hellen Überwinterungsraum gebracht werden, in dem es etwa 10 °C warm sein sollte. Die kühleren Temperaturen sind nötig, damit die Pflanzen Blüten ansetzen.

Vielseitige Pflanzengruppe, die auch für Anfänger geeignet ist.

1: *Sedum rubrotinctum*
2: *Sedum pachyphyllum*
3: *Sedum adolphii*

Gießen Fetthennen haben einen geringen Wasserbedarf, da ihre Blätter als Wasserspeicher dienen. Vor dem Gießen prüfen, ob die Erde abgetrocknet ist. Im Winter noch sparsamer wässern.
Nährstoffbedarf Gering, mit Kakteen-Dünger; von Oktober bis Februar nicht düngen.
Erde durchlässig, Kakteen-Erde
Probleme Das Hauptproblem ist Fäulnis, die durch zu nasse Pflege auftritt.
Umtopfen, wenn nötig von Februar bis März
Vermehrung Ableger, Seitentriebe, Blattstecklinge

Erbsen am Band

Blühende *S. rowleyanus*

Senecio radicans

Erbsen am Band

Senecio rowleyanus

hängend 20–50 cm | pflege-leicht

Diese pflegeleichte Pflanze bekam ihren deutschen Namen durch das ungewöhnliche Aussehen ihrer Triebe, an denen die Blättchen wie Erbsen an einer Perlenschnur aufgereiht erscheinen.

Die Pflanze enthält giftige Substanzen und ist für Haushalte mit Kindern nicht zu empfehlen. Im Handel finden Sie auch *S. herreanus* und *S. radicans*, die genauso gepflegt werden.

Standort Ein heller oder halbschattiger Platz ist ideal, im Sommer auch draußen im Garten. Vor den ersten Frösten kommt die Pflanze in ihren hellen Überwinterungsraum bei Temperaturen von etwa 10 °C.

Gießen Geringer Wasserbedarf. Die Blätter dienen als Wasserspeicher. Im Winter sehr sparsam gießen. Geben Sie erst dann Wasser, wenn die Erde abgetrocknet ist.

Nährstoffbedarf Gering; von Oktober bis Februar nicht düngen.

Erde durchlässig, am besten Kakteen-Erde verwenden

Probleme Fäulnis durch zu feuchte Kultur ist das Hauptproblem. Blatt-, Woll- und Schmierläuse können auftreten.

Umtopfen, wenn nötig von Februar bis März

Vermehrung Teilung, Stecklinge

Weitere Namen Erbsenpflanze, Perlenschnur, Hängendes Kreuzkraut

Filigrane Ampelpflanze für Menschen mit wenig Platz und Zeit, die von November bis Juli blüht.

Kakteen

Teufelszungenkaktus

Schlangenkaktus

Schlangenkaktus

Aporocactus flagelliformis (syn. *Disocactus flagelliformis*)

hängend bis 60 cm | pflegeleicht

Der Schlangenkaktus stammt aus Mexiko und wächst dort auf Felsen oder von Bäumen herab.

Standort Vollsonnig bis halbschattig, warm und mit viel frischer Luft im Sommer. Ab Ende Mai auch gerne draußen im Garten. Ab Oktober in einen hellen, 10 bis 16 °C warmen Überwinterungsraum stellen. Eine niedrige Luftfeuchte wird jetzt erwünscht.

Gießen Von April bis August Wasser geben, wenn die Erde abgetrocknet ist, aber nicht zu wenig: Für eine schöne Blüte und gesundes Wachstum wird im Sommer ausreichend Wasser benötigt. Ab Oktober bis März nahezu trocken halten. Am besten alle drei bis vier Wochen etwas Wasser geben. Verwenden Sie weiches, zimmerwarmes sowie abgestandenes Wasser.

Nährstoffbedarf Alle zwei bis drei Wochen; von Oktober bis März nicht düngen.

Erde durchlässig, Kakteen-Erde

Schädlinge Spinnmilben

Umtopfen, wenn nötig im März/April

Vermehrung Aussaat und Stecklinge im Sommer

Weiterer Name Peitschenkaktus

BLÜTENFARBE

BLÜTEZEIT

Jan *Feb* ***März*** ***April*** ***Mai*** ***Juni*** *Juli* *Aug* *Sept* *Okt* *Nov* *Dez*

Astrophytum myriostigma

Bischofsmütze

Astrophytum myriostigma

	Höhe 50–80 cm (100 cm)	anspruchs-voll	

Dieser hübsche Kugelkaktus kann einen Durchmesser von 25 bis 30 cm erreichen. Der dunkelgrüne Pflanzenkörper ist mit weißen bis gelben Wollflöckchen „verziert". Weitere Arten sind der Seeigelkaktus *(A. asterias)*, die Mönchskappe *(A. ornatum)* und der Bockshorn-Astrophytum *(A. capricorne)* mit 6 bis 7 cm langen Dornen. Außerdem gibt es viele Hybriden.

Standort Wählen Sie einen sonnigen, warmen Platz, in den warmen Monaten auch gerne draußen auf Balkon, Terrasse oder im Garten. Im Winter werden Temperaturen bis 0 °C vertragen, teilweise sogar noch darunter.

Gießen Die Bischofsmütze ist nicht nässeempfindlich, doch wie für alle Kakteen gilt auch für sie: In den Sommermonaten ausreichend gießen, damit ein gesundes Wachstum und eine schöne Blüte erreicht werden.

Nährstoffbedarf Alle zwei bis drei Wochen; von Oktober bis März nicht düngen.

Erde lehmig, kiesig, durchlässig, kalkliebend (pH-Wert 8), Kakteen-Erde

Schädlinge Wollläuse

Umtopfen, wenn nötig im März/April

Vermehrung Aussaat

BLÜTENFARBE

duftend, einige Tage geöffnet

BLÜTEZEIT

Jan	Feb	März	April	Mai	Juni	Juli	Aug	Sept	Okt	Nov	Dez

Greisenhaupt

Greisenhaupt

Cephalocereus senilis

Höhebis 1 m und höher

Das Greisenhaupt trägt seinen Namen zurecht. Selbst in jungen Jahren trägt der Kaktus schon weiße oder graue Haare, die im Alter eine Länge von bis zu 30 cm erreichen können. In der Jugend wächst die Pflanze kugelig, im Alter entwickelt sich eine schlanke Säule. Leider kommt das Greisenhaupt auf der Fensterbank nicht zum Blühen. In der mexikanischen Heimat werden die Blüten von Fledermäusen bestäubt.

Standort vollsonnig, je wärmer, desto besser. Von Oktober bis März wird ein heller Stand erwünscht mit Lufttemperaturen von über 8 °C.

Gießen Die Pflanze ist etwas nässeempfindlich, geben Sie daher nicht zu viel Wasser. Von Oktober bis März sehr sparsam gießen, fast trocken halten.

Nährstoffbedarf Gering bis mäßig; von Oktober bis März nicht düngen.

Erde durchlässig, lehmig, kiesig, sauer (pH-Wert 5 bis 6)

Probleme Fäulnis durch zu feuchte Pflege

Umtopfen, wenn nötig im März

Vermehrung Aussaat im Frühjahr; Stecklinge: die Stammspitze abschneiden und dann bewurzeln lassen.

BLÜTENFARBE

öffnet die Blüten in der Nacht; unangenehm riechend

BLÜTEZEIT

Jan Feb März April Mai Juni **Juli** **Aug** Sept Okt Nov Dez

Der Säulenkaktus hat wunderschöne Blüten.

Felsenkaktus

Säulenkaktus

Cereus uruguayanus
(syn. *C. peruvianus*)

mehr als Zimmerhöhe | pflegeleicht

Dieser säulenförmig wachsende Kaktus ist seit Jahrzehnten auf der Fensterbank zu finden, wird aber auf Dauer zu groß und kann nur als Jungpflanze in normalen Zimmern gepflegt werden. Verjüngen Sie zu große Exemplare durch Kopfstecklinge. Die Blüten sind einfach wunderschön, öffnen sich nur nachts.
Der Felsenkaktus (*C. uruguayanus* f. *monstrosus)* ist mit seiner bizarren Wuchsform ein unübersehbarer Blickfang.
Standort Sonnig, in den warmen Monaten auch gerne draußen. Im Winter werden Temperaturen bis 0 °C vertragen.
Gießen In den Sommermonaten ausreichend gießen, damit ein gesundes Wachstum und eine schöne Blüte erreicht wird. Nässeempfindlich.
Nährstoffbedarf Alle zwei bis drei Wochen; von Oktober bis März nicht düngen.
Erde durchlässig, Kakteen-Erde
Probleme Verbrennungen durch hohe Sonneneinstrahlung (nur bei Jungpflanzen). Schildläuse kommen auch vor.
Umtopfen, wenn nötig im März/April
Vermehrung Kopfstecklinge, Aussaat
Weitere Namen Ceree, Peruviankaktus

BLÜTENFARBE

nur nachts geöffnet, bis 16 cm lang und 20 cm breit

BLÜTEZEIT

Jan Feb März April Mai Juni ***Juli Aug Sept*** *Okt Nov Dez*

Silberkerze

Silberkerze

Cleistocactus strausii

Höhe 1 m und höher | pflegeleicht

Diese Art zählt zu den beliebtesten Kakteen überhaupt. Verwandte Arten für die Fensterbank sind *C. baumannii*, *C. candelilla* und der smaragdgrün blühende *C. smaragdiflorus*. *C. tupizensis* gefällt durch seine fuchsroten Dornen. *C. winteri* (syn. *Hildewinteria aureispina*) für Ampeln, gefällt wegen seiner auch nachts geöffneten Blüten (Bild Seite 265 oben).

Standort Vollsonnig bis halbschattig, warm und mit viel frischer Luft im Sommer. Ab Ende Mai auch gerne draußen. Ende September in einen hellen, 10 bis 16 °C warmen Überwinterungsraum mit niedriger Luftfeuchte stellen.

Gießen Von April bis August Wasser geben, wenn die Erde abgetrocknet ist, aber nicht zu wenig: Für eine schöne Blüte und gesundes Wachstum wird im Sommer ausreichend Wasser benötigt. Auch im Winter nie austrocknen lassen. Am besten alle drei bis vier Wochen etwas Wasser geben. Weiches, zimmerwarmes, abgestandenes Wasser verwenden.

Nährstoffbedarf Alle zwei bis drei Wochen; Oktober bis März nicht düngen.

Erde Durchlässig, Kakteen-Erde verwenden

Umtopfen, wenn nötig im März/April

Vermehrung Stecklinge im Frühjahr, Aussaat

BLÜTENFARBE

auch nachts geöffnet, blühen mehrere Tage

BLÜTEZEIT

Jan Feb **März April Mai Juni Juli Aug** Sept Okt Nov Dez

Keulenkaktus

Coryphanta schwarziana

Keulenkaktus

Coryphanta andreae

Höhe bis 30 cm | pflegeleicht

Der flach runde, tiefgrüne Kaktus ist stark weißwollig „behaart" und schmückt sich mit derben Dornen in Gelb mit brauner Spitze. Er blüht schon als Jungpflanze willig. Weitere empfehlenswerte Verwandte sind *C. palmeri*, der viele 6 bis 8 cm große Kugeln entwickelt, oder *C. schwarziana* mit schönerer, tief gelber Blüte. Ferner *C. cornifera*, *C. gladiispina* mit kräftigem Mitteldorn und *C. radians*, der nur Randdornen besitzt. Außerdem die säulenförmige *C. clavata* (Achtdornige Coryphanta) und *C. erecta* (Aufgerichtete Coryphanta).

Standort Sonnig, frei und warm, in den Sommermonaten auch gerne draußen. Im Winter werden Temperaturen bis 0 °C vertragen, teilweise sogar noch darunter.

Gießen In den Sommermonaten ausreichend Wasser geben. Nicht besonders nässeempfindlich.

Nährstoffbedarf Alle zwei bis drei Wochen; Oktober bis März nicht düngen.

Erde Durchlässig, Kakteen-Erde verwenden

Umtopfen, wenn nötig im März/April

Vermehrung Aussaat (dann erste Blüte schon nach dem 4. Jahr) oder bei sprossenden Arten Tochterpflanzen abnehmen und eintopfen.

BLÜTENFARBE

blüht am Tag, 5 bis 6 cm Durchmesser

BLÜTEZEIT

Jan Feb März April Mai **Juni** **Juli** **Aug** **Sept** Okt Nov Dez

Schwiegermuttersitz

Schwiegermuttersitz

Echinocactus grusonii

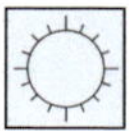

Höhe bis 60 cm im Alter

Wer kennt ihn nicht, diesen besonders im Alter beeindruckenden Kugelkaktus mit dem eingängigen Namen. Zusammen mit ähnlich großkugeligen Arten, wie dem Riesen-Igelkaktus *(E. platyacanthus,* syn. *E. ingens)*, gehört er mit zu den beliebtesten Kakteen.

Standort Wählen Sie einen vollsonnigen Platz, je wärmer, desto besser. Wenn Sonne und Wärme fehlen, wächst die Pflanze nur unbefriedigend. Von Oktober bis März wird ein heller Stand gewünscht, mit Lufttemperaturen über 8 °C.

Gießen Die Pflanze ist etwas nässeempfindlich, geben Sie daher nicht zu viel Wasser. Von Oktober bis März sehr sparsam gießen, fast trocken halten.

Nährstoffbedarf Gering bis mäßig; von Oktober bis März nicht düngen.

Erde durchlässig, lehmig, kiesig

Probleme Achten Sie darauf, dass Sie die Art nicht zu feucht pflegen.

Umtopfen, wenn nötig im März, wegen der Bedornung schwierig (Handschuhe tragen)

Vermehrung Aussaat

Weiterer Name Goldkugelkaktus, Schwiegermuttersessel

BLÜTENFARBE

erst ab einem Alter von 25 Jahren

BLÜTEZEIT

Jan Feb März April Mai Juni **Juli** **Aug** **Sept** Okt Nov Dez

Verschiedene Echinocereen

Igelsäulenkaktus

Echinocereus-Arten und -Hybriden

Höhe bis 40 cm (100 cm) | pflege-leicht

Echinocereus ist eine der beliebtesten Gattungen innerhalb der Kakteen. *E. salm-dyckianus* hat leuchtend orangefarbene Blüten, die 8 bis 10 Tage halten. Andere gruppenbildende Arten sind die rosa blühende *E. stramineus,* die nur bei hohen Sommertemperaturen zur Blüte kommt und die gelb blühenden, *E. subinermis*, die im Winter etwa 6 °C braucht. Dicht bedornt sind die beiden Arten *E. fitchii* und *E. pectinatus. E. berlandieri* bilden kleine Gruppen und hat Blüten mit bis zu 10 cm Durchmesser.
Standort Sonnig, frei und warm. Im Winter werdenTemperaturen bis 0 °C vertragen.
Gießen Erst nach den Wintermonaten wieder gießen, wenn die Knospen eine Länge von etwa einem Zentimeter erreicht haben. Gibt man den Pflanzen vorher Wasser, können die Blüten „sitzen bleiben". In den Sommermonaten ausreichend gießen, damit eine schöne Blüte erreicht wird.
Nährstoffbedarf Alle zwei bis drei Wochen; von Oktober bis März nicht düngen.
Schädlinge Wollläuse
Umtopfen, wenn nötig von März bis April
Vermehrung Aussaat, Tochterpflanzen abnehmen und eintopfen, Kopfstecklinge

BLÜTENFARBE

bis 12 cm lang

BLÜTEZEIT

Jan	Feb	März	April	Mai	Juni	Juli	Aug	Sept	Okt	Nov	Dez

verschiedene Höckerkakteen

Höckerkaktus

Gymnocalycium mihanovichii 'Red Head'

Höhe 10 cm | pflegeleicht

Dieser Kaktus besteht aus zwei Kakteen. Da der farbige „Kopf" chlorophylllos ist, braucht er das grüne, dreikantige Unterteil *(Hylocereus)*, um zu überleben. Der rote Erdbeerkaktus ist eine Mutation aus dem Jahre 1941, die bei der Aussaat von 10.000 Samen der Kakteengärtnerei des Japaners E. Watanabe, ausgesucht wurde. 1970 wurde die gelbe Mutation ausgelesen. Mittlerweile gibt es auch grellrosa, orange oder schwarz gefleckte Variationen, die im Winter möglichst bei 18 bis 22 °C stehen sollten. Weitere Arten sind *G. bruchii*, *G. denudatum*, *G. mostii* und *G. saglionis*.

Standort Sonnig, warm. Die meisten Arten vertragen im Winter bei trockener Erde Temperaturen bis 0 °C.
Gießen Nicht nässeempfindlich. In den Sommermonaten ausreichend gießen.
Nährstoffbedarf Alle zwei bis drei Wochen düngen; von Oktober bis März nicht düngen.
Erde lehmig, kiesig, durchlässig, Kakteen-Erde
Schädlinge Schildläuse
Umtopfen, wenn nötig im März/April
Vermehrung Aussaat, Tochterpflanzen und Pfropfung

BLÜTENFARBE

BLÜTEZEIT

Jan | Feb | März | April | **Mai** | **Juni** | **Juli** | Aug | Sept | Okt | Nov | Dez

Osterkaktus

Osterkaktus

Hatiora gaertneri (syn. *Rhipsalidopsis gaertneri*)

○	◐	Höhe 30–40 cm	pflegeleicht	

Der Osterkaktus gehört mit zahlreichen Züchtungen zu den pflegeleichtesten Kakteen überhaupt. Und diese Eigenschaft paart sich mit der wunderschönen, überreichen Blüte. Daher hat die Art eine große Fangemeinde und sollte in keiner Sammlung fehlen. Da die Pflanze leicht überhängend wächst, ist sie hervorragend für Ampeln geeignet.

Standort Suchen Sie einen hellen bis halbschattigen, am besten luftfeuchten Platz. Wenn die Pflanze im Sommer draußen steht, braucht sie hier einen halbschattigen bis schattigen Platz. Im Winter sonnig oder hell und nicht unter 10 °C Raumtemperatur stellen.

Gießen Mäßige Wassergaben. Auch im Winter nur wenig gießen.

Nährstoffbedarf Mäßig; von September bis März wird nicht gedüngt.

Erde durchlässig, nährstoffreich, humos, sauer (pH-Wert 4 bis 5,5)

Schädlinge Schildläuse

Umtopfen, wenn nötig nach der Blüte

Vermehrung Zweijährige Sprossabschnitte nach der Blüte in Erde stecken und bewurzeln.

BLÜTENFARBE

BLÜTEZEIT

Jan Feb **März** **April** **Mai** **Juni** Juli Aug Sept Okt Nov Dez

M. longimamma

M. lenta

M. guelzowiana

Warzenkaktus

Mammillaria-Arten und -Hybriden

Höhe 40 cm | pflegeleicht

Wenn Sie mit Kakteen anfangen wollen, dann sind Warzenkakteen genau das Richtige. Sie nehmen Fehler in der Pflege nicht gleich übel und eignen sich gut für die Kultur auf der Fensterbank. Sie entwickeln keine Rippen, sondern Warzen, was zu ihrem Namen führte.

Hier einige Arten: Die dicht bedornte Mammillarie *(M. lenta)* blüht weiß mit rotem Mittelstrich. *M. longimamma* entwickelt schöne, gelbe Blüten aus langen Warzen. Die Art *M. guelzowiana* wächst kompakt, gedrückt kugelig und schmückt sich mit großen, purpurroten Blüten.

Standort Wählen Sie einen vollsonnigen Platz, je wärmer, desto besser. Von Oktober bis März wird ein heller Stand erwünscht, mit Lufttemperaturen über 8 °C.

Gießen Etwas nässeempfindlich, geben Sie daher nicht zu viel Wasser. Von Oktober bis März sehr sparsam gießen, fast trocken halten.

Nährstoffbedarf Gering bis mäßig; von Oktober bis März nicht düngen.

Erde durchlässig, lehmig, kiesig, sauer

Umtopfen, wenn nötig im März

Vermehrung Aussaat oder Tochterpflanzen abnehmen und eintopfen.

BLÜTENFARBE

auch zweifarbig

BLÜTEZEIT

Jan | Feb | März | April | Mai | Juni | Juli | Aug | Sept | Okt | Nov | Dez

Mammilarien

Feigenkaktus (*O. azurea*)

Feigenkaktus, Himmelblaue Opuntia

Opuntia azurea

Höhe bis 1 m und höher | pflegeleicht

Die typischen „Ohren“

Diese Art verzweigt sich gut. Die Triebe sind kreisrund bis länglich rund und blaugrün. Zahlreiche weitere Arten gefallen wegen ihren interessanten Wuchsformen und bringen Abwechslung auf die Fensterbank. Einige Verwandte ertragen Minusgrade und können, wenn sie durch geeignete Maßnahmen gegen die Wintersonne geschützt werden, draußen bleiben. Dazu zählt *O. phaeacantha* mit einigen Varietäten und Züchtungen.

Standort Sonnig, warm, in den Sommermonaten auch draußen. Im Winter werden Temperaturen bis 0 °C vertragen.

Gießen In den Sommermonaten ausreichend gießen, damit ein gesundes Wachstum und eine schöne Blüte erreicht werden. Nicht nässeempfindlich.

Nährstoffbedarf Alle zwei bis drei Wochen; von Oktober bis März nicht düngen.

Erde lehmig, kiesig, durchlässig, Kakteen-Erde verwenden

Schädlinge Schildläuse

Umtopfen, wenn nötig im März/April

Vermehrung „Ohren“ abnehmen, die Wundstelle antrocknen lassen und in feuchtem Sand bewurzeln.

BLÜTENFARBE

mit roter Mitte

BLÜTEZEIT

Jan Feb März April **Mai** **Juni** **Juli** **Aug** Sept Okt Nov Dez

Kranzkaktus (*R. marsoneri*)

R. minuscula

R. heliosa

Kranzkaktus

Rebutia marsoneri

Höhe bis 10 cm | pflegeleicht

Die Arten der Gattung *Rebutia* sind Anfänger-Pflanzen, so auch die genannte Art. Sie wächst zwergig, blüht willig und ist pflegeleicht. Nur eine kühle Überwinterung muss gewährleistet werden. Hier einige empfehlenswerte Arten *R. aureiflora* blüht orange, genauso wie *R. fiebrigii* und *R. heliosa*. Die rot blühende *R. minuscula* und die weiß bedornte *R. krainziana* sind weitere Arten für die Fensterbank.

Standort Der Kranzkaktus wünscht einen sonnigen, freien Stand auf der Fensterbank oder im Gewächshaus. Suchen Sie auch im Winter einen hellen Platz bei Temperaturen von 2 bis 12 °C. Ein luftiger Standort wird bevorzugt.

Gießen Mäßiger Wasserbedarf, die Pflanze ist aber nicht sehr nässeempfindlich. Von Oktober bis März trocken halten und nur tropfenweise gießen.

Nährstoffbedarf Gering bis mäßig; von Oktober bis März nicht düngen.

Erde durchlässig, Kakteen-Erde

Probleme bei einigen Arten Spinnmilben

Umtopfen, wenn nötig im März

Vermehrung Tochterpflanzen abnehmen und eintopfen. Außerdem Aussaat.

BLÜTENFARBE

BLÜTEZEIT

Jan | Feb | **März** | **April** | **Mai** | **Juni** | Juli | Aug | Sept | Okt | Nov | Dez

Binsenkaktus

Binsenkaktus

Rhipsalis campos-partoana

hängend bis 2 m

Dieser strauchförmige, hängende Kaktus gefällt wegen der kleinen, weißen Blütchen, die sich an den Enden der zahlreichen Triebe bilden. Es gibt viele weitere empfehlenswerte Arten, zum Beispiel *R. capilliformis*, *R. cereuscula*, *R. crispata* und *R. heteroclada* oder *R. pachyptera*. Die gelben Blüten von *R. lumbricoides* duften nach Orangen. Die meisten Arten eignen sich sehr gut für eine Ampelpflanzung.

Standort Suchen Sie einen hellen bis halbschattigen, am besten luftfeuchten Platz. Wenn die Pflanze draußen übersommert, dann braucht sie hier einen halbschattigen bis schattigen Standort. Im Winter sonnig oder hell und bei Zimmertemperaturen aufstellen.

Gießen Mäßige Wassergaben. Auch in den Wintermonaten auf mäßige Bodenfeuchte achten.

Nährstoffbedarf Mäßig; von Oktober bis Februar alle sechs bis acht Wochen düngen.

Erde durchlässig, nährstoffreich, humos

Schädlinge Schildläuse

Umtopfen, wenn nötig im März/April

Vermehrung Stecklinge

Weitere Namen Korallenkaktus und Rutenkaktus

BLÜTENFARBE

öffnet sich kaum

BLÜTEZEIT

Jan	Feb	März	April	Mai	Juni	Juli	Aug	Sept	Okt	Nov	Dez

Weihnachtskaktus

S.-Hybride 'Salsa Dancer®'

S.-Hybride 'Limelight Dancer®'

S.-Hybride 'Thor-Olga®'

Weihnachtskaktus

Schlumbergera-Hybriden

Höhe bis 40 cm

Diese Art, mit einer Vielzahl von Züchtungen, zählt zu den bekanntesten und beliebtesten Kakteen überhaupt. Und das zurecht, denn in der Winterblüte kann sich keiner mit ihr messen, außer einige Blütenpflanzen, wie Rhododendron und Weihnachtsstern. Allerdings ist die Pflege nicht ganz einfach. Ohne eine Trockenperiode, von September bis Oktober, werden keine Blüten angelegt und die Art bleibt dann zu Weihnachten einfach nur grün. Durch den leicht hängenden Wuchs schön in Ampeln.

Standort Suchen Sie einen hellen bis halbschattigen, am besten luftfeuchten Platz. Wenn die Pflanze draußen übersommert, dann braucht sie hier einen halbschattigen bis schattigen Standort. Im Winter sonnig oder hell und bei Zimmertemperaturen aufstellen.

Gießen Mäßige Wassergaben. Im Sept. und Okt. nahezu trocken halten. Ansonsten kann die Pflanze keine Blüten entwickeln.

Nährstoffbedarf Mäßig; von September bis März nicht düngen.

Erde durchlässig, nährstoffreich, humos

Schädlinge Woll- Schmier- und Schildläuse

Umtopfen, wenn nötig im März/April

Vermehrung Stecklinge

BLÜTENFARBE

auch zweifarbig

BLÜTEZEIT

Jan Feb März April Mai Juni Juli Aug Sept Okt **Nov** **Dez**

Sägeblatt-Kaktus

Königin der Nacht

Selenicerus grandiflorus

Triebe der Königin der Nacht

bis 5 m lange Triebe

Den deutschen Namen trägt diese Pflanze zu Recht. Die märchenhaften Blüten suchen Ihresgleichen. Leider öffnen sich die Blüten aller Arten und Züchtungen der Gattung *Selenicereus* nur eine einzige Nacht.

Interessant ist der Sägeblatt-Kaktus *(S. anthonyanus)*, eine wenig bekannte, verwandte Ampelpflanze.

Standort Suchen Sie einen sonnigen bis halbschattigen Platz, im Sommer auch gerne draußen im Garten oder auf der Terrasse. Wichtig ist sommerliche Wärme, um sich immer wieder an den Blüten erfreuen zu können. Im Winter wünscht die Pflanze einen hellen Standort bei 10 bis 16 °C.

Gießen Mäßig, aber regelmäßig. Staunässe und Nässe werden nicht vertragen. Im Winter nur sehr sparsam Wasser geben.

Nährstoffbedarf Mäßig bis hoch; ohne genügend Nährstoffe werden keine Blüten angesetzt. Von Sept. bis März wird nicht gedüngt.

Erde Kakteen-Erde

Schädlinge Woll- und Wurzelläuse, Spinnmilben

Umtopfen, wenn nötig im März/April

Vermehrung Stecklinge im Frühjahr

BLÜTENFARBE

duftend

BLÜTEZEIT

Jan Feb März April Mai **Juni Juli Aug Sept** Okt Nov Dez

Blüte der Königin der Nacht

Vriesea hieroglyphica

Bromelien

Bromelien oder Trichterpflanzen sind eine ganz besondere Pflanzenfamilie. Ein typisches Kennzeichen sind die zu einer Trichterrosette angeordneten Blätter. So können die Pflanzen, die in der Natur häufig epiphytisch auf Bäumen wachsen, bei jedem Regenschauer Wasser sammeln und sich einen Vorrat für trockenere Zeiten anlegen. Diese Wasseransammlungen in den Blattachseln dienen übrigens in den Tropenwäldern vielen Tieren, wie Insektenlarven oder Kaulquappen, als Lebensraum.

Raffinierte Wasserfangmethoden haben besonders die grauen Tillandsien ausgebildet. Sie sind dicht mit feinen grauen Schuppen bedeckt, die Wasserdampf aus der Luft aufnehmen können. So sind sie in der Lage, auch trockenere Gebiete zu besiedeln, in denen wenig Regen fällt, aber nachts häufig Nebel mit Taubildung vorherrscht. Regelmäßiges Besprühen ersetzt auf der Fensterbank den Nebel.

Bromelien sind von unserer Fensterbank nicht wegzudenken. Sie gefallen wegen ihres Blüten- und Blattschmuckes. Die Blüten sind meistens lange haltbar oder zeigen sich in der lichtarmen Jahreszeit, wenn die meisten anderen Zimmerpflanzen eine Ruhezeit ohne Schmuck brauchen.

Lanzenrosette

Lanzenrosette

Aechmea fasciata

Blütenstand

Höhe 40–50 cm | pflegeleicht

Lanzenrosetten sind pflegeleichte Anfänger-Bromelien, die sowohl als Blüten- als auch als Blattschmuckpflanze verwendet werden können. Wenn die auffälligen Blüten der Lanzenrosette verblühen, stirbt auch die Mutterpflanze ab. Die Pflanzen enthalten giftige Substanzen, die Hautreizungen hervorrufen können.

Standort Hell, halbschattig, warm ohne direkte Sonneneinstrahlung. Auch im Winter und nachts sollte die Temperatur bei 18 °C liegen.

Gießen Achten Sie auf gleichmäßige und gute Bodenfeuchtigkeit. Während der Sommermonate darf Wasser im Trichter stehen. Im Winter wird sparsamer gegossen. Verwenden Sie weiches, zimmerwarmes Wasser.

Nährstoffbedarf Mäßig; von Oktober bis Februar schwach düngen.

Erde lockere, grobe Blumenerde, etwa pH-Wert 5

Schädlinge Spinnmilben bei trockener Luft

Umtopfen, wenn nötig Im März bis August, um dabei die abgestorbene Mutterpflanze von den Kindeln abzutrennen.

Vermehrung Bewurzelte Kindel im Frühjahr von der Mutterpflanze abtrennen und separat eintopfen.

BLÜTENFARBE

umgeben von rosa Hochblättern;
im Handel werden blühende Pflanzen auch außerhalb der angegebenen Zeit angeboten

BLÜTEZEIT

Jan Feb März April **Mai Juni Juli Aug Sept Okt** Nov Dez

Zier-Ananas, links eine gestreiftblättrige, rechts eine grünblättrige Form

Zier-Ananas, Ananas

Ananas comosus

	Höhe bis 60 cm	pflege-leicht

Die Zier-Ananas gehört zur Familie der Bromelien, ist aber im Gegensatz zu vielen anderen eine Erdbromelie und kein Epiphyt. Nach der Fruchtbildung entwickeln sich Kindel, und die Mutterpflanze stirbt nach und nach ab. Es gibt Sorten mit weißen Randstreifen auf den Blättern ('Variegatus' oder 'Aureovariegatus'). Verlangt schnell viel Platz!

Standort Wählen Sie einen hellen Platz ohne direkte Sonneneinstrahlung. Auch im Winter und nachts nicht unter 16 °C.

Gießen Nie austrocknen lassen. Staunässe unbedingt vermeiden.

Nährstoffbedarf Mäßig bis gering; im Winter schwach düngen.

Erde durchlässige, lockere, grobe Blumenerde, etwa pH-Wert 5

Schädlinge Schildläuse, Spinnmilben und Thripse

Umtopfen, wenn nötig im Februar/März können sie die Blattschöpfe der frisch gekauften Ananasfrüchte in feuchtem Sand bei 20 bis 22 °C leicht bewurzeln lassen. Vorher lässt man die Schnittstelle leicht antrocknen. Verletzungsgefahr wegen der bedornten Blätter.

Vermehrung durch Kindel

BLÜTENFARBE

Blütenblätter verblühen nach 2 bis 3 Tagen von blau nach rosa-violett; zapfenförmiger Blütenstand mit rötlichen Hochblättern

BLÜTEZEIT

Jan	Feb	März	April	Mai	Juni	Juli	Aug	Sept	Okt	Nov	Dez

Zimmerhafer

Zimmerhafer

Billbergia nutans

Höhe bis 50 cm | pflegeleicht

Der Zimmerhafer bildet jede Menge Kindel aus, daher entwickelt er sich schnell zu einer fülligen Pflanzengruppe, die einen großen Topf und Einzelplatz braucht. Er gehört mit zu den robustesten Bromelien, was ihn für Anfänger sehr attraktiv macht.

Standort Ein sonniger bis heller oder halbschattiger, warmer Platz, ohne pralle Sonneneinstrahlung, wird gewünscht. Im Sommer auch gerne draußen auf Balkon oder Terrasse – dort aber geschützt!
Im Winter sollte die Temperatur nicht unter 12 °C sinken.

Gießen Achten Sie auf gleichmäßige und gute Bodenfeuchtigkeit. Staunässe ist zu vermeiden. Während der Sommermonate darf Wasser im Trichter stehen. Öfter besprühen. Im Winter wird sparsamer gegossen. Verwenden Sie weiches, zimmerwarmes Wasser.
Nährstoffbedarf Gering; von Oktober bis Februar nur alle sechs Wochen düngen.
Erde lockere, grobe Blumenerde, etwa pH-Wert 5
Schädlinge Schildläuse, Thripse
Umtopfen, wenn nötig im März bis August
Vermehrung Kindel oder Teilung

BLÜTENFARBE

blau gesäumt, mit roten oder rosa, überhängenden Hochblättern

BLÜTEZEIT

Jan	Feb	März	April	Mai	Juni	Juli	Aug	Sept	**Okt**	**Nov**	**Dez**

Versteckblüte (*C. forsteriana*)

Versteckblüte, Erdstern

Cryptanthus-Arten

Höhe 5–15 cm

Rotviolette Form

Es gibt viele, hübsche Blattschmuck-Sorten grün-weiß-rosa gestreift, rosa mit grünen Streifen oder weiße Streifen auf grünem Untergrund.

Standort Sonnig bis hell (halbschattig) und warm, ohne pralle Sonneneinstrahlung; ganzjährig 20 °C Lufttemperatur. Hohe Luftfeuchte ist für eine erfolgreiche Pflege günstig, daher ist eine Kultur in Flaschen, Glaskugeln oder geschlossenen Blumenfenstern günstig. Oder man stellt die hübsche Pflanze in Gemeinschaft mit großblättrigen Pflanzen auf die Fensterbank.

Gießen Gleichmäßig leicht feucht. Im Winter wird sparsamer gegossen. Verwenden Sie weiches, zimmerwarmes Wasser. Ballentrockenheit und Staunässe vermeiden. Kurzzeitiges Abtrocknen wird vertragen.

Nährstoffbedarf Gering bis sehr gering; von Oktober bis Februar nur alle 6 Wochen düngen.

Erde locker, grob, etwa pH-Wert 5

Schädlinge Spinnmilben, Thripse

Umtopfen, wenn nötig im März bis August in lockere, humose Erde oder Epiphyten-Substrat

Vermehrung Kindel im Frühjahr abnehmen

BLÜTENFARBE

unscheinbar, liegt versteckt im Innern der Blattrosette;
Blütezeit je nach Art und Sorte auch in anderen Monaten, als unten angegeben

BLÜTEZEIT

Jan · Feb · März · **April** · **Mai** · **Juni** · Juli · Aug · Sept · Okt · Nov · Dez

Guzmanien als attraktiver Tischschmuck

Guzmanie

Guzmania lingulata in verschiedenen Sorten

○	◐	Höhe 30–60 cm	anspruchsvoll

Es gibt zahlreiche Sorten dieser epiphytisch lebenden Bromelie. Manche entwickeln einen hoch hinauswachsenden Blütenstand, bei anderen bleibt er gedrungen direkt über den Blättern stecken. Die Blütezeit dauert von Dezember bis Februar. Sie können wegen der Kultursteuerung in den Gärtnereien oder dem Alter auch zu anderen Zeiten blühende Pflanzen finden.

Standort Hell bis halbschattig, warm, ohne direkte Sonneneinstrahlung. Lufttemperaturen ganzjährig bei etwa 20 °C. Wegen der erwünschten Wärme und der verlangten hohen Luftfeuchte ist eine Kultur auf Dauer nur im geschlossenen Blumenfenster oder warmen Gewächshaus erfolgreich.

Gießen Gleichmäßige, aber mäßige Bodenfeuchte. Es darf Wasser im Trichter stehen. Im Winter sparsamer gießen. Weiches, zimmerwarmes Wasser verwenden. Häufig sprühen.

Nährstoffbedarf sehr schwach alle ein bis zwei, im Winter alle vier bis sechs Wochen düngen.

Erde locker, durchlässig, grob

Schädlinge Schildläuse, Thripse und Spinnmilben

BLÜTENFARBE

umgeben von gelborangenen, orangeroten oder feuerroten Hochblättern

BLÜTEZEIT

Jan	**Feb**	März	April	Mai	Juni	Juli	Aug	Sept	Okt	Nov	**Dez**

Blütenstände von *Guzmania dissitiflora*

Mini-Sorte

Sorte 'Morado'

Umtopfen, wenn nötig im Februar/März
Vermehrung Kindel (selten), Aussaat (schwer)

Neoregelia carolinae 'Tricolor' am Epiphytenstamm

Neoregelie, Nestananas

Neoregelia carolinae

Höhe bis 20 cm

Die Sorten unterscheiden sich in der Blattzeichnung. Es gibt sie mit weißen, gelben oder rosa Streifen oder reingrüne Formen. Zur Blütezeit verfärben sich die inneren Blätter wunderschön rot und zieren mehrere Monate lang. Im Handel finden Sie auch zu anderen Zeiten blühende Pflanzen, als unten angegeben.

Standort Sehr hell bis hell, warm, ohne direkte Sonneneinstrahlung. Ganzjährig Lufttemperaturen von etwa 20 °C. Mit der Ausnahme, dass die Lebensdauer der Herzblätter verlängert wird, wenn man die Pflanze direkt nach der Ausfärbung bis zum Ende der Blüte 12 bis 15 °C kühl stellt. Hohe Luftfeuchte vorteilhaft.

Gießen Gleichmäßige leichte Bodenfeuchte. In der Blattrosette sollte immer Wasser stehen. Im Winter sparsamer gießen. Weiches, zimmerwarmes Wasser verwenden. Ballentrockenheit und Staunässe vermeiden. Häufig besprühen.

Nährstoffbedarf Gering bis sehr gering; von Oktober bis Februar nur alle vier bis sechs Wochen schwach düngen.

Schädlinge Thripse, Spinnmilben

Umtopfen, wenn nötig März bis Juli

Vermehrung Kindel im Frühjahr bis Sommer

BLÜTENFARBE

umgeben von leuchtend roten Herzblättern

BLÜTEZEIT

Jan Feb März April Mai **Juni Juli Aug Sept** Okt Nov Dez

Nidularium fulgens

Nestrosette

Nidularium-Arten

○	Höhe bis 25 cm	mittel bis anspruchsvoll

Die Herzblätter der Nestrosette verfärben sich schon mehrere Monate vor der Blüte leuchtend rot. Wegen der Kultursteuerung in den Gärtnereien gibt es auch in anderen Monaten, als in der Blühleiste unten angegeben, blühende Exemplare.

Standort Hell, warm, ohne direkte Sonneneinstrahlung. Auch im Winter und nachts nicht unter 18 °C. Wegen der gewünschten hohen Luftfeuchte und dem Wärmebedürfnis steht die Nestrosette am besten in geschlossenen Blumenfenstern, Glaskugeln oder im warmen Badezimmer.

Gießen Gleichmäßige, gute Bodenfeuchte. Besonders während der Sommermonate sollte Wasser im Trichter stehen. Im Winter sparsamer gießen.
Weiches, zimmerwarmes Wasser verwenden. Häufig einsprühen.

Nährstoffbedarf Gering; von Oktober bis Februar sehr schwach düngen.

Erde durchlässiges, grobes Substrat

Probleme trockene Blattspitzen bei niedriger Luftfeuchte; Thripse, Spinnmilben

Umtopfen, wenn nötig im Februar/März

Vermehrung Kindel

BLÜTENFARBE

von leuchtend roten, orangenen oder gelben Hochblättern umgeben

BLÜTEZEIT

Jan	*Feb*	*März*	*April*	*Mai*	***Juni***	***Juli***	***Aug***	***Sept***	*Okt*	*Nov*	*Dez*

Tillandsia cyanea

T. dyeriana mit exotischen Blüten.

T. stricta ist eine graue Tillandsie.

Lousiana-Moos (*T. usneoides*) wächst hängend wie ein Bart.

Tillandsie

Tillandsia-Arten

Höhe bis 30 cm

Man unterteilt die große Gattung nach der Blattfarbe in grün- und graublättrige Arten. Besonders die kleineren, grauen Tillandsien-Arten werden gerne gesammelt.

Standort Die grünblättrigen Tillandsien verlangen einen hellen, warmen, luftfeuchten Platz, ohne pralle Sonneneinstrahlung. Im Winter nicht unter 15 °C. Die graublättrigen Formen stehen oder hängen vollsonnig bis hell, im Sommer gerne auch draußen und im Winter bei 10 bis 15 °C Lufttemperatur.

Gießen Grüne Arten leicht feucht halten und die Pflanzen selbst und die Umgebung öfter mit Wasser einsprühen. Die grauen Formen, die an Korkstücken oder Ähnlichem befestigt sind, müssen von März bis September ein- bis zweimal am Tag mit weichem, zimmerwarmem Wasser eingesprüht werden. In den übrigen Monaten ein- bis zweimal pro Woche.

Nährstoffbedarf Grüne Tillandsien alle 4 Wochen gering dosiert düngen, graue in den lichtreichen Monaten alle 2 Wochen sehr gering.

Erde humusreiches, grobes Substrat

Umtopfen, wenn nötig im März bis Sommer

Vermehrung Kindel, auf neue Unterlagen festbinden.

BLÜTENFARBE

je nach Art Blütezeit auch zu anderen Zeiten als unten möglich

BLÜTEZEIT

Jan	Feb	**März**	**April**	**Mai**	**Juni**	**Juli**	**Aug**	**Sept**	Okt	Nov	Dez

Flammendes Schwert

Flammendes Schwert, Vriesea

Vriesea splendens

Höhe 40–60 cm

Da das Flammende Schwert mit zu den beliebtesten Bromelien gehört, haben die Züchter mittlerweile Sorten mit rot oder gelb gefärbten Hochblättern gezüchtet. Sie können auch zwischen verschiedenen Blattfarben wählen: glänzend grün, gebändert oder gefleckt. Die Pflanze lässt sich in Töpfen mit Erde pflegen, aber auch als Epiphyt (Aufsitzerpflanze) ziehen. Enthält giftige Substanzen.

Standort Hell bis halbschattig, warm, ohne direkte Sonneneinstrahlung. Auch im Winter und nachts nicht unter 18 °C. Wegen der gewünschten Luftfeuchte und dem Wärmebedürfnis sind geschlossene Blumenfenster oder warme Gewächshäuser für eine erfolgreiche Kultur wünschenswert.

Gießen Gleichmäßig feucht halten und oft besprühen. Es darf Wasser im Trichter stehen. Im Winter wird sparsamer gegossen. Weiches, zimmerwarmes Wasser verwenden.

Nährstoffbedarf Gering bis sehr gering; von Oktober bis Februar sehr schwach alle vier Wochen düngen.

Schädlinge Thripse, Spinnmilben, Wollläuse

Umtopfen, wenn nötig März bis Juli

Vermehrung Kindel

BLÜTENFARBE

umgeben von feuerroten Hochblättern;
wird auch zu anderen Zeiten, als angegeben, blühend angeboten

BLÜTEZEIT

Jan	Feb	März	April	Mai	**Juni**	**Juli**	**Aug**	**Sept**	Okt	Nov	Dez

Der einheimische Rundblättrige Sonnentau

Fleisch-fressende Pflanzen

Fleischfressende Pflanzen, auch Karnivoren oder Insektivoren genannt, sind wahre Überlebenskünstler der Natur. Man findet sie unter Wasser, in Seen, an Wasserlöchern, in Halbwüsten, in Torfmooren, an Felsstandorten, in feuchten Quellgebieten und selbst epiphytisch als Aufsitzerpflanze auf Bäumen. Sie haben sich an nährstoffarme Standorte angepasst und bereichern das spärliche Angebot an Nährstoffen wie Stickstoff, Phosphor oder Kalzium durch das Fangen kleiner Insekten oder anderer Tierchen, die verdaut werden.

Die Fallen – Wunderwerke der Natur und geniale Anpassungen an die harschen Bedingungen an den Standorten in der Natur. Diese Pflanzen haben aus ihren Blättern Klappfallen, Klebefallen, Fallgruben, Reusen- oder Saugfallen ausgebildet, manche können diese sogar so schnell aktiv bewegen, dass man das mit dem bloßen Auge beobachten kann.

Viele Karnivoren brauchen Licht und die meisten verlangen einen hellen Platz auf der Fensterbank oder in einem geschlossenen Blumenfenster. Durch das Sonnenlicht bilden sie kräftige Blattfarben, viele Arten sind durch Einlagerung von Farbstoffen wunderschön rötlich überhaucht und bilden bei genug Licht auch viele, häufig attraktive Blüten.

Venusfliegenfalle

Venusfliegenfalle

Dionaea muscipula

Höhe 10 cm
(mit Blüte bis 50 cm)

Die Venusfliegenfalle ist wohl die bekannteste unter den fleischfressenden Pflanzen. Wenn die Fallen sich in Sekundenschnelle schließen, ist das schon faszinierend und fast unfassbar. Sie sollten den Schließreiz aber nicht unnötig anregen, auch nicht im Gartencenter, weil sich jede Falle nur etwa fünfmal schließen kann, dann geht sie zugrunde. Gefangene weichhäutige Insekten werden regelrecht zerquetscht, bevor der Verdauungssaft ausgeschieden wird. Wenn die Falle nach zwei Wochen aufgeht, sind nur die unverdaulichen Teile des Insekts übrig geblieben.

Standort Volle Sonne ist unbedingt Voraussetzung für eine erfolgreiche Pflege. Besonders im Winter muss der sonnigste, aber auch luftfeuchteste Ort gesucht werden. Ab Oktober bis März sollten die Temperaturen bei etwa 10 °C liegen.

Gießen/Luftfeuchte Die Pflanze liebt einen nassen Fuß. Nur im Winter nicht zu nass, sondern eher feucht halten. Kalkfreies Wasser ist ein Muss. Verwenden Sie Regenwasser oder destilliertes Wasser, dem 10 % Leitungswasser zugefügt wurden. Bei zu trockener Luft kümmert die Venusfliegenfalle. Besprühen mit

BLÜTENFARBE

BLÜTEZEIT

Jan	*Feb*	*März*	***April***	***Mai***	***Juni***	*Juli*	*Aug*	*Sept*	*Okt*	*Nov*	*Dez*

Blüte der Venusfliegenfalle

Venusfliegenfalle mit Beute

Venusfliegenfalle 'Dentata' mit gezähntem Fallenrand

Bei Lichtmangel bildet die Venusfliegenfalle kleine, grüne Fallen auf langen Stielen aus.

Wasser reicht nicht aus. Besonders im Winter brauchen Sie Vitrine, geschlossenes Blumenfenster oder Glaskugeln.

Nährstoffbedarf Sehr gering. Wenn genügend Insekten zur Verfügung stehen, was im Sommer meist der Fall ist, reicht das aus.

Erde Saures Substrat (pH-Wert 3,5 bis 4,5) ist Voraussetzung. Verwenden Sie am besten fertige Erde für Karnivoren aus dem Fachhandel.

Probleme keine Ausfärbung der roten Fallen bei Lichtmangel; Blattläuse, Thripse, Trauermückenlarven

Umtopfen regelmäßig im Februar/März

Vermehrung Aussaat

D. aliciae gehört zu den häufigsten Sonnentau-Arten.

Sonnentau

Drosera aliciae, Drosera capensis

Höhe 10 cm (mit Blüte 30 cm)

Die Blätter der Sonnentau-Arten mit dem Fangschleim an ihren Tentakeln sind etwas ganz Besonderes. Der Fangschleim ist harmlos, er sorgt für Lichtreflektionen, die die Insekten anlocken, und für das Festhalten der Beute. Ist ein Insekt gefangen, rollt sich das Blatt innerhalb einiger Minuten ein. Dann wird ein Verdauungssaft ausgeschieden, der das Insekt auflöst. Nach ein bis zwei Wochen öffnet sich das Blatt wieder und zurückgeblieben sind die unverdaulichen Tierteile, zum Beispiel der Chitinpanzer. Der Kap-Sonnentau *(D. capensis)* und *D. aliciae* sind die am häufigsten angebotenen Arten. Beide kann man als Anfänger-Karnivoren bezeichnen. Aber trotzdem, die Pflegehinweise müssen beachtet werden. Andere Anfänger-Arten sind *D. nidiformis*, die halbhoch wächst und die flachen *D. hamiltonii, D. slackii* und *D. cuneifolia*. Einen halben Meter Durchmesser kann der Königs-Sonnentau, *D. regia*, erreichen. An die Pflege sollte man sich allerdings erst heranwagen, wenn man schon einige Erfahrungen gesammelt hat.

Standort Wählen Sie einen sonnigen, sehr hellen Platz – auch im Winter. Die Temperaturen in den kalten Monaten sollten zwischen

BLÜTENFARBE

BLÜTEZEIT

Jan | Feb | **März** | **April** | **Mai** | **Juni** | **Juli** | **Aug** | Sept | Okt | Nov | Dez

Kap-Sonnentau

D. adelae ist eine ideale Pflanze für das Terrarium.

D. paradoxa ist auf Grund seiner außergewöhnlichen Form sehr beliebt.

In den klebrigen Tentakeln von *D. cuneifolia* hat sich eine Fliege verfangen.

Innerhalb von 30 Minuten fixieren die Tentakeln die Fliege.

Nach einer Stunde hat sich das Blatt um die Beute gerollt und die Verdauung beginnt.

8 und 12 °C liegen. *D. capensis* und *D. aliciae* können auch ganzjährig warm stehen, allerdings nur, wenn für genügend Licht gesorgt ist.
Gießen/Luftfeuchte Die Pflanze liebt einen nassen Fuß. Nur im Winter nicht zu nass, sondern eher feucht halten. Kalkfreies Wasser ist ein Muss. Verwenden Sie Regenwasser oder destilliertes Wasser, dem 10 % Leitungswasser zugefügt wurden. Ohne hohe Luftfeuchtigkeit vertrocknen oft die Blätter vom Sonnentau. Besprühen mit Wasser ist nicht ratsam. Besonders im Winter brauchen Sie Vitrine, geschlossenes Blumenfenster oder Glaskugeln beziehungsweise Flaschen.
Nährstoffbedarf Sehr gering. Eine Düngung ist nicht nötig.
Erde Saures Substrat (pH-Wert 3,5 bis 4,5) ist Voraussetzung. Verwenden Sie am besten fertige Erde für Karnivoren aus dem Fachhandel.
Probleme grüne, weiche Blätter bei Lichtmangel; Blattläuse, Schnecken, Trauermückenlarven; Grauschimmel
Umtopfen regelmäßig im Februar/März
Vermehrung Aussaat oder Wurzelstücke von 4 cm schneiden, waagerecht in feuchten Torf legen und mit 1 bis 2 cm Torf bedecken.

Eine häufig verkaufte Hybride. *N. ventricosa* × *alata*, auch als *N.* × *ventrata* bezeichnet:

Kannenpflanze

Nepenthes-Hybriden

Höhe 2 m

Die hier beschriebene Pflegeanleitung gilt für die häufig angebotenen Sorten und Hybriden von Mittelhochlandarten.

Die Kannenpflanzen sind zweihäusig, so gibt es männliche und weibliche Pflanzen, die in Kultur jedoch nur selten zusammen blühen. Sie besitzen passive Fallen, das heißt, die Pflanze beteiligt sich nicht aktiv am Insektenfang. Die Beute fällt in die Kanne, die Verdauung dauert zwei bis fünf Tage. Die Einzelkanne hat eine Lebensdauer von etwa drei Monaten.

Standort Wie die anderen Karnivoren auch, wollen Kannenpflanzen einen sehr hellen Platz – auch im Winter. Volle Sonne im Sommer ist zu vermeiden. Temperaturen von 15 bis 30 °C werden vertragen. Ein Rückschnitt von zu langen Trieben ist gut möglich.

Gießen/Luftfeuchte Ausreichende Bodenfeuchtigkeit ist wichtig, genauso wie eine Luftfeuchtigkeit von 60 % und mehr, was am besten in einem Gefäß (Vitrine, Glasglocke, geschlossenes Blumenfenster) erreicht wird. Besprühen alleine reicht bei zu trockener Luft nicht aus. Zwar kommen die neuen Hybriden oft auch an weniger luftfeuchten Plätzen, also direkt auf der Fensterbank, zurecht, trotzdem

BLÜTENFARBE

Blüten unscheinbar, attraktiv sind die farbenfrohen Kannen

BLÜTEZEIT

Jan	Feb	März	April	Mai	Juni	Juli	Aug	Sept	Okt	Nov	Dez

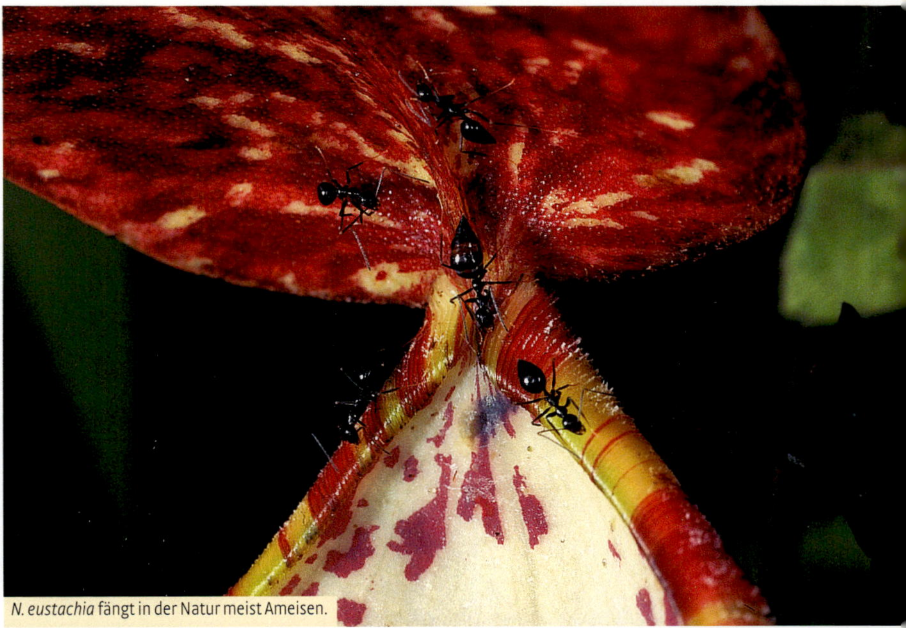

N. eustachia fängt in der Natur meist Ameisen.

Die ausgewachsenen Kannen von *N. truncata* können bis 50 cm lang werden.

Jungpflanzen von *N. ventricosa* × *N. ovata*

ist die Ausbildung von Kannen dann nicht sicher. Kalkfreies Wasser ist ein Muss. Verwenden Sie Regenwasser oder destilliertes Wasser, dem 10 % Leitungswasser zugefügt wurden.
Nährstoffbedarf Gering. Wenn genügend Insekten zur Verfügung stehen, was im Sommer meist der Fall ist, reicht das aus. Eine leichte zusätzliche Düngung wird von großen Pflanzen gut vertragen. Dazu nimmt man zwei- bis dreimal im Jahr Orchideen-Dünger.
Erde Saures Substrat (pH-Wert 3,5 bis 4,5) ist Voraussetzung. Verwenden Sie am besten fertige Erde für Karnivoren aus dem Fachhandel.
Probleme keine Ausbildung der Fallen bei Lichtmangel und zu niedriger Luftfeuchte; Blattläuse, Schildläuse, Thripse
Umtopfen, wenn nötig im Februar/März
Vermehrung Stecklinge

P. 'Tina' – eine Kreuzung zwischen *P. agnata* und *P. zecheri*

Fettkraut

Pinguicula, meist Hybriden aus verschiedenen Arten

◯	Höhe 5–10 cm	pflegeleicht

Die Fangblätter der Fettkräuter sehen nicht so spektakulär aus wie die der anderen Karnivoren, dafür bilden sie oft über mehrere Monate die lange haltbaren Blüten aus. Unter den Karnivoren gelten die Fettkräuter als ideale Anfänger-Pflanzen, da sie mit weniger Licht, trockener Luft und sogar kalkhaltigem Leitungswasser gut klarkommen. Fliegt ein Insekt auf die klebrigen Blätter, bleibt es dort hängen. Unter dem Tier bildet sich eine Einbuchtung mit Verdauungsflüssigkeit, die man auch temporärer Magen nennt. Das Insekt wird innerhalb von wenigen Tagen zersetzt.

Standort Das Fettkraut möchte hell stehen, ist aber vor der prallen Mittagssonne zu schützen. Normale Zimmertemperaturen werden gut vertragen. Im Winter sollte man die Pflanze bei 8 bis 12 °C aufstellen.

Gießen/Luftfeuchte Ausreichende Bodenfeuchtigkeit ist wichtig, die Pflanzen haben gerne einen nassen Fuß. Wenn sich die sukkulente Winterrosette ausgebildet hat, trockener halten. Verwenden Sie möglichst kalkfreies Wasser (Regenwasser oder destilliertes Wasser, dem man 10 % Leitungswasser beimischt), aber auch kalkhaltiges Wasser wird vertragen.

BLÜTENFARBE

BLÜTEZEIT

Jan | Feb | März | April | Mai | Juni | Juli | Aug | Sept | Okt | Nov | Dez

P. esseriana mit zahlreichen, veilchenartigen Blüten im Winter und Frühjahr

P. 'Weser', eine Kreuzung aus *P. moranensis* × *P. ehlersiae*

Nährstoffbedarf Sehr gering. Wenn genügend Insekten zur Verfügung stehen, was im Sommer meist der Fall ist, reicht das aus. Eine zusätzliche Düngung ist nicht nötig.
Erde Saures oder basisches Substrat (pH-Wert 3,5 bis 6). Verwenden Sie am besten fertige Erde für Karnivoren aus dem Fachhandel. Zusätze wie Perlite oder Seramis, sind günstig.
Schädlinge Blattläuse, Schnecken, Trauermückenlarven
Umtopfen, wenn nötig im Februar/März
Vermehrung Blattstecklinge aus Winterblättern

Blattoberseite mit Klebtröpfchen und gefangener Fliege

Service

Pflanzenliebhaber-Gesellschaften

Deutsche Bromelien-Gesellschaft e.V. (DGB)
Geschäftsstelle c/o P. Rösslein, Burgstaller Str. 21, 71737 Kirchberg/Murr
www.dbg-web.de
Deutsche Citrus-Gesellschaft
c / o Peter Klock
Stutsmoor 42
22607 Hamburg

Deutsche Efeu-Gesellschaft
Geschäftsstelle
Hauptstr. 48
24890 Stolk
www.efeugarten.de

Deutsche Gartenbau-Gesellschaft 1822 e.V.
Webersteig 3, 78462 Konstanz
Tel. 0 75 31/1 52 88, Fax 0 75 31/2 65 30
www.dgg1822.de

Deutsche Kakteen-Gesellschaft e.V.
Geschäftsstelle, Oos-Str. 18, 75179 Pforzheim
www.cactus-mall.com/dkg

Deutsche Kamelien-gesellschaft
Stahlbühlring 96, 68526 Ladenburg
Fax 0 62 03/92 24 54
www.kamelien-online.de

Deutsche Orchideen-Gesellschaft. e.V.
Flößweg 11, 33758 Schloß Holte-Stukenbrock
Tel. 0 52 07/92 06 07, Fax 0 52 07/92 06 08
www.orchidee.de

Gesellschaft für Fleischfressende Pflanzen e.V.
c/o Dr. Alfred Jäger
Radolfzellerstr. 22, 78467 Konstanz
Tel. 0 75 31/7 93 43
e-mail: www.carnivoren.org

Interessengemeinschaft Passionsblumen
Amselstr. 75, 24837 Schleswig
Tel. 0 46 21/95 37 35, Fax 0 46 21/95 37 35

Vereinigung Deutscher Orchideenfreunde
Geschäftsstelle, Rita Jonuleit, Mittel-Carthausen 2, 58553 Halver
Tel. 0 23 53/13 71 19
www.orchideen-journal.de

Amtliche Pflanzenschutzberatung (www.pflanzenschutzdienst.de)

Sachsen
Sächsische Landesanstalt für Landwirtschaft
Fachbereich Integrierter Pflanzenschutz, Referat 63
Alttrachau 7
01139 Dresden
Tel.: 03 51 / 85 30 40

Berlin
Pflanzenschutzamt Berlin
Mohriner Allee 137
12347 Berlin
Tel.: 0 30 / 70 00 06-0
Fax: 0 30 / 70 00 06-55

Brandenburg
Landesamt für Verbraucherschutz, Landwirtschaft und Flurneuordnung
Pflanzenschutzdienst
Ringstr. 1010
15226 Frankfurt(Oder)-Markendorf
Tel.: 03 35 / 52 76 22
Fax: 03 35 / 5 21 73 70
E-Mail: poststelle.pflanzenschutzdienst@lvlf.brandenburg.de
www.lmur.brandenburg.de

Mecklenburg-Vorpommern
Landespflanzenschutzamt
Graf-Lippe-Str. 1
18059 Rostock
Tel.: 03 81 / 4 91 23-31 und -33
Fax:. 03 81 / 4 92 26 65
E-Mail: poststelle
@lps.mvnet.de

Hamburg
Institut für Angewandte Botanik
Pflanzenschutzamt Hamburg
Ohnhorststraße 18
22609 Hamburg
Tel.: 0 40 / 428 16-556
E-Mail: Pflanzenschutz
@iangbot.uni-hamburg.de
www.pflanzenschutzamt-hamburg.de

Schleswig-Holstein
Pflanzenschutzamt
Westring 383
24118 Kiel
Tel.: 04 31 / 8 80 13 02
E-Mail: pflanzenschutz
@pfs.alr-kiel.landsh.de

Bremen
Senator für Umweltschutz und Stadtentwicklung, Pflanzenschutzdienst
Große Weidestr. 4–16
(Postanschrift:
Hanseatenhof 5)
28195 Bremen
Tel.: 04 21 / 3 61 25 75

Lebensmittelüberwachungs-, Tierschutz- und Veterinärdienst Bremen
Findorffstr. 101
28215 Bremen

Niedersachsen
Landwirtschaftskammer
Weser-Ems
Pflanzenschutzamt
Sedanstraße 4
26121 Oldenburg
Tel.: 04 41 / 8 01-0
Fax: 04 41 / 8 01-777
E-Mail: psa@lwk-we.de
www.lwk-we.de

Landwirtschaftskammer
Hannover
– Pflanzenschutzamt –
Wunstorfer Landstraße 9
30453 Hannover
E-Mail: Pflanzenschutz
@Lawikhan.de
www.lwk-we.de

Hessen
Regierungspräsidium Gießen
Pflanzenschutzdienst Hessen
Schanzenfeldstr. 8
35578 Wetzlar
E-Mail: orthka@ulf.hessen.de
www.rp-giessen.de

Sachsen-Anhalt
Landespflanzenschutzamt
Lerchenwuhne 125
39128 Magdeburg
Tel.: 03 91 / 25 69-450 bis -453

Nordrhein-Westfalen
Pflanzenschutzdienst der
Landwirtschaftskammer
Nordrhein-Westfalen
Siebengebirgsstraße 200
53229 Bonn
Tel.: 02 08 / 4 34-2101
E-Mail: Pflanzenschutz-dienst@lwk.nrw.de

Rheinland-Pfalz
Dienstleistungszentrum für den
ländlichen Raum (DLR) Rheinhessen-Nahe-Hunsrück
Rüdesheimer Str. 60–68
55545 Bad Kreuznach
E-Mail: agrarwirtschaft-5@dlr.rlp.de

Saarland
Landwirtschaftskammer für das Saarland
– Pflanzenschutzamt –
Dillinger Str. 67
66822 Lebach
Tel.: 06 81 / 6 65 05-0
Fax: 06 81 / 6 65 05-12
E-Mail: lwk-saar-martin@t-online.de
www.lwk-saarland.de

Baden-Württemberg
Landesanstalt für Pflanzenschutz
Reinsburgstr. 107
70197 Stuttgart
Tel.: 07 11 / 66 42-400
Fax: 07 11 / 66 42-499
E-Mail:
poststelle.@lfp.bwl.de

Bayern
Bayerische Landesanstalt für Landwirtschaft
Institut für Pflanzenschutz
Lange Point 10
85354 Freising
E-Mail: Pflanzenschutz
@LfL.bayern.de
www.lfl.bayern.de

Staatliche Fachschule für Agrarwirtschaft Veitshöchheim
Bayrische Gartenakademie
An der Steige 15
97209 Veitshöchheim
Tel.: 09 31 / 98 01-0

Thüringen
Thüringer Landesanstalt für Landwirtschaft
Sachgebiet Pflanzenschutz
Kühnhäuser Str. 101
99189 Erfurt-Kühnhausen
Tel.: 03 62 01 / 817-0
Fax: 03 62 01 / 8 17-40
E-Mail: postmaster@kuehnhausen.tll.de
www.tll.de

Register

Halbfette Seitenzahlen verweisen auf Abbildungen

Fotonachweis

Mit 478 Fotos von
A. Blanke, Goslar: 122.
Blumenbüro Holland: 189 re, 207 li, 207 u re, 243 mi, 251 li, 257 mi, 308 u re, 90
T. Carow, Münnerstadt 311 mi, u beide, 312, 313 o alle 3, 314, 315 alle 6, 316, 317 alle 3, 318, 319 alle 3.
O. Diez, Sulzthal: 311 o, 313 u.
Floradania, DK-Odense: 6/7 alle 3, 31 mi, 31 u li, 33 u, 34 u, 35 alle 3, 36 re beide, 37 alle 3, 38 re, 42 u re, 43 re beide, 44 alle 3, 45 li, 46 alle 3, 47 re beide, 51 alle 3, 53 u re, 58 u, 59 alle 3, 60, 62 o, 65 u li, 65 u mi, 66 alle 3, 67 re beide, 73 u re, 76 u, 81 re beide, 82 alle 3, 84, 9 o, 91, 97 u, 99 re beide, alle 3, 101 re alle 3, 102 re beide, 103 u re, 107 o li, mi li, mi mi, u li, 108 alle 3, 109 alle re, 111 u, 113 u mi, u re, 114 alle 3, 115 li, 119 u, 137 o, 140 u, 149 o alle 3, u re, 151 o re, 156 re, 157 alle 3, 159, 165 re beide, 169 re alle 3, 17 o, 178 o re, 179 u, 184 re beide, 188 u, 191 u, 192 li, 195 li, o re, mi re, 197 mi re, 198 alle 3, 206 re, 211 u, 212 li, 217 o, 223 beide, 243 u beide, 253 alle 3, 255 u beide, 257 u re, 259 li, 263 u li, 265 re beide, 266 li, u re, 269 u li, 270 li, 276 u, 278 li, 281, 295 re alle 3, 303 u.
Flora Mediterranea, Au/Hallertau: 204
Florapress, Hamburg: 39, 45 re, 50 beide, 62 li, 64, 65 o li, 65 o re, 65 re mi, 67 li, 75 li, 75 o re, 8, 81 li, 86 o, 93, 94, 96 li 104, 105 o, 106, 148, 152, 153 li, o re, 155, 166, 180, 184 li, 192 re, 193 re, 202, 237 beide, 238 re, 241 re, 264 li, 270 u re, 295 li, 304.
Florapress/GAP: 171 li.

Forschungsanstalt Geisenheim/ Molitor 23 o li,/Wohanka 22 re.
Gartenschatz, Stuttgart: 1, 2/3 alle 10 außer u li, 5, 9 mi, u beide, 31 o, 31 u re, 310, 32 alle 4, 38 re beide, 43 li, 47 li, 48 re beide, 52 alle 3, 53 li, o re, 54 u, 56 u re, 57 beide, 62 u re, 73 li, o re, 75 u li, u re, 76 o, 78 alle 3, 79, 80 alle 4, 83, 86 u, 87 u, 95 u, 96 re beide, 98 beide, 99 li, alle 4, 100 alle 3, 103 li, o re, 105 u alle 4, 11 u, 112, 113 o, 115 re, 117 alle 3, 118, 120, 121 alle 4, 123 alle 4, 124 alle 4, 125 alle 4, 126 alle 3, 127 alle 4, 128 alle 3, 129, 13 o, 130 beide, 131 alle 4, 132, 133 alle 6, 134 alle 4, 135, 137 mi, u, 140 o, 141 li, 142 u, 143 u, 144 li, 147 li, 149 mi re, 151 li, re u, 156 li, 158, 16 li, 160, 161 li, 169 li, 170 li, 172 beide, 173 li, 175 beide, 176 u, 179 o, 181 li, 183 alle 4, 189 li, 190, 194, 20 li, 201 o, 203 li, 205, 207 o re, 21 o, 21 u re, 210 li, 211 o, 212 re, 213 alle 3, 219 beide, 22 li, 225 alle 4, 226 re, 228 re, 229 re, 23 ore, 230 li, 233 li, 238 li, 24 o re, 240 beide, 241 li, 243 o, 248 u re, 249, 250, 252, 258, 262, 263 o, u mi, u re, 266 o re, 269 u re, 270 o re, 271, 272 li, 279, 283 re, 286, 296 re, 299 mi, 299 o, 309.
Global Book Publishing, Sydney: 200 o, 232.
H. Grüneberg, Berlin: 10, 11 o, 65 u re 113 u li, 149 mi li, 187 beide, 288, 305 u li.
M. Haberer, Nürtingen: 193 li, 231 re, 251 re, 280, 293 u re, 307.
Kartuz Greenhouses, Vista: 200 u.
E. Kleiner, Radolfzell: 257 o, 257 u li, 259 re beide, 260 u, 261 o re, u beide, 264 re beide, 265 li, 267, 268, 272 re beide, 275 re beide, 276 o, 277, 278 re beide, 282, 283 li, 284, 285 beide, 287, 289, 290 alle 3, 291, 292 o, 293 li, 293 o re, 294, 296 li, 297.
W. Kordes' Söhne, Klein Offenseth-Sparrieshoop: 107 o mi, o re, mi re, u m, u re.
Kosmos/Roppelt, Stuttgart: 13 u, 14, 141 re, 142 o, 147 re, 153 u re, 162 re, 163 u, 174 u, 177 u, 178 u re, 181 re, 195 u re, 197 u re, 20 re, 21 u li, 217 u, 220 li, o re, 222 re, 235 u, 236 li, 24 li, 242, 292 u, 41 re, 42 o re, 69.
Kuno Krieger, Herdecke: 25 u re, 308 mi re.
Landesanstalt für Pflanzenschutz, Stuttgart: 25 o re, 25 u li
W. Redeleit, Bienenbüttel: 23 u li, 165 li
B. Rehm, Offenburg: 260 o
Reinhard-Tierfoto, Hans Reinhard: 2 u li, 16 o, 24 u re, 30, 34 o, 36 li, 42 li, 56 o re, 61, 68, 70, 74, 85, 87 o, 88, 89, 116, 136, 138, 143 o, 164 beide, 167 beide, 171 o re, u re, 173 li, 186 li, 196, 197 o re, 199, 208 u, 209 beide, 214, 220 u re, 221, 227 li, 23 u re, 230 re, 233 re, 244, 245, 255 o, 256, 274 alle 3, 298, 299 u beide, 300 beide, 301, 302, 303 o, 305 o, u re, 306, 308 li, 308 o re.
Reinhard-Tierfoto, Nils Reinhard: 275 li
Seramis Masterfoods GmbH, Verden: 12
T. Spanner, München: 234
Starr, Forest & Kim/Wikipedia: 226 li.
F. Strauß, Au/Hallertau: 101 o li
Strauß 33 o, 40, 41 li, 48 li, 49, 54 o, 55, 56 li, 58 o, 63, 71, 72 beide, 77, 82 li, 95 o, 97 o, 102 li, 109 li, 110, 111 o, 119 o, 139, 144 re, 145, 146, 150, 154, 161 re, 162 li, 163 o, 168, 17 u, 170 re, 171 mi re, 174 o, 176 o, 177 o, 178 li, 182, 185, 186 re, 188 o, 191 o, 197 li, 201 u, 203 re, 206 li, 208 o, 210 re, 215, 216, 218, 222 li, 227 re, 228 li, 229 li, 231 li, 235 o, 236 re, 239, 246, 247, 248 li, 248 o re, 254, 261 o li, 269 o, 273.
A. Thinschmidt/D. Böswirth, Wien: 224.
U. Zunke, Hamburg: 25 o li.

Mit 29 Farb-Illustrationen von
Horst Lünser, Berlin.

Impressum

Umschlaggestaltung von eStudio Calamar unter Verwendung eines Fotos von Flora Press/Flowerphotos/Paul Tomlins

Mit 478 Fotos (siehe hierzu den Fotonachweis auf den vorhergehenden Seiten) sowie 29 Illustrationen von Horst Lünser, Berlin

Alle Angaben in diesem Buch sind sorgfältig geprüft und geben den neuesten Wissensstand bei der Veröffentlichung wieder.
Da sich das Wissen aber laufend in rascher Folge weiterentwickelt und vergrößert, muss jeder Anwender prüfen, ob die Angaben nicht durch neuere Erkenntnisse überholt sind. Dazu muss er zum Beispiel Beipackzettel zu Dünge-, Pflanzenschutz- bzw. Pflanzenpflegemitteln lesen und genau befolgen sowie Gebrauchsanweisungen und Gesetze beachten.

Gedruckt auf chlorfrei gebleichtem Papier

FSC www.fsc.org MIX Papier aus verantwortungsvollen Quellen FSC® C084279

3. Auflage

ISBN 978-3-440-13740-6
Redaktion: Birgit Grimm, Dr. Folko Kullmann, Verena Lindenthal, Angelika Throll
Produktion: Ralf Paucke
Grundlayout: eStudioCalamar
Printed in Slovakia / Imprimé en Slovaquie